子どもの相談・救済と
子ども支援

荒牧重人
半田勝久
吉永省三
［編］

日本評論社

目 次

子どもの相談・救済と子ども支援

子どもの相談・救済と子ども支援……………………荒牧重人　1
──はじめにかえて
 1　子どもの相談・救済と子ども支援の基盤となる子どもの権利　2
 2　子どもの相談・救済と子どもにやさしいまちづくり　4
 3　子ども支援の相談・救済の展開　5
 4　子ども支援の相談・救済に向けた連携・協働　8

Part I　子ども支援の相談・救済の視点としくみ

1　子ども支援の相談・救済の視点……………………福田みのり　10
──子どもの権利基盤アプローチの必要性
 1　子ども支援における心理学的アプローチの特徴　10
 2　心理学的アプローチと福祉的アプローチ　14
 3　心理学的アプローチの意義と限界　14
 4　アプローチの違いを超えて
  ──子どもの権利を基盤としたアプローチにむけて　16

2　発達に課題のある子どもの支援と
  相談・救済……………………………………………竹内麻子　18
 1　「発達障害」をどうとらえるのか　19
 2　「見えない障害」であるということ　20
 3　発達に課題のある子どもと「二次障害」の問題　22
 4　発達に課題のある子どもの支援と相談・救済　23

3　インターネット時代における子どもの相談……………宮川正文　26
 1　ネット利用率と子どものネット相談利用率　26
 2　ネット相談の効果と意義　27
 3　ネット相談の課題　29
 4　ぱれっと掲示板相談の取り組み　29
 5　ネット相談に対する回答の方法　32

4　子どもの権利の視点と
  公的第三者機関の役割………………………………吉永省三　35
 1　子どもの権利の視点　36
 2　子どもの権利の視点から問い直す　37
 3　公的第三者機関の制度概念と特質　40
 4　子どもの相談・救済とエンパワメント・アプローチ　41

5 子ども計画における子どもの相談・救済 ……………………森田明美 44

1 日本の児童福祉における相談・救済に影響を与えた少子化と虐待の増加 44
2 法律に定められた相談・救済の役割分担の特徴と限界 45
3 地域密着型の支援の必要性の認識 46
4 子どもの相談・救済の仕組みを包摂した総合的な計画づくりと実施
　――世田谷区を例にして 47
5 今後の課題と提言 51

Part II　学校・居場所における子どもの相談・救済

1 スクールカウンセラーの意義と役割 ……………………明橋大二 54

1 スクールカウンセラーの仕事 54
2 支援の実際 56
3 スクールカウンセラーの活用（学校側の課題） 57
4 スクールカウンセラー自身の課題 58
5 子どもの意見表明権（意見の尊重）と子どもの相談・支援活動 59

2 スクールソーシャルワーカーの意義と役割 ……………………山下英三郎 62

1 スクールソーシャルワークの理念と機能 63
2 日本におけるスクールソーシャルワークの現状と課題 67

3 養護教諭が取り組む子ども支援 ……………………太田眞由美 70

1 保健室にやってくる子どもたち 70
2 養護教諭だからできる「つなぐ」という役割 71
3 社会の現実のなかで苦しみ・たたかう子ども 72
4 子どもにとっての保健室――子どもに寄り添う養護教諭 74
5 保健室から見える現実――あらためて考える養護教諭の役割 76

4 ポストいじめ防止対策推進法と学校の展望 ……………………喜多明人 78
　――子どもの権利と居場所の視点から

1 相次ぐいじめ自死事件と子どものSOS 79
2 学校のいじめ対策に何が欠けているか 80
3 学校を子どもの居場所に創りかえる 83

5 学校におけるいじめ予防教育 ……………………平尾 潔 86
1 従来のいじめ予防教育とその問題点 86
2 学校におけるいじめ予防教育に関する規定とその問題点 87
3 学校におけるいじめ予防教育の現状 88
4 弁護士が取り組むいじめ予防授業 90
5 いじめ予防授業の効果とその限界 92
6 今後の展望——全校型いじめ予防授業の可能性 93

6 児童養護施設における子どもの相談・救済 ……………………井上 仁 94
1 社会的養護の子どもたちの現状 94
2 児童養護施設等における安心と安全の確保 95
3 社会的養護の子どもたちの安心と安全を守る仕組みづくり 100

7 フリースクールにおける子どもの相談と支援 ……………………奥地圭子 102
1 フリースクールとは 102
2 フリースクールにおける相談の重要性 103
3 フリースクールにおける相談体制 105
4 相談活動で大切なこと 106

8 子どもの居場所づくりと相談・救済 ……………………西野博之 110
1 ストレスをためる子どもたち——子どもを取り巻く環境の変化 110
2 子どもの「相談」の特性
  ——おとなはなぜ子どものSOSに気づきにくいのか 111
3 居場所がもつ「相談・救済」機能 113
4 居場所で子どものSOSをキャッチする
  ——「感度のいい、アンテナがたった」おとなになるために 116

Part III　まちづくりと子どもの相談・救済

1 いじめ問題の解決と子どもにやさしいまちづくり ……………………古藤典子 120
1 いじめ問題と「子どもにやさしいまち」 121
2 「子どもにやさしいまち」をめざす子ども会議 122
3 子どもの参加・意見表明と子どものエンパワメント 126

**2 妊娠・出産・育児の切れ目ない相談・支援と
子ども虐待防止**……………………………………上田紀子　128
　——名張版ネウボラの取り組み
　　1　名張版ネウボラの背景　129
　　2　名張版ネウボラのシステムづくり——母子保健と地域保健の接合　130
　　3　名張版ネウボラにおける相談・支援の活動　132
　　4　名張版ネウボラの実施を通して見えてきたこと　134

**3 学校と地域・関係機関の連携による
子ども虐待防止**……………………………………日下部美智子　136
　　1　これまでの学校での子どもの虐待リスクへの取り組み　136
　　2　「西東京市立中学校生徒の死亡事案検証委員会報告書」の概要　137
　　3　学校での子どもの虐待リスクへの対応策　138
　　4　地域における関係機関相互の連携強化　140
　　5　今後の学校と地域・関係機関の連携体制の構築　140

4 困難を有する子どもの夜の居場所づくり………幸重忠孝　144
　　1　夜の居場所の必要性　144
　　2　NPO法人による夜の居場所づくり　145
　　3　社会福祉協議会によるネットワークを活用した夜の居場所づくり　147
　　4　スクールソーシャルワーカーによる関係機関との連携　148
　　5　今後の課題　149

5 障がいのある子どもの支援とまちづくり………宮西義憲　151
　　1　芽室町の子ども・子育て支援事業　152
　　2　個性のまま生きる自立　155
　　3　就労システムづくり　156

Part IV　公的第三者機関における子どもの相談・救済活動

**1 子ども条例に基づく
公的第三者機関の歩みと課題**……………………半田勝久　160
　　1　日本における公的第三者機関設置の背景（制度検討期）　161
　　2　全国における子ども施策の推進と公的第三者機関の制度運用初期　162
　　3　子どもの相談・救済制度の広がり　163
　　4　いじめ防止条例の広がりと課題　164

5　条例の理念と公的第三者機関の課題　165
           6　公的第三者機関を支えるネットワーク　166
           子ども条例に基づく子どもの相談・救済機関（公的第三者機関）一覧　168

2　子どもの相談・救済の総合的展開 ……………………一場順子　172
     ——せたがやホッと子どもサポート
           1　「せたホッと」の体制　172
           2　相談業務を開始してからこれまでの活動　173
           3　区長と教育委員会の附属機関　174
           4　子どもの相談・救済活動の総合的展開として　176

3　メール相談と子どもの救済 ……………………………吉川正也　180
     ——札幌市子どもアシストセンター
           1　子どもアシストセンターの設立とメール相談　180
           2　メール相談の実態　183
           3　メール相談の特色　184
           4　メール相談から救済へ　186

4　公的第三者機関の広報・啓発 …………………………甲斐田 修　188
     ——むなかた子どもの権利相談室「ハッピークローバー」
           1　権利救済機関の開設　188
           2　権利救済機関の広報・啓発の基本的な考え方　189
           3　権利救済機関の広報・啓発（開設初年度）　189
           4　権利救済機関の広報・啓発（開設2年目）　192
           5　権利救済機関の広報・啓発（開設3年目）　193
           6　広報・啓発活動の成果　193
           7　外部への広報・啓発活動　194
           8　広報・啓発活動の今後について　194

5　子どもオンブズワークの意味と実際 …………………浜田寿美男　196
     ——川西市子どもの人権オンブズパーソン
           1　「いま」という時代とオンブズワーク　196
           2　オンブズワークにおいて拮抗する2つのベクトル　197
           3　特別支援学級のなかでのいじめ　198
           4　「専門」的手立ての保障と人権　200
           5　相談室で閉じてしまう「心理相談」　202
           6　制度改善に向かう困難な道　203

Part V　市民社会による子どもの相談・救済

1　弁護士会が取り組む
子どもの相談・救済……………………三坂彰彦　206
1　子どもの問題への弁護士会の取り組み　206
2　電話・面接相談と代理人活動——子どもの問題への向き合い方　207
3　人権救済申立制度　212
4　子どもシェルターとの連携　213

2　子どもに対する暴力根絶を目指す
民間の取り組み…………………………田沢茂之　214
——子どもすこやかサポートネットの活動を通じて
1　わたしたちの問題意識と取り組み　214
2　法改正・政策提言活動　215
3　子どもの権利を基盤とするアプローチの採用を　217

3　子どもの声とチャイルドライン ……………宮澤節子　220
1　チャイルドラインの理念としくみ　220
2　長野県でのチャイルドラインの活動　222
3　チャイルドラインから見える子どもたち　224
4　チャイルドラインの今後　226

4　子どもシェルターの全国的展開…………………髙橋　温　228
1　子どもシェルターとは　228
2　子どもシェルターの必要性　228
3　子どもシェルターの歴史　229
4　子どもシェルター全国ネットワーク会議　231
5　シェルターの支援内容　232
6　子どもシェルターがかかえる課題　236

5　民間による相談活動の展開 ……………………山下裕子　238
——子ども情報研究センターの挑戦
1　子ども情報研究センターの目的と事業——人権保育の創造から
　子どもとおとなのパートナーシップ社会をめざして　238
2　相談活動の実践　239
3　「子ども家庭相談室」の挑戦　242

子どもの相談・救済と子ども支援
——はじめにかえて

荒牧重人（山梨学院大学）

はじめに

　本書は、喜多明人・吉田恒雄・荒牧重人・黒岩哲彦編『子どもオンブズパーソン』（日本評論社、2001年）、荒牧重人・吉永省三・吉田恒雄・半田勝久編『子ども支援の相談・救済』（日本評論社、2008年）に続く、子どもの相談・救済に関する書物である。

　前著の冒頭で、虐待やいじめをはじめ子どもに対する暴力・権利侵害など子どもをとりまく危機的な状況が続いていることについて述べたが、これらの状況は子どもの貧困問題等の悪影響もあって改善されるどころかいっそう深刻になっている。これらの状況に対する政策や取り組みは多種多様に展開されているが、対症療法的なものに終始したり、処罰を強化したり、何が問題なのかの十分な検証もなしに次々と対応策が打ち出されており、深刻な状況を食い止めるに至っていない。

　傷つけられていてもSOSを出せない（出さない）子どもが多数いるなかで、なによりもまず子どもが安心してSOSを出せる状況をつくること、そしてそのSOSが効果的な救済につながり、エンパワメント・立ち直りにむけて支援されることがますます重要になっている。このような取り組みや活動が自治体や条例により設置された公的第三者機関、学校や居場所、あるいは市民社会等で精力的におこなわれている。

　本書では、子どもの相談・救済にかかわる効果的な制度や取り組み・活動の成果をできるかぎり取り上げ、総合的に検討するなかで、実践を支える理論的課題、子どもの相談・救済の視点、制度・しくみ、さらには社会のありよう、子どもに対する向き合い方・かかわり方なども提示している。

ここでは、はじめにかえて、われわれが一貫して重視し実践してきた子どもの権利（アプローチ）および子どもにやさしいまちづくりについて改めて検討するとともに、この間進展してきた諸点について論じておきたい。

1　子どもの相談・救済と子ども支援の基盤となる子どもの権利
（1）　子どもの権利を基本において

そもそも子どもは、独立した人格と尊厳をもつ権利の主体である。子どもの権利は、子どもが成長し自己実現をしていく上で不可欠である。子ども同士や子どもとおとなが良い関係をつくっていくためにも大切である。そして、子どもが権利侵害から救済され立ち直っていくために必須のものである。

子どもの相談・救済は、これまで心理・医療・福祉・教育、あるいは警察・司法等によるアプローチや取り組みを通じてなされてきた。そこでの多くの事例で、子どもはあくまでも相談・救済あるいは支援の対象とされてきた。子どもの権利という視点と手法がなければ、救済する側・支援する側の一方的な視点と関係によるものになってしまう。「子どものため」と称して、一方的にあるいは思いこみで子どもにかかわる政策の立案や取り組みを進めることは子どものためにもならない。子どもの相談・救済や支援を進めるためには、なによりもまず子どもの置かれている現実をふまえ、子どもの思いや願いに丁寧に応える必要がある。それには、子どもの思いや願いとおとなの考えや行動にはズレがあることを自覚しつつ、問題の解決や取り組みを子どもの意見の尊重・子どもの参加のもとで進めることが必要である。このような子どもの権利の視点と実践では、子ども自身が主体として位置づけられるため、子どもの相談・救済や支援は単なる手立て・手法で終わらず、問題の社会化や子どものエンパワメントにつながるものになる。そして、子ども支援の相談・救済にあたっては、心理・医療・福祉・教育・少年司法等のさまざまな視点や専門性等をもった人たちが協働して取り組むことが必要とされるので、子どもの権利を共通の基盤に、子どもの力を信頼し、主体性を尊重して、子どもの権利実現の鍵である子どもの最善の利益を確保することが求められている。

（2）　子どもの権利の基本となる国連・子どもの権利条約

われわれが子どもの権利という場合、国連で全会一致により採択された子

どもの権利条約の趣旨や規定をもとにしている。

　条約は、子どもの権利保障についてのグローバルスタンダードである。法的地位として、日本では、憲法よりは下位であるが、少なくとも国会の制定法よりも優位の法的効力を有する法規範である。現行法令や行政等は、条約に適合的に解釈・運用されなければならない。しかも、条約の実施については、国連・子どもの権利委員会による締約国審査等により国際的チェックを受ける。このような条約の法的地位を共通理解にして実施を図ることが大切である。

　内容上、条約は、これまでの子どもをもっぱら保護の対象としてきた考え方を転換し、子どもを権利の主体としている。子どもは単に「未来の担い手」ではなく、いまを生きる主体である。子どもを「社会の宝」に留めてはならない。子どもは社会の構成員である。その意味でも、条約が、差別の禁止（2条）、子どもの最善の利益（3条）、生命・生存・発達の権利（6条）、子どもの意見の尊重（12条）を一般原則にして、条約の解釈・運用の基本に置いていることは重要である。これらについては、国連・子どもの権利委員会の一般的意見や国内外の条約の実施等を通じて明確化・具体化してきている。たとえば子どもの最善の利益について、一般的意見14号（2013年）は、三層の概念――①実体的権利（自己の最善の利益を評価され、かつ第一義的に考慮される権利）、②基本的な法的解釈原理、③手続規則ととらえている。そして、決定のみならず行為・提案・サービス・手続その他の措置を含む、子どもにかかわるすべての活動において、他の考慮事項と同列ではなく、第一義的に考慮される。子どもの最善の利益は子どもの意見の尊重とは密接かつ補完的な関係にあるとする。つまり、権利の主体として子どもを位置づけ、子どもの最善の利益を確保していくためには、子どもの意見を聴き尊重することが求められるのである。

　また、条約の趣旨や規定を実施するには、総合的に（医療・健康・福祉・教育・文化・労働・社会環境・少年司法等）、継続的に（生まれてから18歳まで）、重層的に（家庭・学校・施設／市民社会／自治体・国／国際社会、そして子どもを支援する人たちに対する支援を含む）権利保障に取り組むことが求められている。この総合、継続、重層は子ども支援の相談・救済を進めるうえでのキーワードでもある。子どもからの相談内容（その背景）は多様かつ複雑であり、相談を受けとめ効果的に救済するためには1つの権利

が実現すれば問題が解決するわけではなく、中心的な権利実現の課題はあるとしても、当該子どもの権利の総合的な保障の視点や内容が必要となる。それは、社会問題になっている子どもの貧困、虐待・いじめ・不登校、あるいは東日本大震災・原発事故等の災害被災地の子どもなどにかかわる事例をみても明らかであろう。また、子どもの権利侵害の特質の１つであるが、そこからの立ち直りには時間を要するため、継続的な支援が必要とされる。さらに、子ども支援を効果的にしていくには、親（保護者）・家庭、保育職員・保育施設、教職員・学校、施設職員・施設など子どもにかかわる人の支援やその場の条件整備も求められている。

　加えて、条約の実施にあたっては、日本国籍の子ども、日本社会で生活する多様な文化的背景・国籍をもつ子ども、国外の子ども、いずれの権利保障も大切である。子ども支援の相談・救済にかかわっても、より困難な立場に置かれる多様な文化的背景・国籍をもつ子ども等の権利にはいっそうの関心と配慮が要請される。

2　子どもの相談・救済と子どもにやさしいまちづくり

　東日本大震災・原発事故からの復旧・復興をはじめとして「まちづくり」がさかんにいわれ取り組まれているが、もっぱらハードの側面である。われわれが強調する子どもにやさしいまちづくりは、子どもが問題だ、力がない、親や家庭がダメだ、学校や教職員がダメだ、地域の力が落ちたというような視点と対応を越えて、子どもが共に育つまち、子どもと共に育つまちづくりのことである。それは、まち全体を子どものあそびの場、学びの場、活動の場にする取り組みであり、まち全体で子どもの育ちを支えるというものである。そして、子どもにやさしいまちはすべての人にやさしいまちでもある。

　この子どもにやさしいまちについて、ユニセフは、子どもの権利条約を地方自治のもとで実現しようという取り組みであるという。その基本理念は、前述した条約の４つの一般原則である。その鍵になる要素として、次の９つをあげる。①子どもの意見の尊重と子どもの参加（以下のすべての要素を貫徹するもの）、②子どもの権利を促進する法的な枠組み（条例等）、③子どもの権利のための包括的な政策・行動計画、④子どもの権利のための行政体制・調整の仕組み、⑤子どものための特別予算、⑥子どもの置かれた状況の収集・分析、⑦施策等に関する子ども影響評価、⑧子どものための独立した

権利救済・擁護活動（子どもオンブズパーソン等）、⑨子どもの権利の周知である。

日本の現状からすると、少なくとも、基本理念に「多文化共生・少数者（マイノリティ）の権利」を、鍵となる要素に「子どもの居場所」を追加する必要があろう。

このような子どもにやさしいまちづくりを促進するために、社会のセーフティネットとしても、子ども支援の相談・救済制度を構築していくことが緊急に求められている。そして、この制度が効果的に機能するには、それを担う人および条件の整備が重要であることはいうまでもない。同時に、家庭・園／学校・施設・地域社会等のなかに子どもの居場所があり、そこで子どもが安心して SOS を出せ、それを受けとめるおとなと子ども、子ども同士の関係がつくられることが大切である。市民社会における子どもの相談・救済の「力」の形成・向上がますます求められている。

3　子ども支援の相談・救済の展開
（1）　今日的課題への対応の進展

本書 Part Ⅰ では、子どもの相談・救済において今日的課題になっている問題と子ども支援の相談・救済を展開する際の視点などを総論的に取り上げている。とりわけ、発達に課題のある子どもにどう対処するかが社会問題になっている。「発達障害」と診断される子どもが増えており、その早期発見・対応にかかわる取り組みも多様に展開されている。ただし、前述したような子どもの権利を基本にした場合、「発達障害」ということで、子どもの相談・救済の視点やありようが本質的に変わることはない。また同様に、インターネット時代において、ネットいじめも増加し、ネット相談も大きな課題になっている。相談しにくい子どもや居場所のない子どもがネット相談を活用する場合も増えている。そのなかで、掲示板でのメール相談では、子どもたちが自らの意思で、助け合い、時にはお互いに相談・応答をおこなって効果を上げている状況が生まれている。このような状況のもとで、子ども施策の推進にかかわる計画を策定し、子どもの相談活動を強化しようとする自治体や公的第三者機関を設置する自治体等が増加している。これらの取り組みにおいても子どもの権利の視点・アプローチが重要な意味や役割をもつことについて、Part Ⅰ の論考が具体的に明らかにしている。

（2） 学校や居場所等における子どもの相談・救済の取り組み

　Part Ⅱでは、子どもの相談・救済にとって意義も課題も有する場である学校・養護施設・フリースクール・居場所等での取り組みや活動を取り上げている。子どもの貧困・虐待・いじめ等の対策として政府も力を入れているスクールカウンセラーやスクールソーシャルワーカーについては、全校配置すれば済むというものではなく、重要な役割を期待されているがゆえに課題も多い。山下英三郎氏がスクールソーシャルワーカーについて指摘している諸点――とりわけ、支援の対象となる人の尊厳や価値を尊重すること、個人が本来有する力や潜在的な可能性を発揮できるよう手助けするというストレングス・モデル、人と環境の相互影響を重視するというエコロジカルな視点――は、子ども支援の相談・救済に共通する視点であろう。また、西野博之氏が居場所のもつ力で指摘する諸点――子どもはなかなか言葉にして助けを求めることができない状況、あるいは時と場所を選ばない相談や特定の聴き手をつくらない相談などは子どもの相談・救済の制度設計や活動においてふまえておかなければならない点である。また、面倒くさいことを手放さず子どもとかかわり続ける「覚悟」、子どもの「怒り」の感情を理解すること、「正しさ」にこだわりすぎないこと、スタッフ自身の「怒り」をコントロールできるようにすることやそのための環境・場を用意することなどは、居場所のみならず子どもの相談・救済にかかわる人たちやその条件整備に必須のことがらであろう。

（3） 多様な子どもの相談・救済の取り組みとまちづくり

　多様に展開する子どもの相談・救済の今日的特徴の１つは、前述した子どもにやさしいまちづくりのなかにその取り組みが位置づけられる、あるいはそのまちづくりにつながっているところにある。Part Ⅲでは、いじめ問題の解決、虐待の防止、子どもの貧困対策、居場所づくり、障がいのある子どもの支援などにかかわる施策や取り組み・活動が子どもにやさしいまちづくりにつながっていることを示している。

（4） 公的第三者機関（子どもオンブズパーソン）の進展

　深刻ないじめ問題の発生やいじめ防止対策基本法の制定等により、調査のための第三者機関の設置が進んでいる。そのようななかで、子どもの相談が

効果的な救済に結びつくためには、国連・子どもの権利委員会からも勧告されている、子どもの権利救済のための公的第三者機関の設置が効果的である。

Part Ⅳで示されているように、条例で設置している自治体は着実に増えてきているし、取り組みも前進している。また、毎年開催されている「地方自治と子ども施策」全国自治体シンポジウム等において、そのネットワークも進展している。

子どもオンブズは第三者機関で、独立性を担保されていることが大切である。行政等から独立して、子どもの立場にたち子どもに寄り添って問題の解決を図っていく第三者である。この第三者性・独立性を確保するには、条例により法的根拠をもつことが有効である。さらに、子どもオンブズに対する世論の支持が必要である。また、子どもオンブズに必要とされる専門性の鍵は、徹底して子どもに寄り添い、その思いや声を聴き、最善の利益の確保を目的として活動できるかどうかである。

子どもオンブズ活動においては、相談、調査・勧告、提言等の機能や権限をトータルに有して、最初の相談から問題の解決段階まで子どもの権利の視点と方法をもつことが大切である。子どもの権利侵害や救済の特質からして、被害者と加害者を二分した対決型・告発型を基本にする対応では問題は解決しない。繰り返し述べているように、子どもオンブズは、傷ついた子どもの救済・立ち直りを基本におき、子どもに寄り添いながら、その気持ち・意見を代弁し、自分自身を取り戻し、成長していく関係づくりを調整していく。子どもオンブズ活動では、問題解決の過程において子ども自身が主体的にかかわる、つまり子どもを一方的に救済されるだけの対象としてではなく問題解決の主体として位置づけるがゆえに、子ども支援につながる。

子どもオンブズは、個別の救済活動をするなかで、当該問題を社会化し、その背景にある制度等を改善し、さらに世論を喚起することなどを通じて問題の予防にもつなげていく。こうしたことを通して子どもにやさしいまちの実現に貢献するのが子どもオンブズである。

(5) 市民社会による取り組み・活動

上のような子どもオンブズは、子どもの相談・救済の中核となりうる制度であるが、設置するだけで済むものではない。法務局や教育委員会等の既存の相談・救済機関、弁護士会・市民／NPO等により多様に展開している相

談・救済活動の進展およびそれらの重層的で実効的な連携が必要である。

　Part Ⅴでは、子どもの救済活動を精力的に展開している弁護士会、弁護士を中心として取り組みが進められている子どもシェルター、東日本大震災・原発事故でも子どもの声がつながることの必要性と重要性を再認識させたチャイルドラインなど、市民社会における子どもの相談・救済活動（その活動につながる取り組み）が着実に進展している姿の一端を明らかにしている。そしてこれらの活動は、傷ついた子どもが自己肯定感を回復しエンパワメントしていくプロセス、そこでのおとなの向き合い方・かかわり方などについて貴重な方向を示している。これらはいずれも、相談から効果的な救済制度・しくみの構築とそこにおける具体的な救済のあり方や活動に展望を与えている。

4　子ども支援の相談・救済に向けた連携・協働

　子どもの相談・救済活動の進展には、相談機関同士の連携・協働が必要である。しかし、公的第三者機関の存在があまりにも知られておらず、相談機関が抱え込んでしまう、あるいは子どものSOSを的確に受けとめず他の機関に回してしまうというような事例も多い。

　また、家庭・園／学校・地域・市民／NPO・行政等における連携・協働の必要性が強調されて久しいなかで、行政の関係部署の間、行政・関係機関・市民／NPO等の間、さらに市民／NPOの間で連携と協働が求められている。しかし、抱えきれない、やりきれない課題を市民／NPOに補完してもらう行政、「丸投げ」する行政、一方で、それを「丸抱え」する市民／NPO、あるいは行政の権威や物的・財政的支援を期待する行政依存または下請け化する市民／NPOなどが見られる。

　これらの連携・協働を進展させるためには、関係が一方通行にならないこと、基本理念として抽象的ではなく具体的な子どもの権利を基本に置いて、理念・視点を合意・共有すること、取り組みの前提となる情報を共有すること、そして子どもにやさしいまちづくりという視点をもつこと、それらの基盤となる条例を制定することなどが必要である。このようなまちづくりのなかに子どもの相談・救済のしくみや活動を位置づけていくことにより、それらはいっそう効果的なものになる。

Part Ⅰ

子ども支援の相談・救済の
視点としくみ

1
子ども支援の相談・救済の視点
──子どもの権利基盤アプローチの必要性

福田みのり（鹿児島純心女子大学）

はじめに

　さまざまな心理的困難な状態にある人を援助するという相談援助の技法については、従来から精神医学や臨床心理学、社会福祉学等の分野で実践とともに論じられてきた。しかしながら、近年の子どもをめぐる社会的状況は今なお厳しい。虐待、体罰、いじめ、貧困、病気、障がいなどに悩み、傷つき、誰にも相談できないまま死を選んでしまう子どももいる。このような子どもたちを前にして、どのような支援が可能なのだろうか。

1　子ども支援における心理学的アプローチの特徴
（1）　カウンセリングの考え方

　心理学的アプローチとは果たして何を特徴とするのだろうか。一般的に相談援助における心理学的アプローチとして思い浮かべるものはカウンセリング（counseling）である。カウンセリングと心理療法（psychotherapy）は似ているが、心理療法が病理的なパーソナリティの変容を目指すのに対し、一般的にはカウンセリングのほうが対象とする人々が広い。だが、立場によってはカウンセリングと心理療法をほぼ同義で使っている場合もある。

　カウンセリングは広く一般的にその言葉を知られるようにはなったが、その意味するところは正確には知られていない。これは、カウンセリングの定義や実践における目標や方法、細部がカウンセラーの立脚する立場によって違うこと、それゆえカウンセリングとして実践されているものが何なのかわかりにくいという点に由来すると考えられる。

　國分（1980）は現存する主要なカウンセリング理論として、精神分析的

理論、自己理論（ロジャーズの提唱した来談者中心療法の基礎理論）、行動療法的理論、特性・因子理論、実存主義的理論等をあげ、それらの最大公約数をとらえる定義としてカウンセリングを「言語的および非言語的コミュニケーションを通して、相手の行動の変容を援助する人間関係である」と述べている。この考えによればカウンセリングの中心概念は「行動の変容」である。人を治すことを目的とせず、理解しようとする態度そのものをカウンセリングとする立場の人もいるが、そのような態度をとることも究極的には行動の変容を期待していると考えられる。そのためにどのような方法をとるかは立場によって異なる。ただ、日本においては1950年代のはじめころから生徒指導の担当教員がそのころアメリカで流行していたロジャーズ流の来談者中心療法を盛んにとりいれたため、カウンセリングといえばこの来談者中心療法のことを指すと考えている人も多いと思われる。その中では受容、繰り返し、明確化、支持、リードといった面接技法や、技法を超えた部分でカウンセラーの「共感的理解」、「無条件の肯定的関心」、「自己一致（純粋性）」といった態度が重要であることなどが共有された。

　このようにカウンセリングを定義しようとすると、難しい問題がいくつもあるが、ここでは日本カウンセリング学会定義委員会（2004）の定義に従い、「カウンセリングとは、カウンセリング心理学等の科学に基づき、クライエント（来談者）が尊重され、意思と感情が自由で豊かに交流する人間関係を基盤として、クライエントが人間的に成長し、自律した人間として充実した社会生活を営むのを援助するとともに、生涯において遭遇する心理的、発達的、健康的、職業的、対人的、対組織的、対社会的問題の予防または解決を援助する。すなわちクライエントの個性や生き方を尊重し、クライエントが自己資源を活用して、自己理解、環境理解、意思決定および行動の自己コントロールなどの環境への適応と対処等の諸能力を向上させることを支援する専門的援助活動である」とする。つまり、カウンセラーはまずクライエントの存在を十分に尊重し、カウンセリングを可能とする人間関係を築く必要がある。そして、そのような関係性の中でクライエントが人間的に成長・行動変容することを目指し、援助する。そのために、クライエントが表現している言語的、非言語的メッセージを理解しようと「傾聴」することがまずは重要となる。

　それでは、このようなカウンセリングがクライエントにどのような変化を

もたらすのだろうか。これも各立場によって異なるが、現在困っている問題や症状の解決や解消のみならず、クライエントの変化には広い意味で次の3つの次元があると述べている（無藤、2011）。1つには「自己の変化」である。これは、自分の内界を丁寧に自己探索することで自己理解が進む、自尊感情が高まる、過去・現在・未来での連続性の感覚を得るなどの変化が起こることである。2つ目に、家族などの重要な他者との関係性や、学校、職場、コミュニティなどにおける「関係性の変化」である。3つ目は、「関係のネットワークの変化」である。主訴となっている問題はクライエントを含む社会的文脈の中で起こり、維持されてきた事態として理解される。それが、心理療法を通じて関係のネットワークが回復・構築・再構築される。つながりが回復されたり構築されたりするといってもよいかもしれない。このようなことがクライエントのエンパワメントとなる。

（2） スクールカウンセラーの導入によるアプローチの変化

子どもを支援する相談・救済機関としては、市町村等の教育委員会の附属の相談機関（教育相談センター）や福祉事務所の母子家庭相談員等がその役割を果たしてきた。しかしながら、学校においていじめ、校内暴力、不登校等の生徒指導上の問題が多くなり、教師だけでは対応が難しくなったこともあり、1995（平成7）年から「スクールカウンセラー活用調査研究委託実施要項」に基づき、スクールカウンセラー（以下、SC）が導入されるようになった。これにより、学校という子どもたちが生活する場の中で心理的アプローチによる相談を行うことが可能になった。

さて、SCは基本的には、①心理教育アセスメント、②カウンセリング、③教師や保護者に対するコンサルテーション、④学校組織へのコンサルテーションなどを行っている（石隈、1999）。SCの導入は学校教育にとっても臨床心理学的意味においても画期的なことであった。学校の中に設けられた相談室でカウンセリングを行うことについて近藤（1995）はそれまでの相談活動と大きく異なるものになるだろうと述べている。すなわち、「これまで行ってきた通常の心理臨床活動が、①問題が発生した後に、②（問題をかかえた）個人を対象に、③心理臨床専門家が主たる援助者となって、④その個人が生活する場とは離れた場で、⑤"治療的"介入を行う、というモデル（「個人治療モデル」「病理治療モデル」「修繕モデル」などと呼ばれるが）に

依拠していたのに対して、学校という場での援助活動はこのようなモデルでは完全に対処できない新たなさまざまな課題を課してくるからである」と述べている。そして、前述の従来のモデルとの比較において、④介入の場の変化がもたらす影響として、②の介入の対象については問題をかかえた子ども個人から学校の教師、学級、学校全体のシステムへと広がっていくこと、⑤学校という場の特殊性とも関連して、援助の対象となる側面が、情緒的な適応だけでなく、有効な学習援助や健全な体の発達への援助といった側面にまで広がることもある。

　このように子ども支援における心理学的アプローチは、治療モデルに則った一対一のカウンセリング実践からコミュニティ心理学やパーソン・センタード・アプローチ、グループアプローチなどを背景とした、「治療より予防」、「子どもの自己実現」、「子どものもつ援助力を生かす」人間関係の促進、健康促進を視野にいれたコミュニティアプローチへと変化した。

（3）　援助の対象と相談者との関係

　子ども相談における援助の対象者はいうまでもなく何らかの問題に悩む子どもである。しかし、相談者（来談者）は子ども本人のみならず親や祖父母などの養育者、保育士や教員等多岐にわたる点が特徴的である。(2)で述べたように、SCの役割の１つとして保護者や教員に対するコンサルテーションがあげられている。心理的援助においては基本的に相談援助の対象は悩みや不安をかかえるクライエント本人に対してである。悩みをかかえるクライエントに対してクライエントがありのままの自分を受け入れることができるよう、クライエントを受容していくことが大事である。そのため、親や祖父母などの養育者や教員との相談はカウンセリングではなく「異なった専門性や役割をもつ者同士が子どもの問題状況について検討し今後の援助の在り方について話し合っていく」のである。

　しかしながら現実的には、子ども本人には出会うことができず、教師や養育者のみとの面談しか行えないこともある。SCなどは時間的制約から、教師に対するコンサルテーションを重視せざるをえない場合がある。このようなとき、どのように子どもの思いやニーズをとらえていくことができるのか、課題が残る。さらにいえば、子どもの問題であってもその周りのおとながそのことで傷ついている場合も少なくない。そのような場合に相談者が問題に

していることと、援助の対象者のニーズを分けて考えることが非常に重要となるであろう。

2　心理学的アプローチと福祉的アプローチ

　心理学的アプローチとしばしば比較されるのが福祉的アプローチである。福祉的アプローチとはすなわちソーシャルワーク（social work）である。ソーシャルワークは「ソーシャルワーク専門職は、人間の福利（ウェルビーイング）の増進を目指して、社会の変革を進め、人間関係における問題解決を図り、人びとのエンパワメントと解放を促していく。ソーシャルワークは、人間の行動と社会システムに関する理論を利用して、人びとがその環境と相互に影響しあう接点に介入する。人権と社会正義の原理は、ソーシャルワークの拠り所とする基盤である」と定義されている（国際ソーシャルワーカー連盟、2000）。困難な状況は人と環境との接点にあると考え、ミクロ・レベル、メゾ・レベル、マクロ・レベルの介入を行うことが期待されているのである。具体的にはミクロ・レベルでは日常生活の中で直接接触するような家族や学校、職場などに対して、メゾ・レベルではミクロ環境の機能に影響を与えるようなグループ組織や制度間の関係に対して、マクロ・レベルでは多くの人に共通し、成長に影響を与えるような社会的構造等に対して介入を行う。特に子ども支援という点では、学校において2009（平成21）年度からスクールソーシャルワーカー（以下、SSWr）が導入されている。

　個人の問題解決のための働きかけを行っているという点はカウンセリングと共通しているが、社会資源の利用、環境の調整といった点、またクライエントの人格の変容やパーソナリティの成長を主たる目的とせずに問題をかかえながらでも生活をしていくことができるように援助するという点がカウンセリングとは異なると考えられる。

3　心理学的アプローチの意義と限界

　これまでに述べているように心理学的アプローチも時代とともに変化してきている。その中でも従来からカウンセリングにおいて行われてきた、相談者の声を「聴く」ということについて、その実践活動の中から援助方法や技術、援助者が身につけておくべき基本的態度を示してくれている。また、特にSCの導入により新たにコミュニティアプローチの重要性が示され、さら

には、地域における子育て・子育ちや親子関係においてもその実践が広がってきている（岩堂・松島・田村、2001）。

　しかしながら、世間一般的には心理学的アプローチといえばロジャーズ流のカウンセリングのイメージがあるのもまた事実である。このロジャーズ理論についてカウンセリング理論の折衷主義的立場をとる國分（1980）の言葉をまとめると、以下のようになる。ここからも心理学的アプローチの意義や限界がみえてくる。ロジャーズ理論の貢献としては、面接をオープンにし、面接技術を体系化したこと、そしてその効果を測定するということで心理療法を科学としたことがあげられる。そして、治療におけるリレーション（関係性）の重要さを示し、カウンセラーのパーソナリティが治療道具あるいは治療条件だとし、「自己一致」の重要性を示したことである。

　しかしそれは一方で、すべての診断的枠組みを排除し、問題はクライエントが「自己一致」すればよいということになり、環境への働きかけを軽視する危険がある。さらにいえば、「環境（体制）を変えたくない権威者がカウンセラーを採用して、環境への受け止め方を変容させることによって体制維持をはかるかもしれない」とまで述べている。つまり、心理学的アプローチにおいては、環境も含めた社会的要因に対して働きかけを行うということをこれまであまりしてこなかった、しているイメージがないといえる。起こっている問題の所在や人間関係の改善を特定の個人や家族などの内部に求め、その努力にのみ還元しているようにもとらえられる。これは「心理還元的立場」と呼ばれ批判されている（小沢・中島、2004）。

　これに関連して、村山（2012）はSCのこれからの発展の方向と課題の一つとして「新しい人間関係ネットワークパラダイム論の構築」をとりあげている。従来のクリニックモデルからコミュニティ心理学を背景とした「個人からシステムへ」、「治療から予防へ」という流れ、そして今後は「人間がつくる複数の対人ネットワークの重要性を認めるネットワーク論」が必要であると述べている。セラピストとクライエントという二者関係のみならず、クライエントは本来、多様な人間関係の中で育つ。たとえば子どもに直接かかわる人としては、両親、兄弟、親戚、近隣の人、教師、部活の顧問、担任、養護教諭、クラスメート、友達、塾の教師や友達などの人間関係ネットワークをつないだり、修復したり、その意味を確認することが必要となるだろうと述べている。

また、援助の対象者と相談者が異なることが多いという点も、子ども支援を難しくさせている。むろん、子どもを取り巻くおとなへのコンサルテーション等で関係性が変わり、事態が動き出すということもよくあるのだが、その場合には当事者である子どもは問題解決の主体であると感じにくい。自分が周りの環境に影響を及ぼすことができるのだといった効力感をもてず、次に何か困難なことが起きた時に解決できそうだという期待や行動につながらないことも考えられる。また、援助の対象者である子ども自身が相談できない（しない）場合にどのように対応していくのかについては、先に述べたように課題が残っている。

4　アプローチの違いを超えて
——子どもの権利を基盤としたアプローチにむけて

　子どもを取り巻く相談支援の環境は多様になっている。子どもたちの生活の場でもある保育所、幼稚園、学校などにおいて SC や SSWr が導入され、活躍している。このように多様な専門性をもった専門家が子どもを取り巻く身近な環境に存在することは心強い。一方で、学校や家庭の外にも病院や児童相談所や教育相談センター等の従来からある相談機関に加えて、近年ではチャイルドライン等の民間の相談機関や公的第三者機関も存在する。

　この点について、近藤（1995）は援助活動を援助者の位置と援助の方法の２つの軸で整理している。援助者の位置は内・社会体系と外・社会体系の軸で説明される。すなわち、内・社会体系とは、援助者が援助の対象者である子どもが主として属している社会の内にあることを示しており、外・社会体系とはその外にあることを示している。また、援助の方法としては、直接的援助と間接的援助の軸で整理している。直接的援助とは子どもに直接的に何らかの援助を行うカウンセリングと教員や保護者などにコンサルテーションを行う間接的援助を区別している。これによれば、学校という子どもにとっては生活する場でもある場所で活動する SC や SSWr は、内・社会体系に位置するものである。この学校という内部にある制度において、本来は子どもを取り巻く社会的環境の１つである学校システムを対象に変化を促すことも必要なのであるが、内・社会体系であるからこそ声をあげていくことの難しさが懸念される。そこでは、外部にある相談・支援機関として子どもオンブズパーソン制度のような公的第三者機関が果たす役割もあるだろう。

内・社会体系、外・社会体系それぞれに位置する制度が存在する意味がある。

　このようにさまざまな相談・救済制度がある中では、福祉、心理、教育といった違う視点や立場、専門性をもった人間が協働をしていく機会も多い。この協働を可能にするアプローチとして子どもの権利を基盤としたアプローチを提案したい。これは、「子どもの主体性を尊重し、その最善の利益の実現をはかる」という子どもの権利を基盤としたものである。つまり、このアプローチは援助の方法を指すものではなく、相談・支援における人間観、すなわち子ども観を具現化したものである。改めてこのような子ども観を共通認識することが、それぞれのアプローチにもたらす影響は少なくないと考える。たとえば、それぞれの相談・援助システムが有効に機能しているのかどうかについて考える際には、子どもたち自身の聴き取りを含めた評価が必要となってくるだろう。子どもを支援するときに多様な視点や制度が確保されること、しかしそれらがばらばらに独立して存在するのではなく、共通の子ども観のもとで協働していくことが求められている。

[引用・参考文献]

石隈利紀（1999）『学校心理学　教師・スクールカウンセラー・保護者のチームによる心理教育的援助サービス』誠信書房

岩堂美智子・松島恭子・田村雅幸（2001）「なぜ今〈コミュニティ・アプローチ〉なのか」岩堂美智子・松島恭子編『コミュニティ臨床心理学――共同性の生涯発達』創元社、pp. 3-19

加藤純（2004）「『子どもの権利擁護委員会』活動に求められる臨床心理の専門性に関する一考察」『テオロギア・ディアコニア』ルーテル学院研究紀要 37 号、pp. 61-75

國分康孝（1980）『カウンセリングの理論』誠信書房

近藤邦夫（1995）「スクールカウンセラーと学校臨床心理学」村山正治・山本和郎編『スクールカウンセラー――その理論と展望』ミネルヴァ書房、pp. 12-26

村山正治（2012）「スクールカウンセラー事業を支えている実践知・経験知・パラダイム論――学校臨床心理士ワーキンググループの体験から」村山正治・滝口俊子編『現場で役立つスクールカウンセリングの実際』創元社、pp. 10-34

無藤清子（2011）「心理療法では何が起こっているのだろうか」園田雅代・無藤清子編『臨床心理学とは何だろうか――基本を学び、考える』新曜社

小沢牧子・中島浩籌（2004）『心を商品化する社会』洋泉社

内田宏明（2014）「子どもの権利条約 20 年の成果と課題『スクールソーシャルワーク領域』」季刊教育法、エイデル研究社、pp. 66-70

渡部純夫（2010）「カウンセリングの概念と範囲」加藤伸治・山口利勝編『心理学理論と心理的支援（第 2 版）』ミネルヴァ書房、pp. 178-196

山本和郎（1986）『コミュニティ心理学――地域臨床の理論と実践』東京大学出版会

2
発達に課題のある子どもの支援と相談・救済

竹内麻子（東京成徳大学）

はじめに

　子どもの権利擁護機関につながる相談には、発達に課題のある子どもたちが関わっているケースが一定数含まれている。発達に課題のある子どもたちにとって、とくに学校は学習や人間関係上の違和感、つまずきを経験することの多い場所である。いじめや不登校、教職員の対応といった学校に関わる事案の中では、子どもが「クリニックで診断を受けたことがある」、「療育施設に通っている」などという話を聴くことも多い。

　国連・子どもの権利委員会が2001年に採択した、「教育の目的」に関する一般的意見第1号では、子どもの最善の利益を確保するという観点から、教育は、「子ども中心の、子どもにやさしい、かつエンパワーにつながるようなもの」でなければならず、「すべての子どもは独自の特性、関心、能力および学習上のニーズを有している」という認識のもと、個人としての子どもの人格、才能および能力の発達が目指されるべきであるとしている。しかし、発達に課題のある子どもたちから見たとき、教育の現実はいっそう問題が深刻になる。たとえば明翫光宜は、現状の学校について次のように述べている。「学校の構造、過ごし方やカリキュラムは多数派である定型発達の子どもをモデルとして、その子どもたちに合わせた設定になっているため、それらは発達障害の子どもたちにはとても曖昧で変化の多いものに感じられる」。そして、そういった混沌とした学校生活に一生懸命適応しようとする中で、発達に課題のある子どもたちは当然さまざまなつまずきを体験し、そのつまずきがいわゆる「困った行動（問題行動）」として表現されることとなる（明翫、pp. 54–55参照）。

これまでに筆者が子どもの権利擁護機関の相談・調査専門員や他の相談電話の受け手として関わってきたケースの中でも、こういった子どもたちの「困った行動」に対し、その背景にある問題や子ども自身の努力がなかなか理解されず、周囲からネガティブな反応が繰り返されてしまうことにより、子どもが深く傷つき、力を奪われてしまっている状況が垣間見られる。
　そこで本稿では、発達に課題のある子どもたちが学校という集団生活の場で抱えがちな問題と相談・救済に関わる支援者の役割について、子どもの最善の利益やエンパワメントという視点から検討を試みたい。

1　「発達障害」をどうとらえるのか

　「発達障害」の子どもたちは、コミュニケーション、注意集中、行動の抑制、学習等において苦手な部分を持つといわれる。発達障害が注目されて久しい今でも、障害特性に基づく行動が、親のしつけや本人のやる気、性格の問題として扱われてしまうことも少なくなく、子どもたちは周りから理解してもらえない苦しさやつらさを抱えながら生活をしている。友達とうまく関わることができない、小さなことでついカッとなって興奮してしまう、漢字などの文字をうまく書くことができないなど、子どもたちが経験するつまずきは、障害特性や置かれている環境によってさまざまに異なるが、相談を通して出会う子どもたちの語りからは、学校生活の中で感じている戸惑いや苦しみが相当大きいことをうかがい知ることができる。
　「クラスの男の子に字が汚いって馬鹿にされて悔しい。他のことは僕の方ができるのに。ゆっくり一生懸命書いても、どこを書いていたのか分からなくなったり、自分でも読めなかったりするから本当に情けない気持ちになる。」
　「勉強も友達付き合いもわからないことばかりでとにかく苦しかった。まわりの人が何を言いたいのか、自分に何をしてほしいのかが把握できなくて毎日が本当に体当たりなんです。みんなのように充実してあっという間の学校生活ではない。これが一生続くかと思うと、早く死ねないかなと思う。」
　「授業を受けている時に、だんだん、このままじゃ危ない！　って思うんだ。それで、そのまま教室にいると叫んじゃいそうになるから、教室から出るようにしている。先生に言ってから出る約束なんだけど、そうすると間に合わない。」

子どもたちはこういった経験の中で本人も自分のことが理解できずに苦しみながら、自分はダメな奴だと悩んだり、周りとの関わりを拒否したりして孤立を深めてしまう。漠然とした不安や疎外感から学校に通えなくなってしまうことも多い。しかし、発達に課題のある子どもたちにとって、このつまずき自体がネガティブな経験なわけではない。発達障害でいうところの「障害」は「できないこと」「できるようにならないこと」を意味するのではなく、情報処理のしかたが違うため、「何かを学んだり身につけていったりする過程で、自然にすっと学んでいく子と、その子に合った学び方の工夫が必要な子がいるという意味」（杉山・辻井、pp. 12–13）だといわれている。

　早い段階で周囲のおとなが気づき、子どもがつまずきを経験するときには、その困り感に寄り添いながら、周囲の理解も含めた環境の調整や、本人が必要な力をつけていくことができるような支援をおこなっていくことによって、子どもが自分自身の得手不得手を知り、感情のコントロールや友達との接し方、社会生活上のルールなどを学んでいく機会にもなる。しかし、「発達障害」は障害の有無が周囲から分かりにくいことなどもあり、本人の責任や努力によって克服すべき問題として扱われてしまうことが多い。そのため、たとえば、いじめや友人間でのトラブルなど、コミュニケーションという双方向の関わりの中で経験されるつまずきについて発達に課題があるとされる側が一方的に責任を求められ、障害特性に基づく行動があるから「いじめられても仕方がない」と適切な支援や指導がおこなわれなかったり、保護者が学校に対応を求めるうえで遠慮をしてしまったりする状況も生まれている。

　「発達障害」は個人と環境の相互作用の中で生まれている。この視点を持たない関わりは、その人らしさを否定し、多数派の価値観を押し付けることによって、子どもから力を奪ってしまいかねない。ただ実生活の中で子どもたちが経験している戸惑いや苦しみは本当に大きい。そのため、療育など子どもたちが社会生活上必要な力をつけていくための支援は必要だと感じている。その場合に、つねに「子ども中心の支援」になっているのかどうかを問い返す姿勢が重要になるであろう。

2　「見えない障害」であるということ

　発達障害は「見えない障害」といわれ、子どものつまずきと障害特性との相関が周囲から分かりにくいという特徴がある。子どもの行動の背景には必

ずその子どもの障害特性に応じた理由があり、周りがそれに気づかず、自分の「あたりまえ」を基準にしてその子どもの言動や状況を解釈し、対応を決めてしまうことによって、求められる本来的な支援と対応との間に致命的なずれが生じてしまうことがある。

具体的な例を挙げると、Aくんという小学生から、「担任の先生が自分ばかりを目の敵にするので、もう学校に行きたくない」という相談を受けたことがあった。きっかけは授業中にふらっと教室からいなくなってしまうAくんに対し、担任の先生が「こんなところで何をしているんだ！」と怒鳴ったことのようだった。驚いたAくんが「何でここにいちゃいけないんですか！」と言い返したため、先生はさらに怒ってしまう。最終的にかれはパニックになり廊下で泣いてしまったというのが事実関係の概略だった。さらに話を聴きすすめていくと、Aくんは「授業中正当な理由もなく外に出てはいけない」というルールを知らなかったため外に出ていたこと。本人は、他の子に迷惑をかけてはいけないと思い、静かに教室を出るなど、本人なりに精一杯気を使っていたつもりであったこと。訳もわからず頭ごなしに怒られ腹が立ったものの、怒鳴られた理由を先生にきちんと確認しようとしたこと。先生はその理由を説明しないばかりか、さらに昔のことまで持ち出して怒りだしたため、「先生は単に自分のことが嫌いなのだ」という理解に至ったことなどが分かってきた。

多くの人からは理解できない論拠であるとしても、子どもの行動の背景には必ずその子ども独自の理由がある。本人の気持ちに寄り添ってみると、理由もなく怒られ、質問を悪意と勘違いされたのであるから、先生の対応は理不尽極まりないと感じられたと推測できる。またAくんは、自分は担任の先生から嫌われていると思うことによって、傷つきや強い疎外感を感じていた。そういった本人の気持ちを受けとめつつ、授業中勝手に教室から出てはいけないということについて理由をそえて説明すると、非常に驚いた様子で「先生にずっと悪いことをしていた。自分も悪かった」と述べ、母親といっしょに連絡帳に自分の気持ちや謝罪の意を書いてみると話し、電話を切った。

子どもは、その時々の状況や周りの子どもの動きを見ながら、校内の暗黙のルールを自然と学びとっていく。しかし、発達に課題のある子どもたちの中には、そういったことを苦手とする子どもも多く、Aくんのように自分自身で考えてとった行動が、結局は問題行動とみなされてしまうことも少なく

ない。発達に課題のある子どもたちに関わるとき、周囲のおとなの関心は「問題行動」に置かれがちである。その結果、子どもの行動の背景にある問題には考えが及ばないまま、結局は表出している「困った行動を怒る」ことになってしまう。しかし「できないこと」を「できるはず」とされ、意味も分からずに叱責されることは、本人にとって意味ある働きかけにならないうえに、非常につらい経験となる。こういった経験は、繰り返されることによって子どもに自信を失わせ、無力感や虚無感を抱かせ、不安や気分の落ち込みを引き起こすとともに、漠然とした不満や怒りを子どもの心の中に蓄積させてしまう。そして子どもの社会的関係性の発展を阻害するものともなり、子どもの自己形成に大きな負の影響を与え、将来的な子どもの生きづらさにも深く関わってくる問題となる。

3　発達に課題のある子どもと「二次障害」の問題

　発達に課題のある子どもたちとその周囲の関係性の中では、図のような相互にネガティブな反応を引き出しあう悪循環に陥る傾向があり、そこでの経験が「二次障害」[1]ともいわれる精神疾患の発症をまねくといわれている。

　Bくんという小学生の例を挙げると、かれは高い衝動性のため、授業中に教室内で立ち歩いてしまうことがよくあった。毎回先生から注意され、本人も「恥ずかしい」「かっこう悪い」と感じていたため、最初は何とかしようと自分自身の中で努力していたが、頑張っても衝動性が抑えられないうえに「頑張りは認められずに、怒られてばかり」といった思いから、「もうそれならダメな子でいい！」と反抗的な態度をとるようになっていった。その後は、立ち歩きをしてしまったことをごまかすために、「授業がつまらないからだ」と言ってみたり、授業妨害をしては、座っていられないのではなく、わざと立ち歩いているふりをしたりするようになった。さらに、その反抗的な態度を先生が注意すると、Bくんはネガティブな反応を強化し、おとなの態度に過剰に反応しては、挑発的な態度をとったり、怒りを引き出そうとしたりするため、学校内で過剰な叱責や体罰も含め外傷的な体験を重ねてしまっていた。母親の「もう少し子どものことを理解したうえで対応をしてほしい」という思いは学校側にうまく伝わらず、相談をいただいた時には、頻発するトラブルへの誤解や噂も広まって、校内でも地域でも居場所がつくりにくい状況の中、おとなへの不信感でいっぱいになりながら、パニックを頻発させて

「二次障害」出現の悪循環

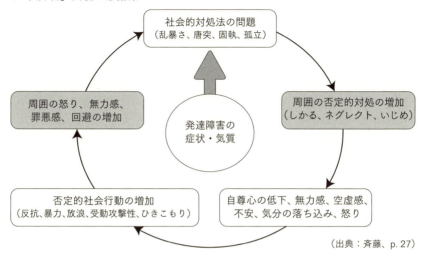

（出典：斉藤、p. 27）

いて、見ているこちらが苦しくなるような状況であった。

その他のケースの中でも、繰り返される叱責やいじめといった厳しい環境を機に、子どもたちにチックや強迫神経症、強い不安からくる幻聴や幻覚などの症状がみられることはしばしばあり、発達に課題のある子どもたちの「理解してもらえない」ことによる不利益や苦しさが非常に大きいことを感じる。また、そのような症状が我が子に現れた時に、保護者の感じる戸惑いや不安、心痛は大きい。そういった思いは学校の対応への不信感や怒りにもつながるため、相互のコミュニケーションがうまくいかなくなる要因の１つにもなっている。

4　発達に課題のある子どもの支援と相談・救済

たとえば大和久（2006）は、小学校教員である自身の経験をもとに、教師が子どものことをどう見ているのかが、学級や学年の子どもたち、保護者や他の教職員の意識を左右してしまうと指摘している。そして、現在の学校の環境や人的物的条件の下では、いわゆる「困った行動」をする子どもたちは、教師から「困った子」としてとらえられてしまうことがほとんどであると述べている。ともすると、教師のあの子は「困った子」という見方が、周囲を同調させてしまうおそれがあるということだ。大和久は、時間をかけて

子どもと関わりながら、暴力をふるったり、キレたり、パニックを起こしたりするのは、「困っている」ことの訴え、叫びなのだということを教師が理解し、そこで得た共感を手掛かりに、「困った子」から「困っている子」へと子ども観を転換していく、子どもとの「出会い直し」が実践上非常に重要であると提起している。そうした子ども観の転換が結果として、周囲の見方や態度を変え、「困っている子」と周りの子どもたちとの関係性の再構築につながってくるのである（大和久、pp. 19-21 参照）。
　現在、教育の現場では、「発達障害」に関する理解の促進が求められている。そのために研修会なども取り組まれている。しかし、研修などを通して得られる知識は限定的かつ表面的であり、非常に多様な子どもたちの考えや姿を十分に表現してくれるものではない。実際に学校で先生方のお話をうかがっていても、障害についての知識が子どもへの理解や支援の助けへと必ずしもつながっているわけではないと感じることが多い。
　支援とは、「何らかの意図を持った他者の行為に対する働きかけであり、その意図を理解しつつ、行為の質を維持・改善する一連のアクションのことをいい、最終的に他者のエンパワーメントをはかる（ことがらをなす力をつける）こと」（今田、p. 11）とされる。しかし、発達に課題のある子どもたちへの「支援」や「指導」ではしばしば、この「行為の意図の理解」の入り口で大きくつまずいてしまうことにより、逆に、子どもの力を奪ってしまうような方向へと向かってしまう。こういったことを防いでいくためには、一般的な知識を獲得するための研修ではなく、目の前にいる実際の子どもへの関わり方について、それまでの実践を振り返り、子どものエンパワメントを図る支援に組み替えていくことを可能にするような研修が必要となる。
　また、発達に課題のある子どもたちが障害を自分自身の１つの特性として受け入れることを可能にしていくためには、「障害がある当事者が自分を尊重する感覚をもっていること」が絶対条件であり、そのためには幼いときからの周囲の人々の肯定的な眼差しが重要（中田、pp. 104-108 参照）だといわれており、こういったエンパワメントの視点が子どもの関わるおとなに分け持たれているかどうかは、発達に課題のある子どもたちが成長していく上で、非常に大きな違いをもたらすといえる。このことは子どもの権利が尊重されるということでもある。子どもの権利条約さらには障害のある人の権利条約の実現が求められるゆえんでもある。

おわりにかえて

　相談・救済に関わる支援者には、子どもが厳しい状況に置かれている場合に、相談の中で語られる子どもの思いを関係するおとなや子どもへ伝えていくことを通して、実際は「困る子」「困った子」ではなく、「困っている子」だったのだと周囲が気づき、その共感をもとに、お互いが協働しながら関係をつくりかえていけるように支援をおこなっていくことが求められている。そのうえで、どの子どももそれぞれの教育的なニーズを持っていることを前提とした子どもにやさしい、子ども中心の教育の実現に向けて、自治体レベルで取り組みが可能なことについて意見表明をするなど、制度の改善に向けた取り組みをおこなっていくことが、子どもの相談・救済にかかわる子どもの権利擁護機関の大きな役割となるのである。

1) 「二次障害」とは、本来の障害に起因する困難さではなく、虐待、学校でのいじめ、繰り返し強い叱責を受けるなどの外傷的な体験によって、二次的に引き起こされる「不安の強さや過剰な引っ込み思案、強迫傾向、気分の落ち込み、あるいは過度の反抗や反社会的行動などの情緒と行動を通じて表現される多彩な精神障害」(斉藤、pp. 17-19) とされる。また、そこまではいかなくとも行動上の問題に対する周囲の否定的な反応の繰り返しによる自己評価の低下から、精神疾患等の診断基準に満たなくてもそれに準ずる困難さを抱える子どもは多い。

[参考文献]
阿部利彦 (2016)「通常学級のユニバーサルデザインと合理的配慮」『児童心理』第70巻第2号、金子書房
安部芳絵 (2010)『子ども支援学研究の視座』学文社
今田高俊 (2000)「支援型の社会システムへ」支援基礎理論研究会編『支援学―管理社会をこえて』東方出版
大和久勝 (2006)『困った子は困っている子』クリエイツかもがわ
喜多明人・吉田恒雄・荒牧重人・黒岩哲彦編 (2001)『子どもオンブズパーソン―子どものSOSを受けとめて』日本評論社
斉藤万比古 (2009)『発達障害が引き起こす二次障害へのケアとサポート』学研
杉山登志郎 (2000)『発達障害の豊かな世界』日本評論社
杉山登志郎・辻井正次監修 (2011)『発達障害のある子どもができることを伸ばす（学童編）』日東書院本社
中田洋二郎 (2009)『発達障害と家族支援』学習研究社
明翫光宜「発達障害の子どものための楽しい人との関係のある学校生活作り」『子どもの心と学校臨床』2010年2号

3 インターネット時代における子どもの相談

宮川正文（NPO法人子どもの権利支援センターぱれっと掲示板 管理人）

はじめに

　日本では、電子掲示板（以下、掲示板）を使った子どもの相談は、1987年に小児科医の台俊一[1]が行った育児相談の頃にさかのぼる。また、インターネット（以下、ネット）での電子メール（以下、メール）相談の歴史は1995年以前に精神科医の湊博昭[2]が行った相談が、調べるかぎりの初めである。教育行政機関の相談では、都道府県では1996年11月に香川県が行ったメール相談が最初だ。

　現在、行政の教育相談では掲示板のような、誰もが見られて書き込める形式の子ども相談は調べるかぎり見受けられないものの、メール相談を実施している自治体は増えつつある。近年では、2013年の「いじめ防止対策推進法」第11条に基づく文部科学省の「いじめの防止等のための基本的な方針」に「電話やメール等、いじめの通報・相談を受け付ける体制整備・周知」が謳われた。メール相談を行う自治体はさらに増えており、たとえば2015年には杉並区ではスマートフォン専用のメール相談を開始している。このようにネットの相談は古くからあるが、近年普及しだした、新しい相談である。

　本稿では、主にメールと掲示板でのネット相談の概要や意義、課題などを述べ、筆者が10年前から実践している「ぱれっと掲示板」相談での相談・運用を踏まえ、ネット相談に対する回答の方法等について検討していく。

1　ネット利用率と子どものネット相談利用率

　総務省「平成26年通信利用動向調査の結果」では2014年度は13〜19歳のうち97.9％がネットを利用している。

子どもの相談の利用についても、子どもの権利条約総合研究所が行った2005年の調査によれば「友達・先輩からの傷つき体験を誰に相談するか」という質問に「インターネット掲示板」と答えた子どもの割合は2つの自治体で7.3％と8.3％、「電話・メール相談」は4つの自治体で2.2〜3.7％であった。2011年の長野県子ども・家庭課の調査では「相談したい手段」について、メール18％、掲示板6.4％と回答している。試みにネットの検索サイトで「子ども掲示板相談」や「子どもメール相談」で検索すると、多くの公・民の相談サイトがあることがうかがえる。現段階でも一定数の子どもたちが、ネットを相談の場として利用していることは間違いないだろう。

2　ネット相談の効果と意義
(1)　先行研究からみるネット相談の効果

　現在の日本には、メールや掲示板以外にもチャットやTwitter、LINEなどがあり、すべての代表的なネットツールで相談が行われている。

　ネット相談の効果を取り上げる先行研究は複数ある。そしてネット相談の初期から効果は認識されている。たとえば前掲の台は利用者が「知識だけではない心のサポートが得られる」ことを述べている。前掲の湊もメール相談で「切迫した文章であるが余裕をもって返事を書くことができた。音声の電話であれば治療者は余裕をもてず適切に対処できなかったかもしれない」と電話などでは困難な相談内容も、落ち着いて相談ができることを指摘する。他にも臨床心理学者の小林正幸他[3]は、利用者の①カタルシス効果、②自己問題の概念化、③自己への気付き、④自己思考過程の追跡、⑤自己開示、⑥自分を守る役割を効果としてあげている。心理学者の碓井真史[4]は同じ立場の者同士の相談が自死の防止に効果があったことや、顔の見える医療機関などへの相談に繋がった例などを伝える。精神科医の飯倉康郎[5]は海外の複数の事例を紹介し、診療室治療のないメールを利用した外傷体験の治療で、治療を受けた者の80％が顕著な改善を示した事例を報告する。また、ネット相談では複雑なケースへの対応は難しいが、行動療法に補助的に利用できることも伝えている。

(2)　既存の相談とネット相談の機能的特徴

　ネット相談は、時間や空間にとらわれず24時間いつでも利用できる。回

各種相談の機能・特性比較

相談の手段名	既存の相談			ネット相談	
	面接	電話	手紙	メール	掲示板
情報伝達媒体	声・表情（聴覚・視覚）	声（聴覚）	文字・絵（視覚）	文字・絵（視覚）	文字・絵（視覚）
相談者との関係	1対1など	1対1	1対1	1対1など	1対多
相談の公開	非公開	非公開	非公開	非公開	公開
共有　時間	必要	必要	不要	不要	不要
空間	必要	不要	不要	不要	不要
即時記録性	不完全	不完全	完全	完全	完全
推敲・読み返し	不可能	不可能	可能	可能	可能
応答の早さ	即時	即時	遅い	多様	多様
相談者に関する情報量	多い	やや多い	やや多い	少ない	少ない
匿名性	低い	やや低い	やや低い	中程度	高い

答員は相談に熟慮して回答できる時間的余裕があり、手紙より回答が早い。既存の相談は匿名性という点では最大の弱点になる。電話ですら、声をさらさなければいけない。対して身体的な事柄に対して匿名性が高いネット相談は、下記に述べていく各地の自治体での相談件数の多さからみても、子どもたちが気軽に相談することができるツールである。

　ネット相談での機能を比較すると、メールは1対1であるゆえに、公表される掲示板より相談内容が深くなる傾向がある。スマートフォンなどの普及もあり、掲示板より相談の回答を早く求められる傾向もある。対して1対多数型の掲示板相談は返信にゆとりがあり、多数の回答者による多様な視点が提示でき、子ども参加、専門家に頼らない相談（ピア・サポートなど）の可能性ももつ。

（3）ネット相談の意義

　ネット相談の意義は、既存の電話や面接の相談では相談しにくい「かん黙」や現実社会で「居場所がない」子どもが、ネット相談を利用できることだ。ネット相談は既存の相談ではカバーできない、一定数の子どもたちのニーズに対応し、おとなからみて潜在的な悩みを顕在化する効果がある。各地

の子ども支援施策に新しいネット相談の各種ツールが加わることは、相談方法の選択肢が広がることであり、子どもにとってより悩みがすくいとられる機会ができる。

3 ネット相談の課題

民間での「メール相談」は無数にある。一例をあげてみると、「チャイルドラインもしもしキモチ」や虐待相談などを行う「日本子どもの虐待防止民間ネットワーク」がある。掲示板では「ウィメンズクリニック・かみむら」で産婦人科医が性・性感染症の相談を行うなど、専門に特化した相談もある。

ネット相談での課題は公・民ともに統一した相談の方法論がなく、手探り状態である。システム・相談員のレベルにも極端な差がある。民間では相談を装う悪意ある危険なサイトの多いことも指摘できる。

次に、行政での子どもメール相談に起こりがちな課題を検証してみる[6]。①決裁のための返答の遅さ、メール相談に対する無理解による回答への妨害、②禁止事項の多さ、③一回性の原則や、投稿に対して極端に短い文字制限をとる自治体のあることなどが課題になる。①は年末年始や決裁担当者の休暇・出張等があると決裁が遅れ、メールでの迅速な回答ができず、緊急対応ができないことである。決裁を複数回すことでの秘密拡散の問題や、子ども相談に理解ない上司がいれば訂正等の命令をされる。子どもにとって安全な相談にならない。②は、いじめなどが明確でない相談の場合、子どもがとてもつらい状態でも、ベストの回答を書けないことがある。たとえば教育委員会の一部では、選択肢として身を守るための不登校などを子どもに勧めにくい。民間以上の言葉への工夫が求められる。③はある自治体機関では相談は1回限定で、さらに300字の文字制限がある。これでは悩みを利用者は書こうにも書けない。短い相談内容は相談員にとって回答が難しくなることは容易に想定できる。

4 ぱれっと掲示板相談の取り組み

（1）ぱれっとの活動概要

NPO法人射水市子どもの権利支援センターぱれっと（以下、ぱれっと）は、2003年、富山県小杉町（合併後、射水市）で立ち上がったNPOである。子どもの権利条約の精神に基づき、子ども支援のさまざまな活動を行っ

ている[7]。掲示板を使った相談活動は2005年8月23日より行っている。相談には2枚、告知等に各1枚、計5枚の掲示板を利用して運用している。回答には筆者以外にも精神科医や弁護士、カウンセラーなどの専門家10名が関わる。この10年間、平均して子どもや保護者の相談は延べ年700〜800件程度の推移である。また対する回答は1,300件程度が平均して投稿される。2014年度では、子ども・保護者掲示板2つへの投稿は2,696件、閲覧は80,000件を超えている。面接などの相談件数は146件である。悩みが「解決しました」「心が軽くなった」というお礼の投稿も「青少年相談掲示板」で見ると全体の割合の中で11.7％を占める。2015年12月現在でもぱれっと掲示板では、誹謗中傷などは1件も画面には載っていない。

(2) ぱれっと掲示板相談の事例

ぱれっと掲示板の相談は性的虐待や恋の悩みなどのよろずの相談が書き込まれる。これに対し、必ず管理人が書き込み、返答ゼロの相談をつくらないようにしている。投稿の多くはニックネームで行われており、本人が特定できない。規約に同意し、公表され、誰もが見られる相談ではあるが、本稿ではさらに本人がわからないよう、内容などを一部省略、改変して紹介する。

①-1 いじめの悩み【中学生：相談】

いじめられて学校に行かなくなって、最近は父に学校まで送ってもらって行きますが、教室にも行かずに相談室で自習して帰る、そんな僕に生きる価値ってあります？ 上の兄に怒られ蹴られただけでショックを受けて過呼吸を起こし、母にリスカを怒られてもリスカをし続ける。死ねたらなんて素敵だろう。

①-2 いじめの悩み【筆者：管理人】

いじめがあるのですよね。そんな中で学校へ行くというのは、とてもしんどいし、とてもつらいことだろうと思います。大変な頑張りだと思いますし、少しゆっくりと休めたなら良いですよね。○○君が死[8]にたくなるほどの学校の状況を思うと悲しくなります。そんな状況が問題であって、○○君は生きる価値はもちろんあります。学校は、義務ではないですし、死にたくなるほどの気持ちを抱えてまで、行く場所ではないです。大変な状況を少しでも軽くし、むしろゆっくりと休んで、幸せになってほしいと思っています。その意味でも、まずはいじめのある学校から避難できたら、

休めたなら良いなと心より強く思いました。それを一緒にこの場で考えていけたならとも思いました。

この事例の利用者は相談機関にメール相談をする、というところで相談が終了した。1回性の電話相談とは違い、この事例で管理人は複数回回答している。他にも3名が書き込んでいる。相談を複数回継続させ、ネット相談から相談の垣根を低くさせ、より細かい内容を伝えられる電話・面接相談につなげられる。相談に対するお試しの役割や初期対応としての機能がネット相談にはある。

②虐待を経験した子が、受けている子に行った回答【高校生：回答】
　私は勉強ができない子だったので親から暴力を受けていました。辛くて辛くて…。毎日ベッドで聞かれない程度に泣いてました。親にとっては愛の鞭かもしれない。だけどあなたが嫌だと思っているなら体罰であり、虐待に近いかもしれない。このままいくとエスカレートしてしまう。だからちゃんとあなたから伝えようよ。親がもっと腹立たない程度に。それが無理～って思うなら…。友達の家に泊めさせてもらうとか、警察に相談するとか…周りの人をたくさん頼ってよ！　みんな味方だよ。だから…、勇気をもって。命は大切に。

この事例のように掲示板を見る子どもたちが自主的に、自分の経験から同世代の子どもや、保護者に回答を行うことがある。臨床心理学者のカール・ロジャーズ[9]はセラピーの一条件として「セラピストがクライエントが内面からみているままにその世界を適切に共感的に理解し、経験していること」と述べる。子どもたちの体験からの共感的言葉は、専門家がどんなに努力しても書けない無二の内容になっていることも多い。同世代同士の回答には「気持ちが軽くなった」という利用者からの返答も多いのである。

（3）　ぱれっと掲示板のシステム
　これまでにみてきたようにネット相談にはニーズがあり、一定の相談数と相談に対して悩みを緩和・解決する効果がある。だが、公開相談に利用する掲示板は、自殺などの呼びかけや、ネットいじめなどにも利用される負の側

面がある。多くの心理や教育の専門家も、掲示板相談には効果の他に、誹謗中傷なども指摘している。相談は大前提として安全でなければ成り立たない。

　以下、ぱれっと掲示板での取り組みをハード面のシステムと、ソフト面の運用の観点から簡単にみていく。まずハード面のシステムの工夫としては、投稿チェックシステムなどだ。投稿チェックシステムは投稿がすぐには画面に載らず、管理人によるチェックを経てから公開される。他にも数十の相談を安全に運用するための機能がある。

　次はソフト面の管理運用の工夫をみてみよう。①規約の工夫、②告知掲示板の導入、③承認の工夫である。規約の工夫は、規約の内容を心理や法律の専門家と作成している。内容は利用する側の簡単な権利とともに、掲載できない投稿の内容を例示してある。告知掲示板では、公開不可能な投稿に対してどうして掲示板に載せられないかの説明をする。管理人が説明して、投稿が修正されればその投稿を承認し、されなければ1週間程度で完全に削除する。削除か承認か悩む投稿には、精神科医や大学教員などと事前に検討する。けっして管理人が独断では削除せず、客観性を保つようにしている。

　上記の運用により、ぱれっと掲示板では10年間に一度だけ相談利用者から「激怒」という書き込みがあったが、それ以外は公表している相談にもかかわらず苦情[10]がない。このことからハード面とソフト面の工夫があれば、かなり安全にネット相談が運用できる一事例といえるのではないか。

5　ネット相談に対する回答の方法

　ネット相談にはまだ、相談に対して確定した方法論はない。そこで回答方法について筆者は1998年からのネット相談の経験を冊子にまとめている[11]。これにより受容的で共感的な回答方法の普及を図っている。回答を投稿する際の基本は、相手の気持ちを思う心をもって書くということが第一である。加えて、次の回答の方法を公開する。

　　ア　言葉を繰り返す
　　イ　共感的な言葉で伝えたいことを挟み込む
　　ウ　よいところを見つける
　　エ　自分の失敗として伝える
　　オ　言葉を子どもに合わせる

　アは、たとえば本人が「いじめられて辛い」と書いていれば、基本的には

回答は「いじめられているのですね。本当にお辛いことでしょう」のように利用者の気持ちを文字どおり回答で繰り返すということである。「文字どおり」というのがポイントで、たとえば「苦しい」という言葉は使わない。利用者が「辛い」のは事実だが、苦しいかどうかはわからないからである。

イは、前文・主文・末文という手紙の書き方の応用である。前文は、アの「言葉を繰り返す」という手法で共感的な文章をつくる。その上で中盤の主文で、もっとも伝えたい思いや情報を提示する。そして最後の末文は、再びねぎらいや共感の言葉で終えるのである。会話でも、いきなり本題では違和感がある。ましてや、掲示板は文字によるコミュニケーションなので、いきなりの本題はトラブルの原因になりかねない。もちろん内容によっては、主文のない共感的な前文と末文だけの投稿をする場合もある。

ウは、どのような深刻な相談にもプラスの側面がある。たとえば、投稿するだけでも勇気を出してネット相談に書き込んでくれていること、文章を書ける才能、伝える力など利用者のよいところを見つけることができる。これらを回答に適宜組み入れていくことで、絶望的な内容でも、希望を伝え利用者の次なる行動へのきっかけをつくっていく。

エは、たとえば相手の行為が危険な時などの回答である。危険な行為は顔が見えないからこそ「危険で問題がある」とダイレクトに伝えると、相手を怒らせ、傷つけてしまう可能性が高い。そこで自分の経験として相手を否定も非難もせず、伝えるのである。これなら相手は怒りようがない。「僕は○○で相手を傷つけてしまいました。後悔しています。僕個人の経験だからAさんとは違うけれど、心配です」など間接的に気付くように伝えるのである。次回以降の相談で、信頼関係ができてから危険性を指摘すればよいのである。結論を急ぐ必要はない。

オは、その回答してきた子どもの文章に合わせて漢字や語彙を選ぶことである。筆者は民間のメールや掲示板相談では長年の経験で書く。関わる行政の教育相談の場合、子どもが申告する年齢の1歳下の教科書で習う漢字と単語を教科書および専門辞典などで調べ、読める漢字と文体を心掛けている。

おわりに

子どもネット相談の可能性を考察する。現在学校などには心理や福祉の専門家が入り、悩みに答える活動をしている。それは子どもの悩みや問題の解

決にプラスになる面も多い。反面、イヴァン・イリイチ[12]は教育者や医者などの専門家主義の弊害を「人々は気分の悪さばかりか、不快感についても、まず自分でやってみようという意思も能力も失った」と自主性の喪失を指摘した。昔から子ども同士で悩みに答えてきた分野に今、専門家が登場した。そこには子どもの自主性が疎外されている面も、一面ではある。だが顔の見えないネット上では、子どもたちが自らの意志で助け合い、時には互いに相談・回答を行っている。古くからある子ども同士の助け合いがネット相談という新しい形で再生しているのではないだろうか。その子どもの自発性を尊重した安全な場の提供や、場を「指導」や「支援」あるいは「援助」の名の下に破壊しない新しいかかわりが、おとなに今求められている。

1) 台俊一（1995）「パソコン通信と育児相談」小児内科 27（1）、pp. 71-75
2) 湊博昭（1995）「電子メールによる治療的関与の試み」大学精神衛生研究会報告書 6、pp. 47-49
3) 小林正幸・新藤茂・和田正人（1999）「インターネットを用いた不登校児童・生徒に対する援助に関する展望：電子メール相談の可能性について」東京学芸大学教育学部附属教育実践総合センター研究紀要 23、pp. 89-102
4) 碓井真史（2008）「インターネット・コミュニケーションの問題と可能性（展望）」新潟青陵大学大学院臨床心理学研究 2、pp. 71-78
5) 飯倉康郎（2005）「非対面心理療法の臨床効果：電話やコンピュータなどの情報機器の利用による行動療法のサポート」岩本隆茂・木津明彦編『非対面心理療法の基礎と実際——インターネット時代のカウンセリング』培風館、pp. 37-51
6) 多様な運営システムをとっている民間は、課題もさまざまなためである。
7) ぱれっとの詳細な活動は http://npo-palette.org/ を参照されたい。
8) 「死」という文字を利用者が使っても、使用しないという考えもある。筆者は相手に合わせて使う場合がある。
9) Carl R. Rogers 1961 Significant learning-in therapy and in education: On Becoming a person. chap. 4, USA; Houghton Mifflin, 279-296.（畠瀬稔編訳（1967）『カウンセリングと教育：ロージァズ全集 5』岩崎学術出版社）
10) 利用者が、ほかの利用者の権利を意図せず侵害する書き込みをした事例である。規約を基に削除したのだが、その際に利用者から出た発言である。
11) 回答法についての文献は少ない。たとえば宮川正文他（2010）『相談掲示板相談の手引き［第 2 版］』（子どもの権利支援センターぱれっと）や、斎藤友紀雄他訳（2007）『インターネット・カウンセリング：E メール相談の理論と実践』（ほんの森出版）などだ。Twitter の相談回答については志茂田景樹（2012）『きっとうまくいく人生、今が出発点』（ナツメ社）が参考になるだろう。
12) Ivan Illich 1978 Disabling Professions: Disabling Professions, Boston; Marion Boyars, 9-52.（尾崎浩訳（1984）『専門家時代の幻想：イリイチ・ライブラリー 4』新評論）

4 子どもの権利の視点と公的第三者機関の役割

吉永省三（千里金蘭大学）

はじめに

　本稿でいう公的第三者機関は、一般行政権から独立して子どもの最善の利益を目的に活動する、子どもの相談・救済の機関をさす。子どもオンブズパーソンなどの公的制度である。すでに国連・子どもの権利委員会（CRC）は、子どもオンブズパーソンの制度概念を明らかにして、その設置を各国に求めている。

　日本では、1999年4月に兵庫県川西市で創設されたのが最初になる。それから17年が経過する。その間、このような公的第三者機関は、名称はさまざまだが30余の自治体で誕生してきた。これら地方レベルの取り組みはCRCも積極的に評価するところとなっている。しかし、1,700を超える日本の自治体数からすれば、いまだ開拓段階にあるといわねばならない。CRCは日本に対する総括所見のなかで、国がこうした地方の取り組みを積極的に支援するとともに、すみやかにパリ原則に基づく国内人権機関を設置して、子どもの権利を促進する国と地方の効果的な連携をはかるよう、繰り返し勧告してきた。だが、いまだに実現できていない。

　1994年に日本で子どもの権利条約が批准されて22年、はたして、いま「子どもの権利」は、わたしたちの社会の共通言語となりえているだろうか——やはり、いまだ開拓的状況にある。

　他方、2013年のいじめ防止対策推進法の制定など一連の経過では、「第三者機関」という言葉がしばしば聞かれた。ところが多くの場合、それは「いじめ」という問題事象への、もっぱら対策的観点から語られているようでもあって、必ずしも子どもの権利の視点から求められているともいえない。

本稿では、このような経過と現状をふまえ、あらためて「子どもの権利」の視点を問い直すなかから、「子どもの相談・救済」の意味と、それを担うところの公的第三者機関の制度としての意義を確かめたい。

1　子どもの権利の視点

　そもそも「子ども」という概念は、近代になって発見された。ルソーの『エミール』（1762年）は、まさにその発見の書といわれる。「わたしたちは感官をもって生まれている」、「わたしたちは学ぶ能力がある者として生まれる」[1]。「わたしたち」こそが、かつてはまぎれもなく「子ども」であった。ルソーは、その現実態の子どもに、感じる・学ぶ・生きる主体としての人間を、すなわち権利の主体としての子どもを、見い出した。それはおとなが勝手に思い描く可能態の子どもではなく、いま現在を自ら生きる現実態の子どもである。「子どもの権利」の淵源はここにある。

　その後、産業主義と国民国家の時代が始まり、その要請によって近代学校が形づくられた。そして20世紀は「子どもの世紀」とも呼ばれたのだが、じつのところは「戦争の世紀」となった。おとなたちはその反省から国際社会で2度にわたって「子どもの権利」を宣言し、「人類は最善のものを子どもに与える責務を負う」との原則を確認しあった。ジュネーブ子どもの権利宣言（1924年）と国連子どもの権利宣言（1959年）である。保護を受ける権利と付与を受ける権利とが、子どもの権利となった。そうして「子どもの最善の利益」は、子どもの教育や指導に責任を負う者の「指導原理」として確認された。

　しかしながら、では、いったい何が子どもの最善となるのか——それを捉える視点や判断は、おとなのパターナリスティックな義務や責任に担保されたもののように、久しく理解されてきた。しかし、子どもにとって、何が最善となるのか。じつのところ、それはおとなの判断だけでは捉えきれない。子どもの視点（views）が必要となる。

　たとえ最高水準の（と、おとなたちが考える）子どもの福祉や教育の制度が準備されたとしても、それだけでは子どもの最善の利益にはつながらない。たとえば1970年代のスウェーデンでは、ほぼ世界最高水準の福祉や教育が達成されてもなお、子どもの最善は実現できていないとの認識から、世界最初の子どもオンブズパーソン制度が民間で創設された（1973年、その後

1993年に国家任命となる)。その初代オンブズパーソンのエウラーは「子どもに対してなすべきことで、残されている課題は」ときりだして、「子どもの主張に近づこうとする、おとな側の試みだ」と明言した[2]。また、世界最初の公的子どもオンブズパーソンは1981年にノルウェーで創設されたが、そのオンブズパーソンのフレッコイはこう述べた。「子どもは、かれらの利益のために独立した代弁者、国家的な擁護者、そして公的良心の喚起者を必要とする」——それが子どもオンブズパーソンなのだ、と[3]。

　子どもの最善をめざして、子どもの話を聴く。そして、それを子どもとともに、子どもの最善の利益へとつないでいく。そういう社会のシステムとして、北欧で子どもオンブズパーソンが誕生したわけだが、さらに重要なことは、そうして、新たな子どもの権利が確認されたことだ。子どもには、自分の思いや意見（views）を自ら表明し尊重される権利がある、そうやって自分にかかわる事柄の決定に参加する権利がある——ということだ。上述の保護（protection）と付与（provision）の2つの「享受する権利」に加え、3つ目のPとなった参加（participation）の権利が、子ども自ら「行使する権利」として新たに位置づいたのである。子どもとおとなの関係性における、子どもとおとなの相互的な主体、共同的な主体が確認されたといえる。

　1989年に国連が採択した子どもの権利条約は、すべてのおとなが子どもの最善の利益を第一に考慮しなければならないという原則を第3条で定めるとともに、そのために必要な原則として、この意見表明・参加の権利、すなわち「子どもの意見の尊重」を第12条に規定した。子どもの権利条約にコミットして、とりわけ第12条の尊重と確保を通して、第3条の子どもの最善の利益を具体化する。このようなパースペクティブが、「子どもの権利」の視点として捉えられる。これが、子どもの相談・救済を担う公的第三者機関の制度と実践の原理となる。

2　子どもの権利の視点から問い直す

　1994年4月に子どもの権利条約が日本で批准され、しかしそれとは裏腹に11月、全国に大きな衝撃をもたらした愛知県西尾市でのいじめ自殺事件がおこった。当時の文部省は、前者について5月に事務次官通知を出し、「本条約は、世界の多くの児童が、今日なお貧困、飢餓などの困難な状況に置かれていることにかんがみ」採択されたもので（だから日本では）「教育

関係について特に法令等の改正の必要はない」とした。後者をめぐっては、12月に「『いじめ対策緊急会議』緊急アピール」を出して、「学校・家庭・社会は、社会で許されない行為は子どもでも許されないとの強い認識に立って子どもに臨むべきであり、子どももその自覚を持つこと」などを述べた。要するに、学校体制の危機と校内規律の回復を訴え、学校・教員と保護者に対して、それぞれの責任を自覚し、毅然として子どもに規範を守らせるよう求めるものだった。

　この年の4月に筆者は川西市の中学校から教育委員会に異動していたが、上の2つの文書は何度読み返してみても、そこに子どもの権利の視点を見い出すことは難しかった。件のアピールに触れたとき、パウロ・フレイレの箴言がよみがえってきた。「解決策はかれら（被抑圧者）を抑圧構造に統合することにあるのでなく、かれらが自分自身のための存在になれるように、その構造を変革することにある」[4]。フレイレは「自由の実践としての教育の本質」として「対話」を捉え、その教育実践のパースペクティブをこう述べたのである。かれらが自分自身のための存在になれるよう、すなわち一人ひとりの子どもが自らの主体を回復していけるよう、学校という構造を変革していくことが、教育の実践には求められる。子どもたちを抑圧構造に統合していくことではない。子どもが自ら命を絶つという現実に対して、教育こそがなしうること・なさねばならぬことは、このような教育の本質としての対話ではなかったか。相互・共同の聴き合う関係を拓いていくなかで、子どもとともに学校を変革・再生させていこうとする視点が、子どもの現実を通して求められていたはずだ。すなわち、子どもの権利条約の第12条（子どもの意見の尊重）を通して、第3条（子どもの最善の利益）へと向かう、子どもの権利を実践するパースペクティブである。

　当時、「いじめ」は大きな社会問題となり、地方教育委員会の重大課題となっていた。事態は子どもの人権・権利にかかわる問題である。とするならば、当然のことながら課題は、その5月に発効していた子どもの権利条約をどのように積極的に活かしていくか、というところにあった。こうした経過から、子どもオンブズパーソンの創設につながる検討が川西市の教育委員会で始まるわけだが、子どもの権利の視点に立てば、おのずとわたしたちの社会の「教育」と「学校」について、その子どもにとっての意味が問い直されるものとなる。

そこで、再びルソーへ立ち返らねばならない。かれは『エミール』で近代教育の原理を著した。いわく、よい教育とは、自然と人間と事物のそれぞれによる教育が、調和することによって成り立つ。だが「自然の教育はわたしたちの力ではどうすることもできない」。だから「わたしたちの力でどうすることもできないものにほかの二つを一致させなければならない」。こうして、子どもの自然によりそう、すなわち今日ひろくいわれる「発達によりそう教育」の原理が示された。いわく、人間は感じる主体として生まれてくる。それゆえ生まれ出たとき、すでに人間は学ぶ主体である。そして発達する主体として、自らの幸せを追求する権利をもって、余人に代えることのできない「絶対的な整数」として存在する。これが、近代教育の原理に息づく〈人間＝子ども〉である。

　その一方で、制度化された教育の体制としての近代学校は、日本でもみられるように富国強兵の国策を支えて、国家が必要とする国民を育成するという使命をおびて形づくられてきた。「国家のための教育」を担う組織が、すなわち近代学校である。この学校システムは、明治の学制発布以来、貧民の子にも立身出世を可能とする社会移動の道具として功利主義的な効能が喧伝され、人々に受け入れられてきた。国策と功利主義の双面を持つ、教育の体制としての学校である。こうした近代学校の歴史的な本質は、国民主権の世となり「国民の権利としての教育」となってもなお、今日まで持続されてきたといえよう。

　してみれば、さきにみた教育の原理とこの教育の体制としての学校は、いまなお相矛盾する関係を秘めている。つきつめれば、教育と学校は葛藤しあうパラドキシカルな文脈のなかに、いまも置かれているわけだ。一人ひとりの子どもの権利としての教育と、国家あるいは全体社会のための学校と、その両者の隔たる狭間で、子どもをめぐるさまざまな問題が産出されている。たとえば今日的問題としての「いじめ」は、重大な社会問題と人々に認識されてきたが、一人ひとりの子どもの権利にかかわる問題としては、十分に掘り下げられてはこなかった。その結果、教育の原理から乖離して、もっぱら学校という体制をいかに維持するかという観点から、問題が受け止められてきたといえる。

　今日、子どもをめぐる問題は、単なる学校モデルや教育モデル、あるいは医療・心理的個人モデルではなく、こうした子どもと子どもの権利にかか

わる歴史的かつ社会的な文脈を通して捉えなおすべき次元にあるといえる。それゆえ公的第三者機関は、単に個別救済にとどまらず、その子どもの現実から、社会の仕組みの更新や変革を提起するという使命を担うものとなるのである。

3 公的第三者機関の制度概念と特質

　CRCは、子どもオンブズパーソンの制度概念について、それは法制度に基盤を置いて、独立性と専門性、必要な調査等の権能を有する公的機関だとしている。この機関の第三者たる意義は、北欧の子どもオンブズパーソン制度で明らかにされてきたように、ことに独立性と専門性に依拠する。端的にいえば、「子どもの最善の利益のほかには一切の関心をもたない」（フレッコイ）という独立性と専門性である。親や教師・保育士など子どもに直接関係する当事者の外部にあって、また子どもにかかわる施設や制度を管理・運営するなど利害関係のある当局の外部にもあって、子どもの最善の利益のみを目的に、子どもを代弁・擁護し、そして人々の良心を喚起する。つまり、徹底して、子どもの側に立ちきる。それが、子どもの相談・救済を担う公的第三者機関である。

　この制度の機能・役割として、CRCは4つを挙げている。子どもの権利に関するモニタリング、必要な制度改善等の提言、権利侵害からの個別救済、そして子どもの権利にかかわる広報・宣伝や教育である。これらのどれに重点を置くかは、制度の設置主体が国か地方かによって、また対象地域の特性や人口規模などによって異なってくる。ヨーロッパの制度は主に国レベルで設置されており、一般にモニタリングや制度改善に重点が置かれている。

　日本では、子どもの相談・救済を担う公的第三者機関は、自治体が条例で首長の附属機関[5]として設置している。まず相談を受けることから始まって、個別救済を扱う制度となっているが、その実践的な取り組みを通して把握された現実にかかわって、必要な制度改善に当たることを重要な使命としている。つまり、公的第三者機関の設置者である首長に対して、勧告や意見表明を行うなどして、子どもにかかわる制度改善等を促すのである。そして、それらの活動に関係して、子どもの権利に関する広報・宣伝や教育、モニタリング機能をも一定範囲において担う。

　この公的第三者機関を成り立たせている重要な特質として、次の3つが

捉えられる。第一に、従来の公的な相談窓口とは異なり、子ども自身からの相談や申立てへの積極的な対応——換言すれば子どもの固有性への対応——が前提とされていることだ。そのためにこそ独立性と専門性が重要となるわけだ。第二には、上述のとおり、個別救済から制度改善を志向するというアプローチだ。子どもの権利の視点から社会の仕組みの更新や変革をめざすのは子どもオンブズパーソンの最重要の特質だが、これを日本では個別救済のリアルな現実のなかから追求するものとなっている。そして第三は、ユニセフ（国際児童基金）が唱道する「子どもにやさしいまち（Child Friendly Cities）」を推進する一環として、つまり自治体の「まちづくり」の視点をもって制度化されてきたことだ。

4　子どもの相談・救済とエンパワメント・アプローチ

では、このような公的第三者機関の制度運営や実践において、子どもの相談・救済はどのように具体化されるのか。

子どもにとって相談すること、話を聴いてもらうことは、自分の思いや意見が傾聴され、尊重されることによって意味をもつ。それゆえ子どもの相談は、それを担う機関にとっては、子どもと相互的で共同的な主体者同士の関係をとりむすんでいく営みとなる。子どもは、この相互的で共同的な他者との関係を通して自分を問題解決の主体と受け止め直すことができるのであり、この子どもの主体回復によって、救済が成り立つのである。したがって相談と救済は、別々のものとはいえない。両者が相互にあいまって、子どもへの支援として成り立つのだ。一般に救済は当事者にとっては受動の概念だが、しかしそれは当事者の主体の回復をもって——ちょうど教育の営みが学ぶ者の能動と主体によって成り立つのと同じように——達成される。ゆえに相談は、おとなの思惑や都合で子どもに話をさせたり聴いたりすることではないし、救済はおとなの思う"解決"を子どもにあてがうことではない。子どもの話に耳を傾け、そのなかから子どもが自らの主体を回復していく——そこに、一体的に連動して成り立つ相談・救済が捉えられるのである。

こうして、相談・救済は、子どもが自らの意見表明と参加の権利を行使することで具体化される。別言すれば、子どもが権利行使の主体として受け止められることによって生まれる、エンパワメント・アプローチである。エンパワメントは、支援することはできても、与えることはできない。それは抑

圧的な構造のなかで奪われていた自らの力を生き生きと発揮することであり、自己実現や社会参加に自ら向かう、主体としての自己を回復していくアプローチである。

　子どもの相談・救済を担う公的第三者機関には、このアプローチを子どもに対して支援することのできる機能や仕組みが、法制度上の枠組みをもって準備されている。「相談」はこのアプローチの起点となるわけだ。当事者の子どもの思いに耳を傾けるなかで、子どもにとっての解決イメージを確かめあいながら、いっしょに課題を整理していく。子どもが希望すれば関係する人々、たとえば保護者や教職員、行政機関などに、子どもの思いを代弁する。「調整」と呼ばれる独自な活動だ。子どもが当事者として問題の打開や解決に参加できるよう状況を整えることなどを目的として行われる。さらに必要な場合は、子どもやおとなからの申立て、またはオンブズパーソンの自己発意によって、条例上の権限行使による「調査」を実施する。子どもをめぐる問題は、表面的には当事者間での個人の責任や人間関係の問題のように見えても、背景には制度上の課題が見え隠れしている。ことに子どもの権利の視点からみれば、しばしば公的制度や社会システムの課題が浮かび上がってくる。調査は、そうした現実に対して、子どもの擁護者・代弁者として、問題の原因や背景を究明し、必要な制度改善等を当局——つまり第三者機関の設置者である首長——に対して、勧告または意見表明するために行うのである。

　このような相談・救済のプロセス、すなわちエンパワメント・アプローチにおいて重要なことは、当初は自分のしんどさやつらさを個人的で私事的なレベルで語っていた子どもが、しだいに「これは自分だけの問題じゃないんだ」という意識を深めていくことだ。いじめや体罰、虐待、また抑圧的な校則や教員の指導上の問題など、目の前の現実をよりよく変えていくことは、自分だけじゃない、他の多くの子どもにとって意味あることなんだ、と気づくのである。個人的で私事的なレベルにあった問題が、社会的で公共的な改革のテーマへと高められていく。そうして子どもは、自己が社会に存在することの肯定的意味を見出す。社会に変革的に参加する自らの主体を実感する。そして他者との、相互・共同の主体としての関係性を、回復していくことができるのである。

おわりに

　さて、このような子どものエンパワメントは、おそらく「個別救済」だけを目的とする制度では成り立ちにくいだろう。子どものリアルな現実を通して社会の仕組みの更新・変革を——つまりは、子ども参加で「子どもにやさしいまち」の実現を——めざす公的第三者機関だからこそ、その制度固有の社会的機能に媒介されて、子どものエンパワメントが可能になるのだ。

　フレイレはこうも述べていた。「民衆のために革命を行うことは、民衆な̇し̇で革命を行うことに等しい」。わたしたちは「子どものために」といいつつ、「子どもな̇し̇で」社会や学校を形づくろうとしてきたのではないか。わたしたちの社会や学校に、子どもの権利としての〈子ども参加〉を、どのように位置づけていくのか——。とりわけ「子どもの相談・救済」の制度の設計や運営、実践において、いま問われているのは、そういうことではないか。

1) ルソー（1962 = 2007）『エミール』今野一雄訳、岩波文庫、以下同。
2) 日弁連第3回人権擁護大会シンポジウム第3分科会資料集（1991）ほか。
3) 同上。
4) パウロ・フレイレ（1979）『被抑圧者の教育学』小沢有作他訳、亜紀書房、以下同。
5) 附属機関は地方自治法上の制度で、行政執行の民主化と公平化、専門知識の導入などを目的に設置し、審議や審査、調査等をおこなう合議制の機関。

5 子ども計画における子どもの相談・救済

森田明美（東洋大学）

1　日本の児童福祉における相談・救済に影響を与えた少子化と虐待の増加

　日本の児童福祉は、親や家庭に子育てを依存し、親がいれば子どもはそこで元気に育つものとされ、親が手に負えない非行や障がいなどの特別な状態に対して、国や都道府県レベルにおいて、保護的に対応するという考え方で施策が講じられてきた。だからごく限られた対象への、限定的な対応であった。

　それが大きく変更させられていくのは、子どもへの虐待の急増と少子化が同時進行で展開する1990年代以降のことである。

　子どもへの虐待については、児童相談所への虐待相談についてデータを取り始めた1990年は1,101件であったものが年々増加し、2000年には17,725件と約16倍になっている。その結果、2000年には児童虐待防止等に関する法律、2001年にはDV防止法が成立している。またこの問題を解決するため2004年に児童福祉法が改正され、要保護に関する児童福祉における市町村の役割の強化、子どもの権利擁護のための司法関与の強化が盛り込まれた。また、これを国が定める計画である子ども・子育て応援プランが財政的に後押しすることになった。

　つまり、2000年以降子どもを虐待から保護、早期発見および予防することが行政、政策を含む社会全体による解決課題であると認識されたのである。だが、虐待については、年々相談対応件数は増加し、2014年度には88,931件にまで増加している。少子化については1990年に合計特殊出生率が1.57ショックを迎えた後、2005年には1.26と過去最低を記録したが、2006年以降激減はおさまったものの、2014年でも1.42でしかない。

こうした少子化と虐待という2つの課題を解決するために、国が法律の制定や計画を策定し、自治体が実施していくという仕組みがつくられ、具体的に展開することになったのである。

2　法律に定められた相談・救済の役割分担の特徴と限界

　児童相談所は、児童福祉法に基づく相談と救済を実施する行政機関として、各都道府県と指定都市（中核市は2004年から設置できることになった）に設置が義務づけられ、全国208か所（2015年4月現在）で運営されている。児童相談所では、18歳未満の子どもに関する相談であれば、本人、家族、学校の先生、地域の人々など、誰からでも相談を受けている。児童相談所には、所長をはじめ、児童福祉司、児童心理司、医師、児童指導員、保育士などが配置されている。また、すべての専門職員がそれぞれの立場から診断し、それらを合わせた児童相談所としての総合的診断または判断を踏まえ、事例に最適する援助（指導・施設入所措置など）を決定している。

　1947年、児童福祉法は「児童福祉増進について相談に応じ、必要があるときは児童の資質の鑑別を行う」（第15条）と定め、一時保護施設の併設（第17条）や、措置権限の委任機能（第32条）の位置づけがなされており、日本の児童福祉は、児童福祉法の制定時から公的保護を中心とする仕組みがつくられている。以来、日本の児童相談行政は国（所管：厚生労働省）の方針を受けて、都道府県・指定都市の児童相談所を通じておこなわれている。現在の児童相談所は、都道府県の業務として定められる「児童に関する家庭その他からの相談のうち、専門的な知識及び技術を必要とするものに応ずること」（第11条二ロ）の役割を市区町村、保健所、福祉事務所などと分担している。児童相談所は専門的かつ広域を担い、日常的な地域における子ども福祉相談とそれに付随する業務に関しては、児童相談所の判定が必要な場合には判定を求めるなど（第10条三③）児童相談所の相談・救済と深くかかわりながら市区町村でおこなわれている。

　つまり児童相談所でおこなわれる相談は、相談をした結果、措置をするかどうかという「鑑別」、言い換えれば、親として子どもを育てる是非を問われることになりかねない場であった。気軽に相談をする場ではなく、自分の力ではどうしようもない状態になったときに、救済を求めて相談する場、むしろ行政処分としての位置が色濃い機関となっている。

3　地域密着型の支援の必要性の認識

　このように都道府県が統括して市町村行政を指導する相談・救済の仕組みでは、さまざまな問題が発生する。具体的にはこれまでの限定的な量と問題への対応では間に合わないスピードで対応が求められる地域の広域化や量の拡大、重篤な問題を抱えている家庭が急増している。

　2014年12月26日に副大臣等会議とりまとめとして発表された「児童相談所が、虐待通告や子育ての悩み相談に対して確実に対応できる体制整備」によれば「児童相談所が、より困難なケースを受けとめられるよう、<u>予防や軽度な支援が必要なケースについて</u>（下線は筆者）は、地域子育て支援拠点事業や利用者支援事業の積極的な活用などを促進」するとされている。

　児童相談所は広域で指導支援といった具体的な救済をしていくことになるために、丁寧に日常的な支援をすることができない。また、より日常的な支援が有効である事例が増加していることを背景に、生活に密着した支援が必要になっていることから、地域支援が求められることになる。

　だが、国の法律や制度の希望とそれを自治体がどのように具体化しているかについては、各自治体の取り組みに差があると思わなければならない。地域子育て支援拠点事業や利用者支援事業の積極的な活用ができるように整備を求められても、そのときに問題になるのが、そうした施設や事業は自治体が計画によって整備するものであり、そこには自治体によって整備状況に違いがあることである。地域にそうした施設や事業があるかどうか、たとえあったとしても利用できるような日程や時間帯に実施されているか、また利用したくなるような施設や事業かどうか、さらに重要なことは施設職員の配置や配置された職員に対応できる力量があるかどうかということである。危険な状態にある親子を早期に見つけだしたり、支援することができるかどうかということである。

　相談・救済はそうした意味で一体的に考えられなければならないものであり、気軽に相談できる場と人があり、予防できることが最も重要である。もしその予防がかなわないときには、早期に問題解決のための相談ができて必要なサービスにつなぐことができることが重要である。地域で暮らす子どもや子育て家庭の必要に合わせて、機関や事業が整備されているかどうかが問われることになる。

4　子どもの相談・救済の仕組みを包摂した総合的な計画づくりと実施
　　——世田谷区を例にして

　子どもの相談と救済を自治体の総合的・継続的な事業の一環として展開するとなると、誰がその必要性を考え、どのように具体化するかということが問題になる。計画を策定するために、地域での課題を整理し、その課題への対応をそれぞれの自治体が考えると、その点検をだれがどのようにするかによって、その対応が異なってくる。

　1994年からつくられてきたエンゼルプランなど子育て支援のための計画は、計画の見直しを国がプランをつくり、事業量の調査方法を示したり、調査、計画策定のための費用を補助したりして、その具体化をリードしてきた。都道府県には、計画の実施に関する国と自治体の中間支援を求め、基礎自治体はその自治体が抱える子育て家庭や子どもたちの特徴に対応する仕組みをつくり、PDCAサイクルでの計画・実施・評価を5年ごとに繰り返して地域での仕組みづくりが行われてきたといえる。

　個別の施策については、自治体の取り組み事例や計画がその内容を具体的に表現している。ここでは、そうした地域の子どもや子育て家庭に必要な相談・救済の仕組みを包摂した計画をつくり出す仕組みをどのように法律や行政を整備することをとおしてつくり上げていくのかについて、筆者が計画づくりと実施にかかわっている東京都世田谷区（人口約880,000人）を例に検証してみてみたい。

（1）　世田谷区の条例における相談・救済の仕組み

　東京都世田谷の相談・救済の仕組みは「世田谷区子ども・子育てにかかる相談支援体制図」のとおりである。

　2015年度から第2期子ども計画がスタートしているが、その計画は、世田谷区子ども条例の理念を具体化することを目的にしている。また子ども計画（子ども・子育て会議）に、子ども・子育て事業計画と若者計画（子ども・青少年協議会）が内包されており、子ども・子育て支援と若者支援が子ども計画の中で連続したものになっていることに特徴がある。

　世田谷区の子ども条例は、2002年東京でも早い時期に、総合的な内容をもつ子ども施策推進のための原則条例として施行している。この時期の条例としては、子どもの相談、救済、評価委員会など具体的な取り組みをもたな

い条例であった。

　2013年に子ども条例の改正を実施し、子どもの人権擁護機関「せたがやホッと子どもサポート」の根拠条例が整備されることになった。「子どもの人権を擁護し、権利を侵害された子どもを速やかに救済し、子どもの最善の利益の保障を図る」ことを目的として、「子どもに寄り添い、子どもの立場に立った問題の解決を目指す、公正・中立で独立性と専門性のある第三者からなる子どもの人権擁護機関の設置、運営等」を規定した。つまり、世田谷区子ども条例を具体化するものとして、子ども計画や子どもの人権救済システムなどがつくられ、総合的に子どもの権利の具体化に取り組む仕組みになっている。

（2）　世田谷区の子ども計画における子ども・子育てにかかわる相談・救済

　区内で取り組む事業には子ども・子育て相談支援にかかる地域資源と支援ネットワークがあり、それには利用者の使いやすさ、相談のハードルの低さからいくつかの段階がある。

　第1の段階は、最も身近な地区でおこなわれる相談支援体制である。次頁の図では「地区」にあたる27地区で分けられている出張所・まちづくりセンターといった身近な地区で、日常的暮らしのエリアでおこなわれている利用型の子育て支援事業である児童館、おでかけひろば、子育てサロン、子育てNPOで行われる子育て仲間が集い相互に情報交換して交流の中で解決するというかたちで支援し合っていく活動である。この地区では、それ以外にも地区の民生児童委員や青少年地区委員などへの相談活動もおこなわれる。また、個別に区民が契約して利用している保育所・幼稚園・学校などでも利用者の相談支援が行われている。

　また、家庭単位でさまざまな問題を抱える家族が増えていることから、家庭単位でケアの提供を調整していく方向を具体化する必要がある。そこで、2016年度に全地区展開を予定する高齢・障害支援を調整している地域包括ケアに子どもも加えて、家族が地域で生活をしていくために適切な支援を受けることができる相談窓口の1つとして整備されることになっている。

　第2の段階は、図では「地域」で展開される、より困難度が強く、保護的な支援が必要である家庭への支援システムである。

　東京都では、すべての自治体に子ども家庭支援センターという相談・救済

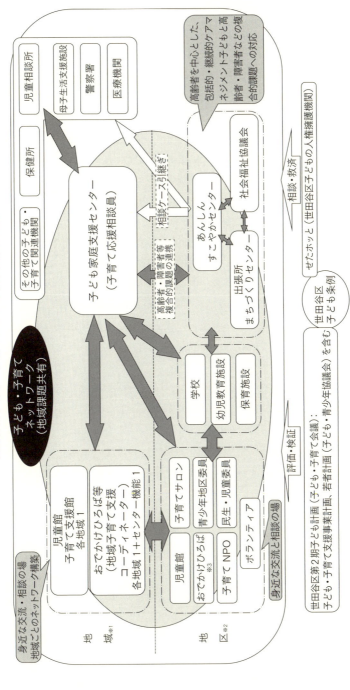

5……子ども計画における子どもの相談・救済

機関が、東京都の児童相談所がおこなっている役割の一部を自治体で具体化する機関として整備されている。世田谷区では地域という5つの総合支所エリアで支援をしているが、子ども家庭支援センターもその単位で設置されている。「身近な交流・相談の場、地域ごとのネットワークの場」と位置づけられた児童館、子育て支援館、おでかけひろばなどは、気軽に交流・相談できる場として整備されている。そこで展開される子育て支援は、けっして救済のための支援が必要な人ばかりではない。そうした場は、当事者相互の交流が目的であり、特別な支援を求めるわけではない人も子育て支援の場を多く利用している。こうした地域の交流施設を利用する人たちへの支援がおこなわれるなかで、課題を抱えた人たちからの相談をしやすくしたり、わずかなサインを見極めて必要な支援へ適切につなぐことができるように、ひろばに地域子育て支援コーディネーター（2015年度設置）が配置された。

　また、子ども家庭支援センターは、世田谷地域に配置されている東京都児童相談所や、保健所、児童福祉施設、医療機関、警察署などの地域支援機関につないで救済や回復の役割を連携しているが、新たに「子育て応援相談員」を配置し、相談を受けて個々の家庭の状況にあった保育施設や子育て支援事業を案内するなどしている。

　こうした5つの地域で総合的に支援することになっている地域子育て支援コーディネーターや子ども家庭支援センター、児童館子育て支援館を中心として、27の地区に分かれて高齢者、障害者、子育て家庭の支援に当たる地域包括ケア実施機関や地区に存在する地域資源を加えたネットワーク体制を構築し、地域での課題共有やケースカンファレンスなどを通して、連携強化を図り、個々の家庭に寄り添った相談支援体制づくりを具体化するためにその在り方が模索されている。

　つまり、それは施設や事業がつくられること、とりわけ2015年度から配置された地域子育て支援コーディネーターや子育て応援相談員は、子ども子育て支援事業計画の策定に際して、国が示した「利用者支援専門員」の具体化として配置されるものであり、国が示すものをどのように基礎自治体の実態に合わせて事業化していくのかということが問われたものである。その際に、子ども・子育て会議において、世田谷区で必要性を指摘されたのが、利用者と事業や機関のつなぎ役の充実であり、そうした指摘を踏まえて、求められる力をもった人を今回の配置につなぐことになる。

相談事業の成否は、その人が利用者の権利を把握する力をもっていることが求められる。そのためには利用者の立場に立ち、利用者の現実や希望を理解し、一緒になって実現するために努力する方向性をもっていることが必要である。またそうした力をもっていなければ、その力を備えるための研修の機会が提供されるか、そうしたプログラムが職場に整備されていることが必要になる。

　こうした専門性をもった人がどこに配置され、どのような権限が与えられ、その権限を使って利用者の願いを実現するためのどのような仕組みがつくられて救済につながるのかということが明確にされなければ、実際に相談・救済の役割を果たすことはできない。

5　今後の課題と提言

　世田谷区を例にして、自治体の子どもの相談・救済制度について、子ども・子育て支援事業計画を有効に使いながら、地域の当事者の必要性を見極め、必要な仕組みを子どもの権利の具体化に向けてどのようにつくり出すかということを整理し、その課題を分析した。

　条例の中で、安定した仕組みをつくること、そしてその相談・救済を有効にするためには、身近な地域で、気軽な利用者相互が支え合う予防的な相談の機会の整備から、保護に至る総合的な救済につなぐ仕組みの整備まで、子どもの権利の視点に立って重層的な地域における子ども・子育て計画とその具体化が必要になる。

　支援につながりにくい人にこそ支援につなぐことが必要な現代に、必要な相談・救済支援の視点は、ハードルが低く安心して相談できる人と出会える場所が身近に用意されることである。相談・救済の支援としては、アウトリーチの手法も多様に駆使され、整備されてきている。だがそれは、世田谷区では、4か月赤ちゃん訪問や虐待対応としてのヘルパー派遣にとどまっている。多様な子育て家庭や子どもが集いさまざまな支援ニーズを抱えている大規模な自治体では、丁寧な個別支援を実現することは難しい。

　さらに重要な、乳児期からの保育施設である保育所は、世田谷区では2008年から2015年の7年間に認可保育所の申し込み者数は約2.2倍（2,860人→6,175人）に増えた。区は5年間で約4,700人の定員増などをしたものの、待機児は2008年に335人だったが、2014年には1,109人、2015

年には1,182人と現在日本一の待機児を抱えており、保育所入所を希望してもかなわない状況である。そうした意味で、相談・救済を回復や予防につなぐためのサービスの種類は整備できてきたものの、まだまだ必要な人に十分届けるだけの量の整備が間に合わない。

そうした結果、ひとり親であるとか10代で出産した親であるとか、子どもに障がいがあるなど虐待以外の理由で保育所の力を借りて子育てしたいと思う家庭はたくさんあるが、そうした特別な理由をもってしても、絶対的に数が不足している世田谷区では基礎的な保育所への入所や、所によっては幼稚園も入園がかなわない状況にある[1]。

だとすると、虐待を予防する手立ては有効に機能しないし、虐待からの回復もままならない。もちろんそうした子育てや子どもの育ち支援の基盤が整わない状況では、貧困や多様な家庭支援を必要とする人たちにとっては、けっして子育てしやすい自治体であるということにならない。

そうした意味で、相談や救済は最低限重要であり、また最終的な仕組みであるが、予防したり、救済からの迅速な回復こそが子どもの権利の具体化には重要であり、できることなら相談や救済のための仕組みが不要な地域での子育ち・子育てが求められる。子どもたち自身が求める相談・救済の仕組みを包摂した子ども計画を、つねに当事者である子どもや子育て家庭の参加による評価の仕組みが機能し、一人ひとりの子どもたちの希望に向けて成長発達が実現するために必要な支援が整備されていくことが求められるのである。

1) 筆者が子ども子育て審議会委員長をつとめる西東京市では、2016年度保育所入所基準から、別表に「申込児の保護者のいずれかが満18歳未満の者である場合」を加えた。18歳未満の親に育てられる子どもが優先的に保育所入所でき、10代親が保育園から子育て支援が受けられるようになった。

[参考文献]
ガバナンス2015年6月号「特集：自治体"子ども政策"の新展開」

Part II

学校・居場所における
子どもの相談・救済

1 スクールカウンセラーの意義と役割

明橋大二（精神科医・スクールカウンセラー）

はじめに

2015（平成27）年はいつもに増して、次から次へと、子どもをめぐる事件が起きた年であった。何か事が起こるたびに、「学校はどうして気づけなかったのか」という批判がなされ、対策としてスクールカウンセラー（以下、SC）の配置、拡充ということが挙げられた。その結果、スクールカウンセラー事業が調査研究事業として開始された1995（平成7）年には154校であった配置校数が、年々増加の一途をたどり、2014（平成26）年には全国で23,000校を超えている。来年度は常勤化などの話も出ている。それほど、学校における相談・救済体制の切り札として大きな予算を投入されてきたSCであるが、では現実に、子どもたちの救済につながっているのであろうか。

不登校の数は、ここ15年、多少の変動はあるもののそれほど変わってはいないし、いじめによる自殺も後を絶たない。小学校における校内暴力は2014年に過去最高を記録したことが報道された。

単にSCを増やせばよい、という話でなく、SCにできることとできないこと、あるいは学校としてどのように活用していくのか、SCとしては、どのように学校内で相談支援活動を展開していくべきなのか、その内容があらためて問われる時期に来ているといえよう。本稿では、そのような観点から、SCの仕事の内容について概説するとともに、今後の課題を提示したい。

1 スクールカウンセラーの仕事

筆者は、1999（平成11）年より、富山県教育委員会から委嘱され、週1回半日、富山県内の小中学校に、SCとして赴いている。赴任先は時々変わ

るものの、基本的には毎年引き受けて、今年で16年目になる。

　精神科医としてSCに出向いている医師は少ないが、子どものサポートは病院で待っているだけでは不十分、子どもが生きている現場で支援を行う必要があるとの個人的な思いから、学校や地域に出向いてさまざまな支援活動を行っている。SCもその一つである。

　まず、理解のため日々のSCの仕事の現況（筆者の場合）について書いてみる。SCの勤務時間はさまざまである。週1日8時間勤務だったり、週半日4時間勤務だったりする。学校では、だいたい相談場所として、「相談室」が用意されており、基本的にはそこで相談活動を行う。ただ教員との情報交換も必要なので、職員室にも一つSC用に机があてがわれていることが多い。学校では窓口になる職員が一人決められる（たいていは教頭か生徒指導主事）。各学期のはじめに一度、生徒全員にお便りが出され、SCの来校日と、利用方法が通知される。

　保護者からの相談は、学校の窓口になる人か担任に予約の電話が入り、相談室で相談を行う。子どもの場合は、保護者と一緒に来る場合、担任にまず話をして、紹介されて相談室に来る場合などあるが、高学年や中学生などは、直接相談室を訪れる場合もある。先生の相談も、先生が、窓口の教員に連絡して予約し来談する。基本的には本人（子ども、保護者、先生など）の自発的な希望により、相談を受けるというものであるが、SCとしてはそれだけでは不十分な場合がある。たとえば、保護者から相談があった場合は、保護者の了解を得て、担任に伝えるとか、先生から相談があった場合に、「子ども、あるいは保護者からも情報を聞きたい」ということで、子ども、保護者に来談を促す場合もある。

　適宜、教室を巡回したり、不登校の子どもの家庭訪問を行う場合もある。
　以上が相談活動の中心だが、それ以外に、校内の研修会にアドバイザーとして参加したり、保護者向けの講演を行ったりすることもある。自治体が主催する、要保護児童対策地域協議会のケース会議にSCとして出席することもある。

　このような活動の中で、校内の心の専門家として、子どもについての情報を集め、状態の見立て（なぜこのような状態になっているのか）を行い、必要な対応のプランを立て、それを子どもや保護者、担任に伝え、かかわり、校内の共通理解を形成していくことが求められている。

2 支援の実際

　それでは、SC で受ける相談の具体例をいくつか提示する。プライバシー保護のため、事例は筆者が経験した複数の事例から構成したものである。なお、筆者の近年の職務内容から、事例はすべて小学生である。

　事例①　小学4年男子
　母親に連れられて来談。最近学校に行きたくないと口にするという。
　本人の話を聴くと、上級生から、身体的な特徴をからかわれることがしばしばあるとのこと。先生にも話したが、名前がわからないため、相手への注意がなされず、現在も続いているとのこと。
　本人に聴くと、顔は覚えている、という。そこで担任に話し、こういう場合は加害者を特定してきちんと注意することが必要であることを伝えて、本人と一緒に、上級生の氏名を特定してもらうことを依頼する。
　その結果、繰り返し悪口をいっていた上級生が特定され、その担任から注意をしたところ、からかいはその後なくなった。

　事例②　小学5年女子
　対人関係が苦手で心配と、保護者より相談。もともと周りの空気を読むことが苦手で、相手の嫌がることも平気でいったりすることがあった。最近クラスでも一人でいることが多いと担任より話があった。今まで一緒に帰っていた友達も、最近はそうではないとのこと。
　生育歴や現在の対人関係など詳しく聴くと、発達障害（自閉症スペクトラム障害）が疑われた。今まで指摘されたことはないとのこと。県内の発達障害外来を紹介し、まずはきちんと診断を受け、その上で、適切なかかわりを考えていく必要があることを伝え、その後、受診につながった。母親も、発達障害については疑い始めており、比較的、受け入れは良好であった。
　その後、担任が本人の特性を理解して、対人関係の持ち方を具体的に助言していったところ、徐々に対人関係も復活してきている。

　事例③　小学2年女子
　保護者より相談。最近、学校に行こうとすると、腹痛、頭痛が出て、休むこともある。特にいじめや担任とのトラブルがあったわけではない。ただ「学校にいると疲れる」という。
　本人の生育歴や現状を詳しく聴いたところ、Highly Sensitive Child（HSC：人一倍敏感な子）であることが判明。保護者に、HSC の特徴（感覚

的にも人の気持ちにも敏感）を伝え、不安をもちやすい性格であること、支援の基本は本人のペースを尊重し、十分な安心感を提供することだと伝える。

その後、母親が本人の不安を受け入れ、無理強いするのをなくすと、適宜保健室などを利用しながら、少しずつ登校できる日が増えてきた。

事例④　小学6年男子

学校で授業中、いきなりキレたり、クラスの子に対して攻撃的な言動が目立つと担任から相談。

詳しい事情を聴くと、背景に家庭環境がありそうとわかったため、保護者面談を計画。学期末の保護者面談の際、担任から学校での本人の様子を伝えてもらい、SCも心配しており、一度SCが母親からも情報が聞きたいといっていると伝えてもらう（「一度、相談に行かれたらどうですか」というような勧め方でなく、「SCがこの子についてもっと詳しく状況を知りたいといっている、都合のいい日はいつですか」と、面談設定はこちらの主導で行うのがポイント）。

幸い母親は比較的理解があり、SCとの面談に応じた。母親の話では、最近家でもわがままをいうことが多く、ついつい叱ることが増えていたと話がある。しかしさらに話を聴くと、実は1年前に父親と離婚したとのこと。離婚理由はDVであり、それは、この子が小さい時から、しばしばあったとのこと。この子も度々DV場面を目撃していたことが明らかになった。

母親に対し、現在のこの子の行動は、DV（子どもにとっては心理的虐待）の後遺症であり、決してわがままではないこと。むしろ父親と別れて安心できる環境になったからこそ、今まで我慢してきたサインが出せたこと、今は、本人のつらさを理解して、叱るのは最低限にし、一緒に買い物に行くとか、親子のかかわりを増やしてほしいと依頼。その後、母親カウンセリングを継続するなかで、本人の行動は徐々に落ち着いていった。

印象として、小学生の場合はまだ問題がこじれる前に相談があり、親も比較的相談に応じやすく、担任のかかわりも密であることから、適切に対応すれば、数ヶ月から1年ほどで改善に向かうことが多いと感じている。

3　スクールカウンセラーの活用（学校側の課題）

それではSCが学校で有効に機能するために、何が必要であろうか。その課題について述べたい。SCが、学校で有効に働けるかどうかは、まず学校

側の姿勢（活用の仕方）に大きく左右される。

　たとえば、従来のSCの仕事は、主に不登校の相談に限られてきた歴史がある。逸脱行動や、非行、暴力などは、生徒指導上の問題ではあっても、SCにはお呼びがかからなかったりする。しかし、それらの背景には、必ず、家庭的な問題（虐待など）や、発達上の問題（発達障害など）がかかわっている。心に無関係な逸脱行動などあるはずがないし、せっかくその専門家が校内にいるのに、対応を検討する会議にはSCは呼ばれない。

　あるいは、いじめの対応にしても、教育委員会の作成したマニュアルには、いじめが起こったら管理職などで情報共有するとはあるが、SCに関しては、「重篤な場合はSCに相談する」と書かれていたりする。しかし重篤なものかどうか判断するのに、SCの意見は必要ないのだろうか。「これは重篤ではない」と教員が判断していたケースがいきなり自殺したりしているのではないか。子どもが自殺してはじめて、いじめの相談が担任に上がっていたことをSCが知らされることも少なくない。私は、いじめの相談があったら、管理職に伝えると同時に、必ずSCに伝えてほしいと思う。そして対策会議には、必ずSCが同席すべきだと思う。その他、校内の生徒指導に関する会議や、特別支援に関する会議にも、SCは同席すべきだと考えている。

4　スクールカウンセラー自身の課題

　また、SC自身もただ相談室で待つだけではなく、積極的に校内の課題を発見する姿勢が必要である。

　多くのSCは、心理系の大学出身であり、そこで学んできたカウンセリングは、来談者が課題を抱えて相談に来て、それを傾聴し、その中で来談者の気づきを促していくような心理療法であるが、小学生中学生に、そのような内省型の心理療法は有効でない場合がある。そもそも、子ども自身が、SCに相談すべき事柄と自覚していない場合も多い。そういう場合は、SC自身が、積極的に動いていく必要がある。

　たとえば、最近の学校では、いじめの有無について、学期ごとにすべての子どもにアンケートをとることが多いが、そのアンケートにSCも目を通し、専門家として、心配だと思われる子どもを発見し、担任から詳しい情報を得る、という方法が考えられる。

　SC自身も、相談しやすい雰囲気をつくるため、ふだんから子どもにかか

わる機会をもち、情報を発信する必要がある。「どんなささいなことでも相談していいこと」「プライバシーは守られること」など、折りに触れて繰り返し伝えていく必要があるだろう。

5　子どもの意見表明権（意見の尊重）と子どもの相談・支援活動

さて、このような SC としての相談支援活動の中で、子どもの意見表明権は、どのように保障され、どのように実現されていくのであろうか。

子どもの話を聴き、子どもの声に耳を傾けるカウンセリング活動は、子どもの意見表明権の尊重そのものであり、両者の間に何の食い違いもないように見える。しかし私は必ずしもそうは思わない。子どものカウンセリングを行う時に、われわれが意識して留意せねばならないこと、それをおろそかにすると、意見表明権を尊重するどころか逆の結果になりうることがあると考えている。それを何点か以下に述べたい。

（1）　子どもは、どう思っているのか、どうしたいと思っているのかを、常に確認しながら進めること

子どもについての相談は、特に年少になるほど子ども自身からというより、保護者や教職員など、おとなからなされることが多い。その場合、子どもについての情報は、あくまで保護者あるいは教職員から見た情報であり、子どもの思いとして報告されるが、おとなの思いと混同されていることがある。

たとえば、父親の暴力にさらされてきた子どもについて母親が相談する場合。母親は父親がいかに暴力的でひどい親かを語り、子どもは父親を嫌っているし、自分のことを味方だと思っているという前提で語られる。しかし子どもの本当の気持ちは、父親に怒りをもちながらも、血を分けた肉親という意味で父親を否定しきれない思いがあったり、母親のことを頼りにしながらも、父親から守ってくれなかった母親に怒りを感じていたりする。しかしそういう気持ちは母親には到底伝えることはできない。そういう場合は、母親と分離して子どもの話を聴き、親に対して本当はどう思っているかなどを聴く必要がある。

また、いじめを受けた子どもの話を聴いた教職員と面談する際、教職員はすぐにでも加害児童を呼んで、注意しようと考えている。しかしそこで、被害児童は、本当にそれを望んでいるのか、被害児童に確認したかと問うと、

していないという。被害児童が担任にいじめの被害を訴え、それを担任が、被害児童の願いを聴かぬまま、加害児童に注意したがために、その後、被害児童はさらにいじめられることになり、ついには学校に来られなくなった、というようなケースは決して少なくない。そういう場合、被害児童は、加害児童だけでなく、加害児童を不用意に注意して、いじめをエスカレートさせた担任にも怒りを覚えていることがある。

　保護者や教職員からの相談の場合、子どもは本当はどう思っているのか、子どもはどうしてほしいと思っているのか、それを常に確認しながら、相談をすすめていくことが絶対的に必要である。

(2) 子どもの本当の気持ちは、言葉でなく、身体や行動の症状となって表明されていることが少なくない

　では、子どもに直接話を聴けば、子どもの本音が聴けるかというと、必ずしもそうではない。

　子どもは、言語的発達の途上にあり、まだ自分の気持ちを言葉に十分できないことがある。言葉にできないということは、自分の気持ちに気づいていないということでもある。ではそれを言葉でなく、どういう形で表明するかというと、一つは身体症状（これを身体化という）、もう一つは行動上の症状（これを行動化という）である。身体症状として、代表的なものは、腹痛、頭痛、円形脱毛、下痢、微熱、咳チック、心因性視力障害、心因性聴力障害、過呼吸、遺尿、遺糞などである。行動上の症状としては、登校しぶり、母子分離不安、夜驚、抜毛癖、万引き、虚言、キレる、暴力、暴言、いじめ、性化行動、リストカット、自傷行為、拒食、過食、動物虐待などである。

　たとえば、表面的には、成績優秀で、優等生なのに、心因性視力障害が出現したり、過呼吸がしばしば起こったりするということは、もうその子の心は疲労の限界に達し、「助けて！」「少し休ませて！」と訴えているのである。「パパのこと大好き」といっている小学生の女の子が、自慰行為を繰り返したり、担任の胸の中に手を入れてきたりするということは、性的虐待を受けているサインかもしれない。

　いわば、子どもの意見表明は、子どもの身体症状や行動上の症状として表れる場合があり、そのSOSを的確にとらえ、それを言葉に置き換えていく作業が必要なのである。

(3) 子どもの意見は、「聴きっぱなし」ではいけない

　おとなのカウンセリングでは、「傾聴する」ことを続けていくだけで、クライアントの気づきにつながり、やがてクライアントが自ら行動を起こし、自分の生き方を変えていく、ストレスへの対処法を見つけていくということがある。そこでカウンセラーがしていることは、ただ「聴く」だけである。

　しかし子どもの場合、自分の気持ちに気づいても、それをどう処理すればいいのか、どう行動し、どう環境を変えていけばいいのかわからない場合も少なくない。その時、現状を変えていくために、おとなの手助けが必要である。

　SC自身が子どもの気持ちを受け取って、その悩みを解決するためにどのように子どもに助言していくか、どのように周囲の人に働きかけていくか、そのスキル、しかも具体的で結果の出るスキルを身につけていることが必要である。たとえば、いじめを解決する場合、担任や教頭、校長と共通理解をもつとともに、加害者の担任への働きかけ、あるいは、加害者の親との面談が必要な場合がある。いじめをしている加害者もどこかで被害を受けている場合があり、その解決なしに、いじめの解決などありえないからである。

　あるいは、攻撃的で、いわゆるキレる子ども、背景には虐待があると考えられる子どもの援助では、保護者を呼んで、学校での攻撃的な行動を伝えて、親の育て方を問題にするなどは、絶対にやってはいけないことである。そんなことをすれば、親は「子どものために恥をかかされた」と怒り、帰宅して家でさらに虐待が暴発し、最悪、虐待死に至ることもある。

　ここにも学校や児相や行政と連携しながら、解決に向けていく具体的なスキルが必要である。そのように具体的な手立てを打ち、解決に向けていってこそ、子どもの意見表明をきちんと受け止めた、といえるのではなかろうか。

おわりに

　SCは、自らの倫理を守り、必要なスキルをもち、子どもの権利を尊重する姿勢があれば、学校現場でもっと活躍できる可能性がある。

　もちろんSCとしての技術の研鑽は必要だが、それとともに、学校がいかにSCを活用していくか、ひいては学校がどれだけ子どもの意見表明権を大事に思っているか、それによっても、大きく成果は変わってくるに違いない。

2
スクールソーシャルワーカーの意義と役割

山下英三郎（日本社会事業大学）

はじめに

　子どもの危機が取り沙汰されるたびに、最近ではスクールソーシャルワーカーのことが取り上げられるようになった。2011年3月の東日本大震災時にはスクールカウンセラー緊急派遣事業に付随する形でスクールソーシャルワーカーの配置が東北地方の太平洋沿岸部地域で進められ、2012年にマスコミで大きく報じられた滋賀県におけるいじめ自殺事件に関連して配置の必要性が提言されたり、2014年に子どもの貧困対策要員として2020年までに10,000人までに増員するという政府案が報じられたり、さらにはチーム学校の学校支援要員として位置づけられ、全校配置などといった計画案まで打ち出されている。

　長年スクールソーシャルワークに携わってきた者としては、このような状況に戸惑いを禁じえない。文部科学省のスクールソーシャルワーカー活用事業に関する調査では、2014年度の時点でスクールソーシャルワーカーは全国で1,186人が活動しているにすぎず、自治体の独自予算で事業を展開しているところや私立学校で導入しているところを加えても、1,500人を上回ることはないであろう。こうした活況が、ソーシャルワークの理念や機能などに対する十分な理解を踏まえ現出しているのであればいいのだが、全国の学校数からすると微々たる人数であるにもかかわらず、国のレベルでたびたび言及されるのは奇異なことといえる。

　スクールソーシャルワーカーが何を活動の根拠として、どのような使命を担い、何をするのかといった肝心の内容については、導入している自治体はおろか、当のスクールソーシャルワーカー間でも共有されているとはいえず、

職業的アイデンティティが曖昧なまま事業が展開されているのが現実である。もし、スクールソーシャルワーカーの配置の必要性が唱えられるとすれば、まずは専門職としての統一した像を確立することが優先されるべきであろう。

そこで、ここではまず共有されるべきスクールソーシャルワーカー像のベースとなるソーシャルワークの価値と原理に基づいた役割と機能を述べることによって、その意義を明らかにすることとする。そして、日本におけるスクールソーシャルワーク実践に関する課題について触れ、最後にスクールソーシャルワーカーが目指すべき方向性について論じることとする。

1　スクールソーシャルワークの理念と機能

スクールソーシャルワークは、スクールすなわち教育と、ソーシャルワーク＝福祉のふたつの領域にまたがるシステムであるが、教育の場である学校においてソーシャルワークを実践するということは、そこにおいては絶対的なマイノリティであるがゆえに、独立した専門職としての立場は軽視されがちである。したがって、スクールソーシャルワーカーは学校教育を補完する人材として認識される傾向が強い。第一義的なクライエントは学校だとされ、それを前提としてソーシャルワーカーの役割や機能が決定される。その結果として、ソーシャルワーク固有の理念や方法論は希釈され、独自性は曖昧化されてしまうことになり、学校現場の活性化に寄与することはできなくなるおそれがある。

スクールソーシャルワーク導入の意義は、これまでの教育現場に欠落したり、軽視されたりしていた視点や方法論を持ち込み、学校という場の包摂性をより高め、子どもたちにとってのよりよき環境の実現に貢献することである。そのためには、ソーシャルワークの価値や機能を保持しながら、教育現場でいかに足場を固めていくかが重要である。

そもそもソーシャルワークは、日常生活においてさまざまな形で社会的不利益を被りながら暮らしている人々の生活を支援する活動としての起源を有する。それはいかなる国においても、どのような地域や領域においても共通のことである。したがって、学校におけるソーシャルワーク実践とは、諸々の社会的不利益を強いられている学齢期の子どもたちを支援するアプローチであることを前提として位置づけられるべきであろう。子どもたちに対して圧倒的な力を有する学校を第一義的なクライエントとすることは、ソーシャ

ルワークの理念からは逸脱しているといえる。以下ではそのことを踏まえて、ソーシャルワークのいくつかの主要な考え方について論ずることにする。

（1） 人間尊重

　さまざまな困難を抱える人々を支援するにあたり、ソーシャルワークでは支援の対象となる人々の価値を尊重するという基本的な理念を有する。それは、人種や性別、年齢、宗教など個々人の属性にかかわらず尊重されるべき存在だということを意味する。ゆえに、個々人の尊厳が脅かされたり、傷つけられたりする状況においては、人権を保障したり、回復したりするための支援をする。したがって、学校現場においていじめや体罰など子どもたちの人権が侵害される状況が生じた場合、スクールソーシャルワーカーは彼らの人権の擁護や代弁活動をすることになる。そのことは、子どもが圧倒的な社会的弱者であることからさまざまな不利益を被りやすく、自らの権利を行使できる機会が乏しいことを考えた場合、スクールソーシャルワーカーは代弁者として非常に重要な機能と役割を果たしうる存在であり、導入の第一義的な意義はまさにここにあるといっていい。
　子どもたちがひとりの人間として尊重されるべきとする、きわめて当然の考えを学校現場に浸透させるための具体的な人材としてのスクールソーシャルワーカーという認識が共有されるならば、学校側との間に多少の緊張関係が生じるとしても、彼らは学校が子どもたちにとってより居心地のいい空間として機能させることに貢献できるであろう。

（2） 可能性指向（ストレングス・モデル）

　ソーシャルワークにおいては、問題の解決に際して、人の限界や問題点に焦点を当て、それを取り除こうとしたり、治療したりするという考え方に拠るのではなく、個人がもともと有する顕在的あるいは潜在的な可能性を発揮できるようにサポートするという考え方に立つ。これをストレングス・モデルと称するが、このモデルでは、スクールソーシャルワーカーは子どもが有する力を発揮し、自らが問題を解決することができるように手助けをするという位置づけであり、けっして問題解決の代行者としての役割を担う存在ではではない。ただし、取り巻く環境とのパワーバランスに著しい不均衡がある場合は、子どもの可能性にだけ委ねて問題解決につながらないこともある

ので、そのようなケースでは代弁活動をおこなう。

　こうした考え方は従来の学校現場においてはなかったことで、何か問題があれば問題に焦点を当てて解決を試みたり、個人の問題点や弱点をいかに矯正したり、排除したりするかという行為にエネルギーを費やしてきたといっていい。そうした方法が、事態の改善や子どもの成長につながれば問題はないのだが、子どもたちの状況を見るかぎり、残念ながら功を奏してきたとはいえない。そのことは、児童・生徒数の大幅な減少にもかかわらず、いじめや暴力、不登校などの問題がいっこうに減ることなく、むしろ増加したり、あるいは高い数値を維持していたり、という事実を直視するならば明らかなことである。子どもたちの可能性に焦点を当てたアプローチは、学校現場に新たな視点をもたらし、少子化にもかかわらず問題が増加するという悪しき流れを断ち切る確かな手立てとなりうるであろう。

(3)　エコロジカルな視点

　ソーシャルワークにおける視点のもうひとつの特徴は、人と環境の相互影響を重視するということである。環境が人に影響を与えるのと同時に、人もまた環境に影響を与えるとする。そして、環境と人との循環的な交流が何らかの事情で不適合状態に陥ったときに、その不適合部分を問題としてとらえる。つまり、問題というのは、人と環境の折り合いが悪い状態だと考えるのである。この場合、環境とは家族や友人関係、学校、地域社会、大きくは世界までを含み、ソーシャルワーカーは折り合いが悪い接点に関与し、両者の適合状態を生み出すべく模索する。ゆえに、活動の幅はミクロレベルからマクロレベルまでの広きにわたる。

　適合状態を生み出すためのアプローチとしては、先述した個人の可能性に焦点を当て、子どもの力を高めること（エンパワーメント）によって個人が環境との調整をおこない、問題（不適合）状態を解消するという方法をまず挙げることができる。しかしながら、個人の力をいくら高めたとしても環境とのバランスに著しい差がある場合は、適合状態を生み出すことはできない。その場合は代弁活動をすると先に述べたが、もうひとつは環境そのものを個人のニーズに合致するように調整するというアプローチをする。問題を、こうした人と環境との関係でとらえるアプローチをエコロジカル・モデルと称し、ソーシャルワークを構成する重要な視点である。

不適合状態は、ミクロな部分からマクロまでの広範囲の部分で生じるため、ソーシャルワーカーの関与の幅は広く、活動領域も広きにおよぶ。このことは、ソーシャルワーカーの活動イメージの把握を難しくさせることにつながっているが、特定の領域や対象に限定されることのない実践スタイルは、あらゆる問題に対応できるという柔軟性を有しており、とかく支援策が個別対応に偏り融通性を欠いている現状にあっては、支援サービス間の障壁を取り払い、個々人に対する包括的な支援ができるという利点がある。

　また、環境に働きかけるという点で、ソーシャルワークはカウンセリングなどと違って動的なアプローチである。近年では、個々人が抱える課題に対して複数の専門職や機関が関与することが少なくない。こうした場合、各専門職や機関が他と没交渉的に支援をおこなうとしたら、異なる考え方や方法論で介入がなされるおそれがあり、当事者を混乱に陥れるだけではなく負担感を強いることにもなりうる。そこで各専門職や機関との支援策のすり合わせや協働が不可欠となってくる。ソーシャルワーカーは環境の接点に介在するという特質から、当事者にとっての環境である専門職や機関の間に介在し、連携や仲介などの調整機能を果たすことを特徴のひとつとしている。

　文部科学省によるスクールソーシャルワーカー活用事業導入の主眼は、元来、学校と地域の諸機関、あるいは家庭との関係が希薄であったり難しかったりする状況を鑑みて、それらとのネットワークを築く手段としてのものである。2008年度の事業導入後、こうした連携や仲介といった役割が有効に機能した面もあってか、スクールソーシャルワーカーとは、連携のための専門要員であると認識している学校関係者が少なくない。外部とのつながりという点では、スクールソーシャルワーカーを導入したことの意義は確かにあるが、活動が狭義にとらえられるという問題も生じさせている。

　以上述べたような、スクールソーシャルワークを構成する人間尊重という理念やストレングス・モデル、エコロジカルな視点、および連携、仲介といった機能ですべてをいいつくすことはできないが、基本的なスタンスは説明できると思われる。これらの理念や機能が、日本の学校現場に導入されることの意味は決して軽いものではなく、スクールソーシャルワーカーの役割が適切に発揮されるとすれば、子どもたちの安心と安全に多大な貢献をすることができるはずである。しかし、活動の現状を見ると、ソーシャルワークの考え方や方法論が学校現場で十分に発揮されているとはいえない現実がある。

以下ではスクールソーシャルワーカーの活動の現状を振り返り、課題について論じ、ソーシャルワーク本来の考え方と方法による活動を実現する道を探ることとする。

2　日本におけるスクールソーシャルワークの現状と課題

　スクールソーシャルワークは1980年代半ばから萌芽的な活動があったが、全国的な規模で展開されるようになったのは、2008年度に文部科学省が「スクールソーシャルワーカー活用事業」を導入してからのことである。社会的な認知度が低く、福祉従事者の間でさえそれほど知られていなかったスクールソーシャルワーカーを15億円の予算を投じ900名を超えて採用するという計画は唐突であり、十分に練られた施策とはいいがたかった。その証拠に、同省は翌2009年度には事業の検証をすることもなく、予算を削減した上に、国庫負担を3割とし、7割を地方自治体に負担させるという予算配置に切り換えてしまった。このために、地方の財政的に余裕がない自治体は事業を導入してわずか1年で撤退を迫られるという事態が生じた。

　いったん減少したスクールソーシャルワーカーの数は現在増加傾向にあるが、ソーシャルワーカーとして雇用された者のうち社会福祉士や精神保健福祉士などのソーシャルワークにかかわる国家資格を有する者は全体の50%をわずかに超えるに留まっており、教員免許や心理に関する資格などソーシャルワークとは異なる資格を有する者たちがスクールソーシャルワーカーとして多数雇用され活動をしている。資格が万能であるとはいえないが、ソーシャルワーカーとして活動する者が、ソーシャルワークに関する知識や技量もなくソーシャルワーカーを標榜するという状況には、どうしても違和感がつきまとう。

　ソーシャルワークの価値や視点を欠いた実践者が混在することによって、ソーシャルワーカーのイメージは拡散し、専門性は霞んでしまうことが避けられない。そうなると、スクールソーシャルワーカーを配置することの意味は、ほとんどなくなってしまうだろう。スクールソーシャルワーカーの質を担保するという点においては、社会福祉に関する知見がない人材がスクールソーシャルワーカーとして多数活動する現状は、大いに改善の余地があるといえる。こうした雇用のあり方を放置したまま、全校配置や10,000人に増員ということが現実になるとすれば、活動の質は今よりもさらに低下するこ

とが予測され、ソーシャルワーカーの専門性はさらに曖昧化し、悪くすると専門性そのものを不問にされてしまうことにもなりかねない。

　スクールソーシャルワーカーの活動の質の問題と同様に、彼らを雇用する側の学校（教育委員会）サイドのスクールソーシャルワークに関する認識レベルの問題もスクールソーシャルワーカー本来の活動を阻害している面がある。つまり、ソーシャルワークに関する知識がない担当者らがスクールソーシャルワークを恣意的に解釈して、学校支援のための専任要員としてソーシャルワーカーを配置するという例が少なくないからである。教育委員会サイドでソーシャルワーカーの活動内容を規定して、ミクロからマクロにまでわたるというソーシャルワークが有する包括的なアプローチを排除して狭い領域に限定して活用し、その有する可能性を削ぐような形態が見られることは残念なことである。

　たとえば、ミクロレベルの活動、つまり子どもたちとの直接的なかかわりを禁じる自治体があるが、困難に直面している当事者である子どもたちと接することを否定する実践とは、もはやそれをソーシャルワーク実践とは呼べないといえる。子どもの声を直接聴くことがなければ、彼・彼女の切実なニーズに応じた支援をすることは難しいし、権利擁護や代弁といったソーシャルワークの重要な機能を果たすことはできない。そもそも子どもと接することなくして、人間尊重を基盤とするソーシャルワークをどのような形で実践できるのかという疑問も生じてくる。

　さらに、ワーカーの雇用条件も厳しく正規雇用という形態で勤務する者は、きわめて限られており、ほとんどが非常勤で身分保障もない中での活動を強いられている。そのために継続的に仕事をすることができず、一定期間働いた後により良い待遇を求めて移動することを余儀なくされるという状況がある。こうした不安定な雇用条件が、ソーシャルワーカーがさまざまな困難に直面して喘いでいる子どもたちを安定的に支えることを難しくしている。

　人材の質の問題や、導入する学校サイドの認識レベル、雇用条件などを考慮すると、あまりにも条件が未整備であり、日本におけるスクールソーシャルワークは、子どもたちにとって安心や安全な学校環境の整備に貢献できるシステムとして定着していけるのか、懸念を抱かざるをえないのが現状である。

おわりに

　日本におけるスクールソーシャルワークの現状は、さまざまな機会に取り沙汰されてはいるが、活動に制約があったり待遇が劣悪であったりして厳しいものがある。それでもソーシャルワークの基本的な価値や理念、機能を基盤に据えて献身的に活動を続け、子どもたちのロールモデルとなっているようなソーシャルワーカーもおり、活動を通して学校の管理職や教委職員がソーシャルワーカーの存在意義を理解するに至っている例も少なからずある。

　学校現場に教育者とは異なる視点や方法論を持ち込むことは、学校環境の豊かさを強化することを意味するものであり、より多くの子どもたちを包摂することにつながる。そういった点では、スクールソーシャルワークを導入する教育現場が、ソーシャルワークに関する知識を深め、教員とは異なる視点と方法で子どもたちを支える存在として理解することが求められるであろう。逆に、ソーシャルワークの理念を軽視し機能を矮小化して活用することは、子どもたちの利益にはつながらないし、学校にとってもスクールソーシャルワーカーを導入する意味が定かではなくなるといえる。

　同時に、活動するソーシャルワーカーもソーシャルワークの多様な機能や役割を制限するような雇用のあり方に対しては、専門職としてのアイデンティティを堅持し、ソーシャルワークに則った活動を遂行できるよう努めることが求められる。さらに、ソーシャルワークの知識や経験を軽視し、いたずらに拡大化を図る現在の施策のあり方は真剣に検討されるべきであろう。そうしてこそ、スクールソーシャルワーカーが初めて子どもたちの最善の利益実現の担い手として学校に存在する意義を確たるものにすることができるはずである。

[参考文献・資料]
文部科学省（2015）「平成27年度学校における教育相談体制充実に係る連絡協議会」配付資料
文部科学省（2015）「児童生徒の問題行動等生徒指導上の諸問題に関する調査」http://www.mext.go.jp/b_menu/toukei/chousa01/shidou/1267646.htm
山下英三郎（2014）「わが国におけるスクールソーシャルワークの現在」教育 No. 825、かもがわ出版、pp. 74-83
山下英三郎（2013）「スクールソーシャルワーカーが果たしうる役割」月刊自治研 Vol. 55、no. 644、自治研中央推進委員会、pp. 33-40

3 養護教諭が取り組む子ども支援

太田眞由美（福岡市立中学校養護教諭）

はじめに

　私は、福岡市で38年間、養護教諭を務めてきた。大半は小学校で勤務し、退職近くになって中学校に異動した。現在は定年後の再任用で養護教諭として中学校に勤めている。これまで出会ってきた子どもや保護者たちから、多くのことを学んできたと感じている。本稿では、それらの体験を振り返りつつ、あらためて「養護教諭が取り組む子ども支援」について考えてみたい。

　私自身の体験を伝えるには、どうしても私が出会ってきた子どもたちのことを語らなければならない。しかし、そこには子どもたちのつらい厳しい現実がある。語るには躊躇いもある。その一方で、一人ひとりの子どもの幸せを、最善の利益の実現を、願わずにはおれない。子どもの最善の利益が第一に考慮され、尊重される社会になっていくことを願って、これからの「子ども支援」の積極的な展開に少しなりとも貢献できることを願って、養護教諭としての私の体験を書きとめようと思う。なお、本稿で扱う事例は、当然のことながら、個人情報保護の観点から必要な編集等を施している。

1　保健室にやってくる子どもたち

　毎朝、私が出勤してくるのを保健室の前で子どもたちが待っている。「足が痛い」「あたま痛い」「おなか痛い」と、それぞれが保健室に入れる理由を見つけて口にする。おそらく、子どもが心の奥底に感じている〈もやもや〉が、そうした体調不良やケガの訴えになっているのだろう。熱を測りながら、またはケガを手当てしながら、子どもらへの対応に追われる朝の光景である。

　その〈もやもや〉が完全に解決できなくとも、手当てをしてもらう行為で

不安が少し和らぐようである。子どもたちはそれぞれに「きついのをわかって」と伝えているのである。その〈もやもや〉は、いろいろだ。友だちとのトラブルのこと、先生との関係、親の不仲や家族との関係、ちょっとした友達の言葉が気になって、悩んだりもする。日頃のちょっとした訴えに丁寧にかかわっていくことで、子どもたちは「保健の先生はわかってくれる」「保健の先生は守ってくれる」と感じて、「また来ていい？」と確かめながら、教室にがんばって行くことができるようである。

「保健室はなんか落ち着く」「保健室の水は一番おいしい」などと、子どもたちはいってくれる。保健室は居心地がいいと感じるその裏の声は、「教室はきつい」「教室は苦しい」と訴えている。ちょっとしたことから不安になったり、すぐに解決できたりすることもあるが、そういうささいなことも含めて、子どもの本音に耳を傾けて寄り添うこと、解決に向けて子どもと一緒に取り組むことが、保健室にやってくる子どもへの一番大切な支援である。

2 養護教諭だからできる「つなぐ」という役割

養護教諭の大切な役割の一つは、「つなぐ」ことだと思う。なぜなら、保健室でしか見せない、また養護教諭だから目にすることができる、子どもの姿があるからだ。養護教諭だからできるコーディネートである。

たとえば、Aさんは保健室ではいつも堂々としているのに、教室ではみんなから、先生から、どう見られているのか、気になって自信なげだ。ちょっと息抜きをしたい様子で毎日のように来室する。そのAさんが私にお手紙を書いてくれた。丁寧な字で優しい文章に思わず「Aさん、字が上手だね。文章も優しいね。ありがとう」とお礼をいった。「ううん。私、国語ダメなの」と悲しげにいう。相当落ち込んでいる様子。その学校は国語の研究指定校であった。それまでの記録を見て気づいたのだが、Aさんが来室する時間は、すべて国語の授業時間だった。担任に話してみた。Aさんの落ち込んでいる様子を伝え、声かけしてもらうようにお願いした。それから、Aさんは保健室に来なくなった。担任が保健室の状況を素直に聴いてくれて、Aさんの国語嫌いが解消できたらしい。このように、担任には見えない子どもの姿が保健室にはある。だから担任と子どもをつなぐことが養護教諭にはできる。

また、学校での子どもの様子をそっと保護者につなぐこともある。たとえば、Bさんは毎日学校に遅れてくる。しかも2～3時間も来ない。家まで迎

えにいくと、まだ寝ている。起こして、顔を洗わせて、洋服を着せる。靴下が洗濯の山から見つけ出せない。すべて片方の靴下しか出てこない。そのまま学校に連れていく。そのBさんが、教室に入ったら、一生懸命に勉強するのだ。本読みも上手に大きな声で読む。九九も大きな声でいえる。学校に来さえすれば、学んで力をつけていく。そんなBさんの姿をお母さんに語る。家庭の生活は厳しいけれど、Bさんはお母さんのことが大好きなんだ。だから、がんばれるんだ、と私は思う。私の思いも交えながら、学校でのBさんを、お母さんに伝える。お母さんも、がんばることを約束してくれた。

　このような「つなぐ」活動を重ねていくうちに、養護教諭自身においても、子どもへの理解が深まっていく。学校で見せない家庭での様子を知るうちに、子どもの今現在の生活について理解が深められていく。子どもに対するポジティブな理解を養護教諭が深めていくことで、子どもをめぐるつながりは、より温かなものになれる。子どものがんばりを保護者に伝え、保護者の思いを子どもに伝え、仲間の思いを互いにつなぎ、担任や学年の教師集団をつないでいく。そんな子どもをめぐるつながりのなかで、子どもは学級での自分の位置を見つけていくことができる。

　子どもがポツリと何気なくいう言葉に、深い意味が隠されている。それに気づくことができる位置に、養護教諭は立っている。その子どもの生活の現実を知らなかったら、「また遅刻」と怒るだけの対応になってしまう。家庭では厳しい暮らしのなかにあり、それでも必死に登校しているのを知ったとき、遅れて来ても、「よくがんばって来たね」と、自然に言葉が出てくる。

　保健室での子どもとのかかわりがあるからこそ、学級担任と、学年の教師たちと、子どもと、そして保護者とを、つないでいくことができる。そんなコーディネーターの役割は、養護教諭だからできる子ども支援だと思う。

3　社会の現実のなかで苦しみ・たたかう子ども

　教育基本法には民主教育の原則として、すべての国民が等しく、その能力に応ずる教育を受ける機会が保障されると記され、「人種、信条、性別、社会的身分、経済的地位、又は門地によって、教育上差別されない」と規定されている（第4条）。しかし、子どもたちの現実は、そうではない。

　子どもたちの日々の暮らしには、差別や貧困の現実が影を落としている。保護者の労働の実態からの経済的格差は子どもの生活の実態の格差を広げ、

学力に大きな格差をつけている。教室の中で、つねに「劣等感」をもち続けている子どもたちは自尊感情ももちえず、低位置であえいでいる。とりわけ、被差別部落の子どもたち、本名を名乗れず通名（日本名）で日本の学校に通っている在日韓国・朝鮮人の子どもたち、女性差別やジェンダー・バイアスの中でネガティブな影響を受けている子どもたち、貧困や暴力にさらされるなかで家庭が居場所ではなくなってしまった子どもたち、等々。おとなたちがつくった社会の矛盾や不合理によって、抑圧的な現実に置かれている子どもたちの姿がある。その現実のなかで、子どもたちは、差別される側に立たされることもあれば、差別する側に立ってしまうこともある。

　たとえば、こんなことがあった。6年の新学期を迎え、卒業までの1年間充実した取り組みをしよう、と学年全体でスタートした矢先の出来事。ある学級で女子全員を巻き込む「いじめ」が起こった。Cさんが女子たちに命じて、Dさんに対するいじめが日々行われていた。Dさんは徹底してクラスの中で孤立させられ落ち込んでいった。Dさんは弱って怖くなって、たまらなくなると保健室に逃げ込んできた。「怖い、助けて」。私が自分の机の下にDさんを隠すと、「Dが来たろう、出せ」と、Cさんが保健室に乗り込んできた。私に暴言を吐きながら椅子を投げたり本を投げたり、保健室をめちゃくちゃにする。そんなことが毎日のように続いたのだが、Dさんが登校を拒否しそうな状態にまでなると、今度はDさんを仲間に誘い込み、今まで一緒にDさんをいじめる側にいたEさんをいじめる対象にしはじめた。Dさんもいじめる仲間に加わって、Eさんをいじめぬく。こうして、Cさんが中心になって、次々とターゲットを変えながら、学級のほぼすべての女子が順々にいじめられていった。

　この事態をどうにかしようと、学年の教師集団、同和教育推進担当教師（以下、同推教師）、そして養護教諭で、毎日話し合った。養護教諭がCさんの家庭訪問をした。おばあちゃんに学校の様子を話すと、「そんな子ではありません、家ではとても優しいいい子です」とのこと。話をするうちに、Cさんの置かれている現実が見えてきた。Cさんの両親は部落差別のために離婚して、母親がCさんと姉を祖母宅に預け出稼ぎに出ていた。その母親が再婚して、春には子どもができたのだった。そして、Cさんの心は爆発した。

　私たち教師は、教育の実践者として、Cさんの置かれている現実に向き合わなければならない。学年の教師集団は、すべての授業実践を通して取り組

もうと考えた。そして集団づくりのための教材研究や授業に連日にわたって取り組んだ。クラスのみんながＣさんとともに生き生き輝く、教育の実践をめざした。毎日遅くまで全員で話し合って、教材をつくった。教師たちの必死の取り組みを通して授業が実践されていった。そして教室には、目を輝かせて授業に集中しているＣさんの姿が見られるようになった。また、同推教師も解放子ども会での活動を見直して、子どもたちが主体となってつくっていくことのできる内容を発展させていった。異年齢集団の子ども会活動のなかで、６年生のＣさんたちが下級生の世話をしたり、リーダーシップを発揮したり、それぞれが自分の存在感をもてるよう、子ども会活動の充実に取り組んだ。また学級担任は、教室での集団の力を信じ、みんなでＣさんを本来の姿に戻そうと、さらに学級づくりに取り組んだ。

　教師たちは、子どもの置かれている厳しい現実と向き合うなかから、日々の授業をはじめ自分たちの教育の実践を見つめ直し、現状をよりよく変革していこうと、子どもたちとともに取り組んだのである。その取り組みのなかで、私はこういわれた。「最後の砦の保健室。きついけど、一緒に取り組んでください」。そう、最後の砦なのだ。養護教諭としての使命と喜びを感じた。私は毎日、Ｃさんの自宅に通い、話をした。「何がＣさんの心を苦しめているの？」「何が悔しいの？」と問いかけた。Ｃさんは語るうちに少しずつ変わっていった。そしてある日、Ｃさんが心の底から、吐き出した言葉がある。「部落差別が憎い」。Ｃさんは、社会の矛盾や不合理と、たたかっているのだ、と私は感じた。吹っ切れたように、もとのＣさんに戻っていった。

　卒業式の日、Ｃさんは満面の笑顔で「先生、お世話になりました。今日は、新しいお父さんと弟が来てくれています」と挨拶して、卒業していった。

４　子どもにとっての保健室──子どもに寄り添う養護教諭

　以上にみてきたように、子どもたちは教室で居づらくなったり、教室に行きたくなくなったりすると、保健室にやってくる。そしてまた、家庭が居づらかったり、しんどかったりするときも、やってくる。保健室は、教室とともに家庭ともつながっている。だから養護教諭は、親や保護者の代わりのような位置にも立っているし、実際に母親代わりのような役割も担っている。

　たとえばＦさんは、朝から保健室に登校するのが１学期当初からの日課だった。「おはよう」と声かけると、返ってくる言葉は「おなか痛い」。「朝

ごはんは食べたの？」と私。「ううん」とFさん。毎日同じ会話を繰り返していた。「どうして食べてないの？」、「食べるものがなかったから」。保健室でパンを食べながら、ごはんの炊き方や味噌汁のつくり方を教えた。

そうやって1学期が終わるころ、「先生、今日ね、朝ごはん食べてきたよ」と嬉しそうに話しかけてきた。とてもいい顔である。単に食事ができただけの喜びではない。1学期の学校生活を通して、クラスでの位置にも自分なりの自信ができて、安心した表情だとうかがえた。その後来室はない。

学校に来るだけで精いっぱいの子どもたち、生活のきつさが身体や気持ちを不安にさせ、いろいろな行動に変えて自分を表現している。保護者は朝早くから、夜遅くまで働かなければならない。子どもの面倒は後回しにならざるをえないのが実態なのである。保健室で子どもがきつさを訴えてきたとき、その背景にあるものは何かを考え、かかわらなければ、その子どもの置かれている現実は、見えない。多くの子どもは生活が厳しく学力も大変厳しい。その現実のなかで、自分なりに生きていく逞しさを身につけていけるように、母親的な存在としてかかわりを続けることも、保健室では大切にしている。

そういう意味では、子どもにとっての保健室は、エデュケーションだけではない、ケアの場でもある。その「エデュケア」のもっとも先端的な実践の場が、保健室なのかもしれない。しかし、そうした保健室の役割や意義は、必ずしも教職員全体の共通の理解や認識として成り立っているわけではない。

子どもは、頭痛、腹痛、気持ちが悪い、だるい、フラフラするなど、不定愁訴を発して保健室にやってくる。SOSのサインだ。だから養護教諭は、保健室を子どもの避難場所にしていいと考えている。けれど「子どもを連れ戻せ」という管理職や学級担任もいる。そうやって追い詰められて、学校に来なくなる子どももいる。私はこれまで、学校に来られなくなった子どもや保護者とは切れないことを大切にして、定期的に家庭訪問をしてきた。担任とは絶対に会わないが保健の先生なら来てもいい、という保護者ばかりだった。保健室は子どもに成績をつけない。教師だからといって上から目線で見ることもない。弱ったときにいつも優しく対応してくれる。警戒を解いて安心して話せる。それが保健室の養護教諭だ。だから養護教諭は、ときとして管理職や学級担任と「一枚岩」にはなれないときもある。私はそれでいいと思っている。

子どもにとって、そのような隙間や多様性が大切なのだと考えている。そ

うやって子どもの側に立つ、子どもに寄り添うのが、養護教諭なのだ。

5　保健室から見える現実——あらためて考える養護教諭の役割

　一般に、管理の厳しい学校ほど、教室は居づらい場所となり、多くの子どもが避難所を求め保健室にやってくる。子どもにとって保健室はそんな居場所なのだと共通理解できれば、保健室登校もまた、子ども支援の積極的な意味をもつものとなる。集団のなかで差別されたり排除されたりしていると感じたとき、誰でも苦しい。そんなとき保健室で子どもが休めて、元気を取り戻してほしいと願ってきた。教室に行けなくても、その休息のなかで自分を見つめたり、周りの人のことを知りなおしたり、理解したりする。さらに認め合うことができれば差別や排除もなくなる。

　しかし他方で、一度も学校に登校せずに中学校を卒業して専門学校に通い、楽しく過ごしている子どももいる。多くの場合、保健室登校から教室への道のりは、はるかに遠いのだ。中学校に初めて赴任して、じつは不登校の多さに戸惑った。そういう現実のなかにいると、新たに見えてくることがある。たしかに保健室登校は子どもにとって必要な支援だが、けれども保健室登校が不登校を救うというわけではない。つまり、保健室登校によって、学校そのものが変わるわけではないのだ。だから、本当に学校に来たくない子どもには、学校に行かない権利が認められていいと思う。

　むしろ問題は、いじめや、不登校、学級崩壊など、さまざまな学校病理があらわになっているにもかかわらず、なぜ学校のありようが、何十年ものあいだ変わらないままなのか。子どもだけではない。教職員も心疾患で休職者が増加している。保健室からは、つくづくと「学校のおかしさ」が見えてくるのだ。その「おかしさ」に声をあげていくことも、今日においては養護教諭の使命だと考える。小さなSOSが、養護教諭にも届かなくなる時代は、すぐそこまで来ているようにも感じられるのである。

　子どもたちの荒れは、中学生にもなると、ときとしてエスカレートする。運動場側の窓から一日中、紙飛行機が飛んでくる、トイレットペーパーも投げ込まれてくる。階段の壁や天井には投げつけたであろう石鹸の花。掲示物の画鋲を次から次に外して飛ばして遊んでいる。誰かが屋根に上っている。門を飛び越えて抜け出す。そんな毎日。虚しさを感じる暇のないほど、次々にいろんな事件が起きる。「自分を見て」といっているのだ。しかしそのよ

うに理解するのに、時間がかかった。私は悩みに悩みぬいた末に、考えぬいた挙句に、行動に移した。

　荒れた状況のなか、保健室に来る子どもに「おなかすいてない？」と声かけたときから、私との関係に光が見えた。「なんかあると？」と返してくれた。「あるよ。おにぎり。食べる？」、「うん」。素直な顔になった。それから毎日、「クロワッサンあるよ」「今日はサンドイッチつくってきたよ」と、まず子どもたちのお腹を満たしてあげる。毎日、何かしら痛みを訴えて保健室に顔を見せる。成長の過程で違った育ちがあったはずの子どもたち。「あなたのこと、大切に思ってるよ」と伝えながら、かかわり続けていく。すると、子どもたちはそれぞれに変化を見せてくれる。みんな、「自分を見て」といっている。子どもたちはそれぞれの家庭や生い立ちや、その現実のしんどさを背負って生きている。空腹をさえ満たせない子もいる。その子どもたちが、その子らしく素直な顔になってくれるのが、保健室なのだ。

　学校が、子どもたちにとって居づらい場所となっている。とすれば、その学校の現実を変えていく役割も、養護教諭は担っているのである。

おわりに

　子どもとかかわり続けてきて感じることは、子どもたちはみんな「認めてほしい」「愛してほしい」「尊重してほしい」「わかってほしい」「比べないでほしい」と求めているということだ。だから、子どもたち一人ひとりに向き合っていくことそのものが支援なのだ。その保健室でのかかわりを基盤に、子どもたち相互のつながりを育てていくことができる。

　子どもたちの相談に向き合うためには、私自身の人間性や感性を豊かに高めていく努力が必要だ。だから私は障がいのある方やハンセン病療養所の方々と機会あるごとに交流したり、ハンセン病隔離政策や水俣病について学んだりしている。差別や排除の現実と向き合うことを通して、「同じ過ちを繰り返さない」との思いを深め、目の前の子どもたちとかかわり続けてきた。社会の矛盾や不合理にさらされている子どもに寄り添うためには、教師もまた、その社会の現実と向き合わなければならない。

　最後に、「保健室は、子どもの代弁者である。子どもの最後の砦が保健室である」という大谷尚子先生の言葉を心にいつももちながら、これからも子どもとのかかわりを続けていくつもりである。

4

ポストいじめ防止対策推進法と学校の展望
——子どもの権利と居場所の視点から

喜多明人（早稲田大学）

はじめに——なぜ、いじめが止まらないか

いじめが止まらない。

大津市の中学生いじめ自死事件[1]などを受けて、2013年6月21日、いじめ防止対策推進法（以下、いじめ対策法）が可決・成立し、9月28日に施行された。この法律は議員立法であったこともあり、通常法律を受けてつくられる政令（施行令）、省令（施行規則）がなく、同法の具体化は、同年10月11日に文科省初等中等教育局長名で出された「いじめ防止基本方針について」（通知）および別添「学校における『いじめの防止』『早期発見』『いじめに対する措置』のポイント」に委ねられた[2]。

この法律では、学校現場に対して、いじめ防止基本指針作成（13条）、定期的調査（16条1項）、相談体制整備（16条2項）、重大案件調査組織の設置と調査の実施（28条）などを求め、10月にはいじめ防止基本方針も立てられて、国による本格的ないじめ対策が始動した。同法と基本方針に基づいて、各地、各学校ではいじめ防止基本方針がつくられ、いじめ防止委員会等の組織体制も整えられたはずである。

学校での方針化は、たしかに法制化直後であり、学校の多忙化もあって国や都道府県の基本方針を要約しただけのものが目立つし、市町村レベルでの方針化が進んでいないことも事実である。しかし、1986年東京都中野区の富士見中いじめ自死事件以来、30年。学校や地域、教育委員会が全力でいじめ防止対策をとってきた。いじめ対策法の成立により国まで乗り出して、従来の根絶型のいじめ対策（いじめがないことが評価される）による学校の「いじめ抱え込み」（隠蔽）体質から脱して、いじめ対策を根本から転換し、

早期発見といじめ防止の組織的対応などが可能になった。そのような前進面はあったにせよ、結局いじめは止まらなかった。

　それはなぜなのだろうか。

　その原因究明については、小手先の予防技術、組織改革などの手法レベルにとどめることは到底できない。いじめが止まらない原因について、今日の時点で、子どもの権利の視点から改めて問い直してみたい。いったい学校におけるいじめ対策において、何が欠けていたのだろうか。

1　相次ぐいじめ自死事件と子どものSOS

　いじめ対策法の成立後もいじめ自死事件が相次いだ。

　2014年1月には、山形県天童市の市立中学1年の女子生徒が、山形新幹線に飛び込み死亡した。女子生徒が書きのこしたノートには、「独りだった。中学に入学してからは、陰湿な『イジメ』にあっていた。何が悪いのか分からずに、ずっと陰口を言われていた」「本当ハ、『死』二たく、なカッタだけなのに。ダレカ、タスけテよう。私ヲ、『生』かしテヨウ」などとあった。2015年9月28日、遺族に報告された第三者調査委員会報告書（10月5日市教委に提出）によると、女子生徒が中学入学後、部活動やクラスの生徒から「きもい」「うざい」などの悪口をいわれるなど複数のいじめがあり、女子生徒の自死の主な原因はいじめだったという（朝日新聞2015年9月30日付）。

　また、同年同月、鹿児島県鹿児島市の市立中学2年の女子生徒が、ノートに「もう限界」との書置きをして、集合住宅から飛び降り重傷を負った。同年2月には、広島県立高校1年の男子生徒が自宅で自死。学校は、いじめが自死の要因の1つと公表した。同年秋には、宮城県仙台市の市立中学1年の男子生徒が仲間はずれなどのいじめを苦にして自死した。市教委によると、男子生徒は入学後の5月から仲間はずれにされ、生徒の保護者は担任教師に少なくとも6回相談、いじめ加害生徒から男子生徒へ謝罪させる会などを開いたが、いじめは続き、秋には「転校したい」と話した翌日に自死に至った。第三者調査委員会は、「対応方針を決める前に男子生徒や保護者と協議すべきだった」などと指摘、当該市の教育長は不十分な学校対応を謝罪した（朝日新聞2015年8月22日付）。

　2015年7月5日には、岩手県矢巾町の中学2年の男子生徒が電車に飛び

込み自死した。男子生徒は、自死に至るまで3か月にわたって「生活記録ノート」（毎日提出）に自殺をほのめかす記述を残していた。5月13日には、「もう学校やすみたい氏（死）にたい」、最後の記述となった6月29日には、「ボクがいつ消えるかわかりません」「もう市（死）ぬ場所はきまってるんですけどね」と書いてあったが、「大丈夫か」という声かけに「大丈夫」と応えたため、担任は「ふだんと変わらない」と判断し、7月1日から始まる宿泊研修にむけて「明日からの研修たのしみましょうね」と返答。5日後、彼は自死。彼は、中学1年時にも当時の担任に提出したノートにいじめを訴えていたため、担任は生徒に謝罪させた。なお、その年の矢巾町の小中学校のいじめ報告件数はゼロだった。矢巾町では事件後、「全校アンケート」を実施、複数のいじめ目撃などを確認、第三者調査委員会の設置を決めた（朝日新聞2015年7月10日付、12日付など）。

　このように、多くのいじめ自死事件では、事前に当該生徒がSOSを出している場合が多く、これを受け止めるべき教師や学校のあり方が問われていた。

2　学校のいじめ対策に何が欠けているか

　いじめの報告件数は、大津のいじめ自死事件が発覚した2012年度の198,000件をピークとして、2013年度185,000件、2014年度188,000件と横ばい状態が続いている。この件数については、文科省の担当官によれば、「いじめ自体の増加というよりも、学校が確認に努め、実態に近づいた」（朝日新聞2013年12月11日付）とされているが、はたしてそうだろうか。今回の岩手県矢巾町のいじめ自死事件を契機として、文科省が各自治体にむけていじめの再調査を行った結果がひとつのヒントを与えているように思える。

（1）　いじめ認知の地域間格差をヒントに

　それは、いじめ認知件数における「地域間格差」の問題だ。過去1年間の1,000人当たりのいじめ認知件数は、全国平均で13.7件。都道府県別でみると、京都府が85.4件（23,973件）と一番高く、佐賀県の2.8件（283件）が一番低く、その格差は30倍にもなる。京都府は、いじめの認知方法を3段階に分けて、1段階＝いじめで嫌な思いをした子どもがいる、2段階＝継続的に見る必要がある、3段階＝命にかかわる重大事態として、第1段

階から認知件数を調査し報告したという。おそらく第1段階を認知件数に組み込むかどうかでこうした地域間格差が生じてくるのであろう。

　ちなみに、この調査のきっかけとなった岩手県の認知件数は、13.0件（1,816件）であり、お隣の宮城県は、69.9件（17,614件）、これは「地域の特色ではなく正確に実態把握できていない現れ」（青木悦、Fonte通算423号、1頁）といってよい。さらに、矢巾町のようにいじめ認知件数ゼロ報告した自治体は4割以上、いじめ解消率（学校がいじめが解消したと報告）は約9割、という学校・教育委員会の「いじめ認知」状況をどうみるか。ここらあたりに、学校におけるいじめ対策に欠けていた問題が見え隠れしているように思えてならない。

（2）　子どもの苦しみの重さを受け止める――いじめ対策の出発点

　「ふざけだと思った。そんなに深刻だったとは……」。いじめ事件が起きると学校現場から必ず出る言葉。

　いじめをめぐって、学校現場と子どもとの間に、なぜ認識のズレが生じるのか。その点において、いじめ対策をとろうとする教職員、おとな側のいじめに対する基本的な認識が問われている。

　子ども・若者にとっての「いじめ」の重さなど、いじめ認識のあり様は、いじめ対策をとる実践者側にとって決定的に重要である。坪井節子は、長年、いじめ、虐待などの人権侵害を受けてきた子どもの付添人を経験して、いじめ問題に向き合う実践者に対して、うわべの対策では済まされない「いじめ」認識について、こう述べる[3]。

　「…いじめがどんなに子どもを苦しめているのかから出発してほしい…。その苦しみがわからないまま、うわべだけで組織をつくり、制度をつくっても、子どもたちは救われません。いじめは子どもの権利侵害・人権侵害であると認識することが大切だと言われます。しかし、何が本当に子どもたちを苦しめていて、何が権利・人権侵害なのかということに踏み込んでいかなければ、いじめの苦しさはわからないだろうと思います」。

　坪井は、いじめをおとなの目線でなく、まず子どもの言葉として捉えてほしい、と前置きして、相談を受けてきた子どもが共通に発した次の3つの言葉を手がかりに分析した。

　1つは、「自分は生まれてこなければよかったんだ」という言葉。

自分がいるからそんな問題が起きたんだ、自分がいない方がいいんだ、自分が間違っていたのだ、だからみんなが自分を嫌うんだ、自分がいじめられるんだ、という自己否定感。

2つは、「自分は一人ぼっちなんだ」という言葉。

自分の気持ちを理解してくれる人なんか誰もいない。今の苦しみは自分が理由で起きたのだから、自分一人で抱えていくしかない、誰にも担ってもらえない、という孤立感。

3つは、「自分ではもうどうすることもできないんだ」という言葉。

上の自己否定感と孤立感からくる無力感。自分が何をやってもこの状況は変わらない。自分はもう自分の人生を歩いていくことはできないという、どうすることもできない無力感。

(3) 自己否定感・孤立感・無力感
　　――人生をかけて子どもに寄り添い続ける

坪井は、「自分を責め、しかも一人ぼっちで無力の底に沈んでいった子どもたち」をどうして救えるのか、と問いかける。

「先生が、君たちがどんなにいじめられようと一人ぼっちではない、先生は常に味方になるというようなメッセージを発し、本当にそれを実現してくれたら、子どもたちはどんなに苦しくても頑張れると思います。先生が味方でいてくれると、本当に信じられたら、子どもはやっていけます。しかしこのことは、言うは易し行うは難しで、一人ひとりの子どもに寄り添うことはものすごく大変なことです。……こちらの人生をかけないとならないほど大変なことです」。

坪井は、付添人をつとめた非行少年・少女と成人してからも長く連絡をとり合っている。少年事件の審判をつとめた森田宗一（元家庭裁判所裁判官、漫画『家栽の人』のモデルとなったといわれている）は、「人としての優しさ」に触れて、「優」という字は、人に寄り添い、その憂いを共にする心であるとし、少年事件は、そのような「優しさ」＝少年の憂いに共感できる心をもたなければ審判できない、と力説された。

おそらくいじめ対策にも、いじめを受けている子ども、いじめている子どもの憂いに共感できる心が求められているといえないか。

（4） 解決主体としての子ども観

　いじめ対策においては、子ども自身が解決主体であるという子ども観に立つことが大切である。たとえばそのような視点からいじめ問題に取り組んできた子どもの相談・救済機関や子ども支援NPOの活動、とくに子どもオンブズパーソンやCAP、チャイルドラインなどの実践の成果に学ぶ必要がある。それらの実践の基本的なポイントは、子どものエンパワーメントであり、具体的には、①いじめを受けている子どもの気持ちへの寄り添い、受容、共感関係づくりであり、②子ども自身を解決主体としてとらえて、子どものエンパワーメントと立ち直りの支援をおこなうこと、③可能ならば、子ども自身の力で、子ども社会の自治によりいじめが解決していけるように支えていくことである。

3　学校を子どもの居場所に創りかえる
（1）　いじめの発生源はストレス社会

　いじめは、その社会に蓄積されてくるストレスが、抵抗しがたい人間関係のなかで弱者に向けられる行為全般をさす[4]。国連・子どもの権利委員会は、日本に対して、日本の子どもたちが過度の競争主義的な学校制度によって大変なストレスを抱えており、そのことが子どもの心身の発達にマイナスの影響を与えていると勧告している（さらに社会権規約委員会第2回総括所見でも同様の勧告）。競争ストレス＝競争主義のテスト体制等の中で蓄積されるストレスが、弱者に向けられ、それがいじめ現象を引き起こしている。しかし、受験に向き合う日本の子どもたちには、さらに大きなストレスを抱え込んできた。

　自分を押し殺して、親や周りの期待に応える子どもたち。親や教師の期待、願いに応えることが自分の喜び。親を悲しませることは自分の悲しみ。いつしか周りにあわせて「偽りの自己」（アリス・ミラー）を形成してきた「やらされ感ストレス」である。

　仮に「いじめの根絶」をうたうならば、いじめの発生源である「ストレス社会」にメスを入れていかなければならない。そのためには競争主義的な教育制度を改善し、すべての子どもたちが「やらされ感」から解放され、「やってみたい」を起点とした自己実現、自己形成をはかれる家庭や学校、地域を取り戻していくことが重要と思われる。

今日の「いじめ全盛期」は、裏を返せばそのような生き生きとした学校づくりが後退し、学校が生気を失っていることの証左といえようか。

（2）バレなければ何をやってもよい、という意識の再生産

　いじめ対策法は、冒頭で述べた「前進」面はあるものの、子どものストレス社会を放置しておいて、もう一方では「いじめはいけないこと」式の規範・道徳を押しつけ、これに違反したら退学・停学処分（高校の場合）、出席停止（義務教育の場合）、警察対応といった厳罰化を求めている[5]。規範強制と違反者の厳罰が待っているとしたら、子どもにはどのような意識が備わるのだろうか。おそらくは「バレなければ何をやってもいい」という意識ではなかろうか。おそらく規範教育と厳罰によって、表面上の「いじめ」は見えなくなるかもしれない。しかし、おとなの目の行き届かないところで、いじめが深く潜行し、陰湿化、残虐化していくことを改めて危惧する。

（3）"結果としていじめがなくなる"子どもの居場所づくりを

　自己否定感（坪井）、やらされ感ストレスを抱えこんだ子どもたちにとって、大切なことは、自己の存在感を取り戻し、自己肯定感を育む活動であろう。子どもには自己形成への力があり、自己の意志と力で自己形成をしていく権利がある[6]。子どもたちが自分自身の意思・要求と力で学校を自分たちの居場所に創りかえていくこと、子どもの眼が輝くような子ども参加型の学校づくりを進めていくことで、結果として、イライラストレスによる暴力やいじめはなくなっていくのではないか。その意味では、いじめ防止を目的化した実践だけでよいのか、むしろ"結果としてのいじめ防止"につながる「子どもの居場所」づくりの実践観に立つべきではないか。

　その証左が、たとえば北海道十勝の札内北小学校等の子ども参加実践であった[7]。また、「フリースクールの法制化」で注目されている東京シューレは「いじめのない学びの場」としてテレビでも紹介された。シュタイナー、フレネ、サドベリなどのオルターナティブスクールも「子どもの居場所」を軸とした参加型学校である。これらの場では子どもたち一人ひとりが、自分らしく、自由に創造活動が展開されることにより、結果的にはいじめ・暴力から遠ざかっていく、そんな実践は子どもだけでなく教職員もエンパワーメントされ、学校自体の活性化につながっていくだろう。

1) 「大津いじめ事件からみえてきたもの」などを特集した、近藤庄一・安達昇編（2014）『いじめによる子どもの自死をなくしたい』学文社など、参照。なお、本論文で「いじめ自死」という用語を使用していることについて一言。報道では「いじめ自殺」という用語が使われてきたが、自殺という表現は自己過失の意味合いが強く、死に追い詰められていく子どもの問題性をあいまいにするきらいがあるため「自死」と表現した。
2) 荒牧重人ほか編『解説 教育六法2016年度版』三省堂、収録。なお基本方針や付属文書などを踏まえて、学校現場向けに「いじめ防止のチェックポイント」を示した。参照してほしい。国民教育文化総合研究所・子どもの権利検討委員会編（2014）『いじめ防止のチェックポイント──その考え方と活用方法』アドバンテージサーバー。
3) 坪井節子「いじめをどうとらえ、子どもを救うか──子どもの権利の視点から」前掲『いじめ防止のチェックポイント』18頁以下。
4) いじめは、社会科学的には、「人間社会の成立とともに生じた権力関係、すなわちその時代における社会秩序を維持していくために必然的に発生する権力関係において、抗し難い関係性を前提に生じるストレス（その解消、発散）を弱者にむける行為全般を指す。子ども社会のいじめは、子ども社会成立とともに発生してきた行為であり、近代以降の児童労働の制限・禁止と公教育の成立など、おとな社会による『子ども保護』『子どもの囲い込み』によって生じた〈おとな―子ども〉間の抗し難い関係性のもとで子ども社会内に生じてきたストレスを弱者・『異質なもの』に向ける行為であるといえる。したがって、子ども社会特有に発生するいじめの根本解決は、おとな社会との抗し難い権力関係の克服、対等性を伴う人間的な関係への移行が不可欠であるが、それは反面、一般社会に存する権力関係に直接的に身を置くことによる『新たないじめ』の危険性を伴うことにもなる」（喜多明人「いじめ」解説『人権キーワード2007』部落解放582号、54頁以下）といえる。
5) ゼロ・トレランスについて、なお詳しくは、拙稿「寛容なき厳罰主義（ゼロトレランス）──子どもが育つ環境なのか」藤田英典編（2007）『誰のための「教育再生」か』岩波新書、所収。
6) 拙著（2015）『子どもの権利──次世代につなぐ』エイデル研究所、参照。
7) 澤田治夫・和田真也・喜多明人・荒牧重人編（2006）『子どもとともに創る学校』日本評論社。

5
学校におけるいじめ予防教育

平尾 潔（第二東京弁護士会）

はじめに

　学校でのいじめ対策は、従来、「早期発見」「早期対応」が中心とされてきたが、2013（平成25）年のいじめ防止対策推進法の成立・施行もあり、予防にも重点が置かれるようになってきた。本稿では、従来の予防教育の問題点、いじめ予防教育の現状を概観した上で、弁護士によるいじめ予防授業を紹介しつつ、いじめ予防教育が押さえるべきポイントを検討する。

1　従来のいじめ予防教育とその問題点

　日本のいじめ対策は、いじめが起きた後に、いかに早く発見し、対処するかに力点が置かれてきた。いわば「事後対応型」であり、「予防」という観点は十分ではなかった。もっとも、予防の必要性についてまったく考慮されていなかったわけではなく、文部科学省は、「いじめを許さない学校づくり」についても折に触れて述べてはいた[1]。ただ、その内容は、自己肯定感や自己有用感をはぐくむことなどに力点が置かれ[2]、いじめに具体的に焦点を当てた予防教育の実践例はあまり多くなかった。学校現場では、いじめを予防するために、何を、どのように教えるべきかというノウハウが十分ではなく、文部科学省もこの点について有効な情報発信ができずにいたのである。
　日本では、いじめの発生件数は学年とともに増加（もしくは横ばい）し、中学1年で大きなピークを迎える。この傾向は長年変わらない。学齢が上がるごとに増加するのは、十分ないじめ予防教育がなされていないことも一因となっているのではないだろうか。対照的に、いじめ予防に力を入れているイングランド（エセックス州）では、学年とともにいじめの件数が減少す

る傾向にある。予防次第でいじめを減らせるということと同時に、日本では予防策が十分機能してこなかったことを示す事実といえよう[3]。

2　学校におけるいじめ予防教育に関する規定とその問題点

いじめ防止対策推進法は、第1条、「いじめの防止等（いじめの防止、いじめの早期発見及びいじめへの対処をいう。以下同じ。）のための対策に関し、基本理念を定め、国及び地方公共団体等の責務を明らかにし、並びにいじめの防止等のための対策に関する基本的な方針の策定について定めるとともに、いじめの防止等のための対策の基本となる事項を定めることにより、いじめの防止等のための対策を総合的かつ効果的に推進することを目的とする」と規定し、いじめ予防（防止）をも目的としている。

同法に基づき規定された「いじめ防止等のための基本的な方針」（以下、国の基本方針）では、いじめの未然防止にとって重要な点として、①すべての児童生徒に対し、いじめは決して許されないことの理解を促す、②児童生徒の豊かな情操や道徳心、自分の存在と他人の存在を等しく認め、お互いの人格を尊重し合える態度など、心の通う人間関係を構築する能力の素地を養うこと、③ストレスに適切に対処できる力をはぐくむ観点、④すべての児童生徒が安心でき、自己有用感や充実感を感じられる学校生活づくり、などを列挙している[4]。また、これを踏まえ、学校が定める「学校基本方針」（法13条）に定めるべきこととして、「いじめ防止の観点から、学校教育活動全体を通じて、いじめの防止に資する多様な取組が体系的・計画的に行われるよう、包括的な取組の方針を定めたり、その具体的な指導内容のプログラム化を図ったりすることなど」を提言し[5]、別の箇所では、①全校生徒を対象に、いじめに向かわせないための未然防止に取り組む、②そのため、児童生徒が心の通じ合うコミュニケーション能力をはぐくみ、規律正しい態度で授業や行事に主体的に参加・活躍できるような授業づくり、集団づくり、③集団の一員としての自覚や自信をはぐくむことにより、互いを認め合える人間関係・学校風土づくり、を推奨している[6]。

いずれの項目についても、異存はまったくない。ただ、これだけでは従来同様、学校現場がどうすればよいのかは明らかではない。国の基本方針の別添資料「学校における『いじめ防止』『早期発見』『いじめに対する措置』のポイント」には、もう少し詳しい記載があるが、やはり子どもたちに具体的

に何を教えればよいのかは、はっきりしない。どういう教材を使って何を、どのように教えればよいのか。学校現場の悩みは、まさにこの点にある。

3　学校におけるいじめ予防教育の現状

　筆者は、2004（平成12）年から、さまざまな学校でいじめ予防を目的とした授業をしており、学校の教師とも意見交換を重ねてきた。2004年当時は、そもそも学校にいじめがあることを認めること自体をはばかる風潮があり、いじめ予防教育を積極的に行っている学校はほとんどなかった。例外的に、かつて悲惨ないじめ自死事件が起こった愛知県の中学校では、生徒が自主的な組織をつくり、亡くなった生徒の遺書を一緒に読み、いじめについて考える日を設けているという例がある[7]。また、北海道恵庭市の公立中学では、生徒会がいじめ問題についての標語を毎年募集し、いじめの啓発活動を続けている。その他、いくつかの学校で独自の取り組みをしている例はあるが、いまだ少数派にとどまっているというのが実情ではないかと思う。

　ただ、いじめ防止対策推進法の成立と前後して、いじめについて授業をする学校が増加しつつある。実際、授業の打ち合わせで学校を訪問した際、すでに何らかのいじめ学習をしたということも耳にする。たとえば小学校高学年では「葬式ごっこ」事件について学んだり、低学年では友だちと仲よくするにはどうすればよいのかを考える授業が実践されたり、といった具合である。いじめについての学習を経験した子どもの割合は、確実に増加傾向にある。

　こうした現状を視野に入れ、いじめ予防教育の問題点を二つ検討する。

(1)　なぜいじめは「けっして」許されないのか

　多くの学校で、「いじめはけっして許されない」ということは常日頃から学習しているようで、筆者が授業中、子どもたちに「いじめはけっして許されないと思う人はどれくらいいますか」と問うと、ほとんど全員が「けっして許されない」に手を挙げる。これは、訪問したどの学校でもほぼ同じ結果であった。問題は、そのように「けっして許されない」はずのいじめが、なぜこのように頻繁に起こっているのか、ということである。ここに、学校でのいじめ予防教育の抱える限界がある。すなわち、子どもたちは学校で教わったことを、本気で信じてはいないのだ。テストで「いじめはけっして許されないか」と問われれば、正解を書くことはできる。理由もそれなりに答え

られる。ただ、それが日常生活の行動と一致するところまでには至っていない。子どもたちは、いじめは「けっして」許されないということを、心底は信じてはいない。どのようにすれば、この限界を打破できるだろうか。

(2) 傍観者に対するアプローチ

次に、傍観者に対するアプローチをどう教えるか、という点が挙げられる。いじめ防止対策推進法では、学校がいじめがあったことを確認した場合には、①いじめを受けた児童等またはその保護者に対する支援と、②いじめを行った児童等に対する指導またはその保護者に対する助言を継続的に行うこととされている（23条3項）。法文上、対処の対象はいじめの加害者、被害者とその保護者となっており、その周囲にいる者についての対処は言及されていない。しかしながら、いじめの当事者を、加害者、被害者、観衆、傍観者に分類する、いわゆる「四層構造」が日本では主流である[8]。海外では、加害者、被害者、Bystandards と三分類する場合も多い。いずれにせよ、周囲の者が果たす役割が大きいとみなされていることでは一致している。いじめの被害をどこまで拡大させ、エスカレートさせるかは、加害、被害の両者だけではなく、周囲の者の行動によって変わってくると捉える考え方である。

そして、この第三者の立ち位置について、集団内でいじめを黙認するといういじめ肯定的傍観者と、いじめを否定し止めようとする仲裁者に分けて国際比較した調査がある[9]。これによると、仲裁者は、日本では、小学5年生で53.5%であるのに、中学3年生では21.8%まで減少している。イギリスでは、小学5年生で58.2%、中学3年生でも45.9%と高い数値を保っている。このような差異を埋めていくためには、傍観者はどう行動すべきかをあらかじめ学ぶことが重要である。教育現場では時折、「見ている人もいじめているのと同じ」という指導がなされているのを目にする。何もせずただ黙認することが、いじめを承認することにつながっていくことを端的に表そうとしているのであろうが、見ているだけの人に必ず直ちに仲裁者として振る舞うことを求めるのは現実的ではない。そこには、次は自分がいじめのターゲットになるかもしれないというリスクが厳然として存在している以上、誰もが仲裁者になれるというのは幻想にすぎない。

これらの点をどう変えていくかが、今後の課題であるが、一例として、弁護士によるいじめ予防授業でのアプローチを以下に紹介したい。

4　弁護士が取り組むいじめ予防授業

　弁護士によるいじめ予防授業とは、弁護士が学校に出向き、生徒向けにいじめの予防を目的とした授業を行うことをいう。当初は私一人で2004年に始めたが、その後2008（平成16）年から東京の弁護士会（東京弁護士会、第一東京弁護士会、第二東京弁護士会）が共同で取り組むことになり、多くの弁護士がかかわることとなった。東京都ではこれまでに1万人を超える生徒がこの授業に参加している。さらに、2012年に全国付添人経験交流集会の分科会でこの活動を紹介したことから、東京以外でも広がりを見せ始め、千葉、広島、群馬、大阪、奈良、愛知、横浜、福岡などの弁護士会で同様の取り組みが始まっている。これ以外に、実施を検討中の弁護士会も多数あり、全国的な活動として発展していくであろうと思われる。

(1)　授業のポイント1：なぜいじめは「絶対に」許されないか

　授業の最大のテーマは、なぜいじめは「絶対に」許されないかを伝えることにある。前述のとおり、子どもたちに「いじめは許されないと思うか」と問えば、許されないとの回答がほぼ間違いなく返ってくる。にもかかわらず、いじめは子どもたちの日常として存在する。いじめが「絶対に」許されない、ということを表面的に理解させても、さしたる効果は望めない。

　授業の冒頭では、少し視点を変えて、「いじめられる側が悪い」という考えについてどう思うかを尋ねてみる。「いじめはけっして許されないか」という問いを裏から聞くような質問であるが、どの学校どの学年でも8割以上の子どもが「場合によってはいじめられる側が悪い」という選択肢に手を挙げる。具体的にどのような場合かと重ねて問うと、暴力、暴言・悪口、いたずら、ちょっかいなど、「人のいやがること」をした場合は「いじめられる側が悪い」に当てはまるという答えが返ってくる。つまりは、先に原因をつくる方が悪い、という考えである。さらに「悪いことをした人はいじめられても仕方がないか」と問うと、意見が割れることが多い。いずれにせよ、それなりの理由があれば、いじめが許容される余地がある、という意見の子どもたちは少なくない。これを共通の認識とした上で、本論に入っていく。

　①いじめによる自死と人権侵害

　いじめはけっして許されない。このことを、いかに説得力をもって語ることができるかで、この授業の成否が決まるといっても過言ではない。授業の

核になる部分である。ここでは、小学校高学年以上であれば、原則、いじめ自死のケースを紹介することにしている。たとえば、北海道滝川市の小学6年生女児のいじめ自死事件を例に出す場合は、席替えで隣の席に座ることになった男子にクラス中から同情の声が上がったこと、修学旅行前の班分けで一人だけ男子の班に入れられてしまったこと、修学旅行の自由時間に部屋から閉め出され、一人でエレベーターを昇り降りして時間をつぶさなければならなかったことなどのエピソードを、できるだけ情景が頭に浮かぶように紹介した上で、彼女の遺書を読み上げる。もちろん、場合によっては他のケースを取り上げてもよい。

　なお、自死のケースを扱うのは、基本的に小学4年生以上に限定している。また、近親者で自死した人がいないか、自死ではなくても、亡くなった人はいないか、そもそも死の話を受け止める力が子どもたちにあるかなど、入念に学校と打ち合わせをする必要がある。事情によっては別の話に切り替えることも少なくない。この話題を扱うには、細心の注意が必要である。

②基本的人権

　この話から、基本的人権の話につなげる。いじめが許されないのは、時として被害者を死に追いやるほどに、ずたずたに基本的人権を踏みにじる深刻な人権侵害だから、という説明をする。基本的人権を学習するのは小学6年生であるから、それより下の学年では、特にわかりやすい説明が求められる。「安心・自信・自由が守られている状態」とする表現の仕方[10]もあるし、もっとシンプルに「お日様の光を浴びるように、誰にでも与えられている、幸せに生きる資格」と表現することもある。自殺の例に戻り、この子は死のうと思って遺書を書いたとき、幸せだったか、安心できていたか、自信をもって生きていたか、と問いかける。答えは聞くまでもない。ここまで話をしてようやく、「いじめはなぜけっして許されないか」を子どもたちは理解し始める。実際の事実のもつ重み、被害児童への共感、悲しみ、加害者への怒りなどが、いじめをけっして許してはいけない、という考えにつながっていく。

③コップの水のたとえ話〜最後の一滴〜

　この後、「コップの水」というたとえ話を出す。黒板に大きくコップの絵を描き、人の心の中には外からは見えないコップがあり、いやなことがあるとそのコップに水がたまっていく様子を描写する。普通の人は水の量が増え

たり減ったりするけれど、毎日のようにいじめられている人は、水が増える一方である。どんどん水が増えて、コップの上限まで来たとき、これをあふれさせるには一滴の水でいい。いじめ自死というと、自分たちのいじめとはまた別の、特別ないじめが行われないかぎり起きないのではないか、と考える子どもたちも少なくないことから、何気ない一言や簡単な意地悪が重大な結果を招くことになりかねないことを、比喩で伝える。なお、この比喩は授業を行う弁護士によっていろいろな使われ方をしている。コップの水があふれてしまった場合、（自死や不登校など）重大な事態が起こりかねない、という話し方をするケースが多いが、「コップの水を減らすためにはどうすればいいか」「水を減らしてくれるのは誰か」という話につなげる場合もある。

(2) 授業のポイント2：傍観者へのアプローチ

授業の中では、後半部分で、ドラえもんの登場人物を使っていじめの四層構造を説明する。すなわち、加害者＝ジャイアン、被害者＝のび太、観衆＝スネ夫、傍観者＝しずか、である。ここで伝えるのは、①傍観者に、自分が告げ口したことが発覚することを恐れずに教師に伝えることができること、②被害者に、あなたは一人ではないというメッセージを送ることができることを強調する。もちろん仲裁者になることを否定はしないし、勇気ある行動であると積極的に評価はするが、それを無理強いしないように配慮している。

5 いじめ予防授業の効果とその限界

授業後に子どもたちに書いてもらった感想文を読むと、授業の意図が十分に伝わったことがわかる。いくつか引用する[11]。

「私は実際、いじめられているのを、だまってみていたことがある。いじめられている人を見ているのは決して気持ちの良い事ではなかった。だけど、クラス全員の人がいじめていたので、注意したら自分もクラスの輪からはずされる気がしていやだったから注意できなかった。この時、注意できなかった悔しさ、情けなさが今でも残っている。今回話を聞いて、また少し勇気をもらった。こんどこそ注意しようと思った」（小6）。「いじめはぜったい、いけないことだし、なにがあってもいじめはぜったいダメなんだと思いました。授業を聞いてから、友だちと仲よくなった気がします」（小5）。

このように、授業の内容はよく理解され、これまでの行動を具体的に変え

ようと決意する子どもも少なくない。このようなところが、現場で評価され、毎年依頼がくる「リピーター」的な学校も多いゆえんである。

　一方で、その効果の継続性に一定の限界があることもまた事実である。ある学校では、授業の直後にアンケートをとったところ、「いじめられる側は悪くない」という考えがほとんどだったにもかかわらず、しばらくたってから同じアンケートをとると、その割合は激減していたとのことである。いじめ予防授業の効果は長期間継続するものではないことがみてとれる。

6　今後の展望——全校型いじめ予防授業の可能性

　効果が持続する時間が短いということは、一定の条件下ではいじめを許容しても良いという考え方がそれだけ根深いということを示している。したがって、授業によるいじめ予防の実効性を高めるためには、繰り返しこの授業を実施する必要がある。第二東京弁護士会では、「全校型いじめ予防プロジェクトチーム」を設立し、そこを母体に、小学生全学年に一斉に弁護士によるいじめ予防授業を実施している。この方式をとることで、小学校卒業までに6回は弁護士のいじめ予防授業を受けることができ、そのような繰り返しによって、いじめ予防の実効性を高めることを狙いとしている。

　弁護士によるいじめ予防授業は、いじめ予防策の貴重なコンテンツである。さらなる周知の必要性とともに、内容の吟味・検討も期待されるところである。この授業を他の予防プログラムと有機的に結合させることで、いじめ予防教育がより効果的に行われるようになることを、強く願う。

1) 文部科学省通知（2006）「いじめ問題への取組の徹底について」
2) 同上「学校における『いじめの防止』『早期発見』『いじめに対する措置』のポイント」
3) 平尾潔「いじめ問題対策の向かうべき方向」日弁連『自由と正義』2013年4月号
4) 国の基本方針第1、7（1）
5) 同第2、3（2）
6) 同第2、3（4）1）
7) 日弁連・子どもの権利委員会編（2015）『子どものいじめ問題ハンドブック』明石書店
8) 森田洋司・清永賢二（1994）『新訂版いじめ　教室の病い』金子書房
9) 森田洋司（2001）「いじめ被害の実態」『いじめの国際比較研究』金子書房
10) 森田ゆり（1998）『エンパワメントと人権』解放出版社
11) 平尾潔（2009）『いじめでだれかが死ぬ前に』岩崎書店

6 児童養護施設における子どもの相談・救済

井上 仁（日本大学）

1 社会的養護の子どもたちの現状
(1) 代替的家庭環境の提供

　厚生労働省の 2014 年度調査によると、被虐待児など家庭環境上施設や里親など社会的養護を必要とする児童は、約 46,000 人とされている。そのうち乳児院・養護施設に措置されている子どもは、31,900 人、里親に委託されている子どもは、ファミリーホームを含めて 5,407 人である。日本の社会的養護は施設偏重型で、保護者のもとで監護されない子どもは代替的家庭環境を用意すべきだとする子どもの権利条約などの基本的理念からすると遠いところに位置している。

　このような状況に対して、国は社会的養護の将来構想として施設ケアの小規模化、里親やファミリーホームの推進を掲げ、里親ファミリーホームへの委託を 2015 年には、16％ に引き上げることにしている。

(2) 児童養護施設における小規模化の現状

　厚生労働省の調査（2012 年 3 月調査）によると、2012 年 3 月現在では、全体 552 施設のうち、大舎（20 人以上が生活する施設）が 280 施設（50.7%）、中舎（13〜19 人）が 147 施設（26.6%）、小舎（12 人以下）が 226 施設（40.9%）となっている。

　第 64 回国連総会の代替的養護に関する決議（厚生労働省家庭福祉課仮訳、2009 年 12 月）によれば、「施設養護と家庭を基本とする養護とが相互に補完しつつ児童のニーズを満たしていることを認識しつつも、大規模な施設養護が残存する現状において、かかる施設の進歩的な廃止を視野に入れた、明

確な目標及び目的を持つ全体的な脱施設化方針に照らした上で、代替策は発展すべきである。…（略）…この脱施設化の目的及び方針を十分考慮すべきである」として、「施設養護を提供する施設は、児童の権利とニーズが考慮された小規模で、可能な限り家庭や少人数グループに近い環境にあるべきである。当該施設の目標は通常、一時的な養護を提供すること、及び児童の家庭への復帰に積極的に貢献することであり…（略）…代替的な家族環境における安定した養護を確保することであるべきである」としている。

　日本も小規模化や里親委託を国の方針としているが、一方で里親委託の不調の多さなどをあげて施設養護の意義を強調するなどして、施設養護を維持しようとする考え方も多くある。現代における施設養護をみるかぎり、社会的養護の子どもの多くが措置されている現実があり、施設養護の存在を否定することはできないが、少なくとも子どもの最善の利益を基盤とするならば、より家庭環境に近い暮らしを追求する中で里親や養子縁組里親に傾注すべきであり、社会的養護を必要とする子どもであっても家族で養護されるように社会的支援を拡充することが目的化されなければならないと考える。

2　児童養護施設等における安心と安全の確保

（1）　施設養護における子どもの安心の確保の考え方

　先述の国連決議は、「養護を受けている児童は、自分の処遇や養護の状況に関して苦情や懸念を訴えることのできる、既知の効果的かつ公平な制度を自由に利用できるべきである」と示している。

　施設生活における苦情や体罰などによって権利侵害を受けた場合には、子どもはアクセスできる公平な制度が必要であり、当事者の意見をしっかり聴いたうえでこのような制度を設けることが必要なのである。

（2）　入口の安心と安全（措置制度）

　子どもが施設や里親で養護される仕組みとして、日本には措置制度がある。児童虐待などによって家族からの分離が必要とされる場合や保護者が子どもの監護を放棄したり、あるいは保護者の監護下に置くことが適切でないと判断されたりしたときに、都道府県知事は児童福祉法や児童虐待防止法の規定に基づく行政命令（行政処分）として、子どもの安全を優先するために施設や里親への措置を行う。もちろん施設や里親への措置は、子どもの安全を守

る最後の砦であり、家族や子どもへの相談支援を尽くした結果行われる。

　措置は子どもの安全を最優先して、子どもの利益の確保のために行われるのであるが、保護者や子どもがその措置に納得しないときには、児童相談所に不服の申立てをして、児童福祉審議会等の審査を受けることもできるし、行政処分の不服申立ての制度を使うことができることになっている。また、保護者等の納得が得られない場合には、児童福祉法28条により家庭裁判所の判断を仰ぐこともできるが、いずれにしても子どもや保護者にとっては、ハードルが高い制度でもある。

　措置における子どもの権利擁護においても、措置先の選択に子どもが必ずしも関与できるようにはなっていない。カナダの「子どもの権利ノート」には、ケア計画への参画が子どもの権利として認められているが、東京都の「子どもの権利ノート」には、知る権利として「聞くことはできる」とされているが、参画することは権利として明記されていない。そのため子どもには、自分がどこに措置されるかについて決定されるまで知る機会がほとんど与えられないなどの課題がある。子どもが自らの利益を守るために措置先の説明を受け知ることで、自らのケアの決定に関与できるようにすることは、自立支援に向けても大切なことである。

　基本的には、措置制度は保護者の同意や子どもの同意を前提として運営されている。施設措置か里親措置なのか、いつまで措置されるのかなど、基本的な事項の説明を児童相談所はつくしているはずであるが、実態が伴っていない。特に大都市部において、児童養護施設などは定員いっぱいの状況が続き、選択する余地が少ない中での施設措置という状況にあり、子どもが事前訪問など施設の職員からの説明など受けることの機会も少ない。施設によっては、運営の方針がさまざまであり（生活管理規則・宗教行事・集団構成・進路選択・面会の条件等々）、子どもが選択をする必要性が存在している。里親においても同様であり、とりわけ進路選択などにおいては、養育方針などが重要なファクターとなるが、現状では子どもがそれらを知り選択をすることは少ない。

　措置に関しての苦情申立てにおいても、子どもが直接第三者機関（児童相談所以外）に申し立てる制度はない（保護者は、措置に関しての不同意の申立てを、児童相談所を通して児童福祉審議会への審査請求、あるいは措置の取消しなど求める行政処分取消しの申立てとして、行うことができる）。

(3) 児童養護施設等における苦情処理（救済）

①運営適正化委員会制度

　社会福祉サービスの苦情処理のシステムは、社会福祉法83条に規定された「福祉サービス運営適正化委員会（以下、運営適正化委員会）」がある。そこには、「都道府県の区域内において、福祉サービス利用援助事業の適正な運営を確保するとともに、福祉サービスに関する利用者等からの苦情を適切に解決するため、都道府県社会福祉協議会に…（略）…社会福祉に関する識見を有し、かつ、社会福祉、法律又は医療に関し学識経験を有する者で構成される運営適正化委員会を置くものとする」とされ、社会福祉サービス事業者は運営適正化委員会からの助言や勧告を受けたときには、その決定を尊重しなければならないとしている（法84条）。運営適正化委員会は、申立内容に関して調査を行い、委員会での協議を経て助言や勧告を行って苦情解決を図る。運営適正化委員会の勧告は法の規定によって尊重されるものとされ、勧告等の結果についても都道府県に報告が義務づけられている。

　厚生労働省通知である児童福祉施設の設備及び運営に関する基準（昭和二十三年十二月二十九日厚生省令第六十三号）は、14条で「児童福祉施設は、社会福祉法第八十三条に規定する運営適正化委員会が行う同法第八十五条第一項の規定による調査にできる限り協力しなければならない」「都道府県又は市町村から指導又は助言を受けた場合は、当該指導又は助言に従って必要な改善を行わなければならない」としている。児童養護施設等におけるサービスへの苦情（体罰や虐待などの不適切な対応等）は、都道府県に認可監督権限等があるため都道府県社会福祉協議会に申し立てることになる。

　この制度の課題は、運営主体が都道府県社会福祉協議会にあることだ。運営適正化委員会は、社会福祉協議会が、社会福祉に関する識見を有し、かつ社会福祉、法律または医療に関し学識経験を有する者から委員を選任して構成する（法83条）。しかしながら、社会福祉協議会は社会福祉事業者によって構成されていることなどもあり、委員の選任などが適正に行われるかの疑義が生じ、第三者機関として認められるのかという課題がある。運営適正化委員会の設置主体である社会福祉協議会が事業者の集合体であることなどから、調査の公平性や公正さについて、第三者機関としてどのように適正化を担保するのかがわかりにいくい。本来ならば行政や事業者団体の枠外に置くことで第三者機関として適正さは保たれるので、この制度の限界や課題が

みえる。

　さらに、運営適正化委員会の調査権限では、児童福祉施設の設備および運営に関する基準（最低基準）において、できるかぎり協力するとされ、その結果は都道府県に報告され、施設は行政指導に従うことが示されている。そうであっても子どもへの権利侵害（施設内体罰等）において、はたして施設（事業者）が調査への協力をするのかという課題がある。また、運営適正化委員会からの報告を受けると都道府県（政令市等）は、児童福祉審議会に報告をして児童福祉施設の設備および運営に関する基準に基づき施設が適正な運営（最低基準違反等）かどうかを審査することで、事業者への勧告なども行っているが、児童福祉審議会にしても委員に事業者団体の代表が含まれるなど、子どもの権利擁護の第三者性に関して適正であるとはいえない。

　さらに子どもへの周知（施設内体罰等に遭遇した時の通知先など）にしても、実際にはほとんどされておらず、知らない制度を子どもが利用できるのかという問題と、施設で暮らす子どもたちに限られた手段で運営適正化委員会にアクセスできるのかという課題がある。

②苦情処理委員会

　子どもの苦情処理に関しては、施設の自助解決手段としての制度として苦情処理制度がある。施設は、児童福祉施設の設備および運営に関する基準（14条）に基づき、苦情を受け付ける窓口（苦情受付担当者）を設置し、公正な苦情を解決するために職員以外の者を関与させ、施設（苦情解決責任者）が苦情に関する回答をする制度を設けている。職員の不適切対応等やケアについて苦情や改善に関する意見があれば、子どもはこの苦情処理の窓口に申し出て、改善等を求めることになっている。

　苦情処理の窓口となる苦情受付担当者は、施設長や直接処遇職員ではない職員をあてることになっており、苦情解決責任者である施設長（理事長等）は苦情の内容等を公表して、施設として苦情解決のための見解などについても公表することになっている。

　この制度の課題は、子どもからの苦情の秘密が守られるかどうかにかかる。施設規模が小さくなるほど、苦情の匿名性の確保は難しく、そのために苦情申立てをする子どものリスクが大きくなる。また、施設が第三者を選任して苦情解決へのプロセスにかかわらせることで第三者性や子どもの権利擁護を

図ることが目的とされているが、少なくとも施設が直接苦情の窓口となっていることや解決等の回答をすることになっていることなどにかんがみ、子どもにすれば苦情申立てのリスク回避が図りにくいと感じることは否めない。たとえば、子ども自身がかかわる施設生活についての決定プロセスなどへの苦情であればあるほど、施設や職員にとっては苦情の存在そのものが問題とされやすく、苦情の内容への対応が苦情を申し立てた子どもへの対応（問題のある子どもという）にすり替わっていくリスクがある。

　施設ケアにおける苦情処理の対応は、子どもの最善の利益を守るなどの権利擁護が基盤になければならないが、集団の管理や施設運営の効率化、職員の勤務対応への利便性などによってケアの内容や施設運営が規定される要素が大きく、子どもの自立性や自治性などが考慮されない条件が多く存在しているなかで、この制度の実効性を施設に求めることにはおのずから限界がある。そもそもケアの質や生活管理の問題は、苦情処理に任せるのではなく、職員と子どもによる協議や討議に基づく決定によって解決されなくてはならない問題であり、苦情申立てによって施設が回答して解決するというプロセスは、子どもの自立支援や民主的価値観、権利擁護などにはなじまない。

　大きな課題は、権利侵害事案の発生時の解決手段としての効果である。体罰や虐待（ネグレクト等含む）など子どもが救済を求める事案に関して一方の当事者となる施設や職員に通報をするこの制度は、子どもの安心と安全の確保においては大きな課題である。外部の第三者への通報も考えられるが、施設が委嘱をした者が施設と子ども双方への公正性が確保できているかどうかも課題である。

③子ども権利擁護委員会制度等
　埼玉県子どもの権利擁護委員会（条例設置）、東京都子供の権利擁護専門相談事業（要綱設置）、秋田県子どもの権利擁護委員会（条例設置）など、国の制度以外の自治体による権利擁護の仕組みも少なからず設けられてきている。いずれも調査権限や第三者性が明確に規定されている。また、子どもの権利ノートなどとリンクをして権利擁護機関にアクセスしやすい仕組みなどの工夫もみられ、子どもたちにも周知活動などが行われているが、社会的養護の子どもたちに特化した制度というものではなく、いじめや体罰など広く子ども全体を対象にした制度となっている。

これらの課題は、条例等を制定する自治体によって権利擁護機関の権限の範囲や役割が規定されることにある。児童養護施設などの指導監督権限は都道府県（政令市）に属しているので、権利擁護機関も条例での設置が必要である。また、全国的なスタンダードな制度として確立されていないことも課題である。

3　社会的養護の子どもたちの安心と安全を守る仕組みづくり
（1）　里親制度における安心
　社会的養護の子どもへの権利侵害については、児童養護施設等の施設型ケアにおいては、第三者サービス評価事業や福祉サービス運営適正化委員会などの制度により、少なくともカバーされている面もある。その一方で里親委託された子どもの権利侵害救済の制度については、措置機関である児童相談所での対応が主となり、第三者による調査や検証をする仕組みはない。社会的養護が施設か里親かによって、子どもの権利擁護にかかわるセーフティーネットの格差が現に生じていることは確かなことである。
　里親委託の促進は先にも述べたとおり代替的家庭環境を提供する上では必然的なことであるが、社会的養護としてのサービス評価を里親だからといって行わなくてよいことにはならない。里親も社会的養護の担い手として社会的責任が生じることになり、公正かつ公平に評価を受けることで子どもの安心に寄与することは必要である。そのためには、里親を専門的にサポートするバックアップ機関も必要であり、権利擁護の礎になる研修等の学習機会や虐待防止のためのレスパイト（一時的な休息）を保障するなどの制度化（専門機関の設置）も必要である。

（2）　セーフティーネットとしての子どもの権利擁護第三者機関の設置
　児童虐待などによって心的なハンディを背負う子どもの理解は簡単ではない。そうした子どもの安心と安全を確保し必要な救済に当たることは容易ではない。だからこそ子どもの発達を理解し、子どもの権利侵害の訴え（声なき声）をアドボケイトする専門性が重要である。子どもにかかわる専門的知識や法的制度などの知見が必要となる。相談・調査・調整などにおいて子どもの最善の利益を確保し実現することができる人材が配置されなくてはならない。

児童養護施設や里親の子どもたちが「かわいそうな子ども」とされ、保護される客体として「哀れみ」の対象とされ、保護するおとなたちの都合で措置されている。大切にされてこそ子どもは自立への道を歩むことになる。措置の入口から施設や里親でのケアにおける子どもの安心と安全を護ることは、児童福祉法が目指す子どもの自立を育てていくことになる。セーフティネットが確立されることで、子どもの安心が子どもの育成に寄与し、子育て支援の基盤となっていくことは疑いのないことである。映画『隣る人』などにみられるように、子どもの意見が大切にされないで、おとなの意見によって子どもの処遇が決められていくようなことが、あたかも措置している側の美談であるかのようなケアが評価され、そのことが施設養護であるかのように語られるようであってはならない。

　社会的養護にかかわる機関を第三者が検証し、そこで暮らす子どもたちの暮らしを見守り、権利侵害の訴えに耳を傾け、子どもたちの意見を聴き、子どもたちへの説明責任を果たすことが、おとなへの不信を取り除くことになる。施設であれ里親であれ、子どもが自らの権利を主張し実現することで、自らの利益を自らの力で確保するようにするバックアップ機関として、第三者性を確立した子どもの権利擁護機関の設置が自治体や国に求められる。

　安心できてこそ自らの自立が図れるというのは、なにも社会的養護の子どもだけではない。社会的養護の子どもたちにかぎらず、子どもの権利侵害にかかわる第三者機関がなければ、子どものセーフティーネットを構築することはできない。その権利擁護機関としての権限や役割を明確にすることが必要であり、その権限や役割が社会的養護の子どもにかかわらず、すべての子どもにおよぶことが必要である。

[参考文献等]
厚生労働省「児童養護施設入所児童等調査の結果」（平成25年2月1日現在）、「社会的養護の課題と将来像」（平成23年7月、児童養護施設等の社会的養護の課題に関する検討委員会・社会保障審議会児童部会社会的養護専門委員会とりまとめ）
東京都社会福祉協議会「福祉サービスにおける苦情解決のための対応マニュアル」（平成25年5月）
全国社会福祉協議会「苦情受付・解決の状況　平成26年度都道府県運営適正化委員会事業」（平成27年10月）

7 フリースクールにおける子どもの相談と支援

奥地圭子（NPO 法人東京シューレ）

1　フリースクールとは

　フリースクールとは、学校外の子どもの居場所・学び場・遊びや活動の場である。日本では、1975 年あたりから増加していく不登校（当時「登校拒否」）を背景に、80 年代半ばから、徐々に市民の手でひろがっていった。私は、「登校拒否を考える会」という親の会の協力で、1985 年「東京シューレ」を開設し、以来ちょうど 30 周年を迎えた。

　学校外の場であるフリースクールには、主として学校に行っていない子どもがやってくる。中には、完全に不登校というわけではなく、時々学校に行くが、あとはフリースクールに来る、という子どももいる。

　フリースクールに行けるなら学校にも行けるはずだという無理解な言葉を何百回聞いてきたことだろう。子どもたちは好き勝手に学校に行かなくなるのではない。学校は行くものとされているし、行かねばならないところとも思っている。しかし、学校でいじめや対人関係の傷つき、自分に合わない学習指導や生活指導、教師への不信感、部活のしごき、頑張りすぎからの疲れ等々、学校が何らかの意味で苦しかったり、居づらくなったりして、学校と距離をとらざるをえない、またとることになってしまう現実がある。そして、それは、問題のある子がなるのではなく、誰でも起こりうることである。

　「誰にでもおこる登校拒否」という表現は、1992 年に、すでに国が使っている。そのとき国は、はじめて、学校以外の「民間施設」で育つことも少し認めた。「少し」というのは、その年からフリースクールに通う日数を学校の出席日数に認める、というものである。それに伴い、市民側が運動して、小中学生は通学定期を使ってもいいことになった。16 年後、高校に在籍し

不登校になり、フリースクールに通う場合も認められるようになった。

　ただし、学校制度との橋渡しは、出席認知と通学定期の2つのみであって、ほかの公的支援は基本的にない。フリースクールを成り立たせるにはお金が必要であるが、公的支援はないため、親・市民がお金を出しあい運営、あとは助成金さがしや寄付集めをしながらやっと維持している所が多い。また、親の就学義務があるから、フリースクールに入会し、学校にはまったく行ってなくても、その子どもの籍は学校に置いておくことになっている。そのため学校との関係で悩みは生じる。「いつまでフリースクールをひきずるの」といわれた子どももいる。また、フリースクールへの理解がある社会とはまだまだいえない日本である。

　しかし、フリースクール育ちで今、学生、社会人、家庭人となり、自分らしい人生を歩んでいる人も多い。日本社会の中に、フリースクールが芽を出して30年、今や子どもが学び育つ場として、必要不可欠な場となっている。というのも、学校教育一本の体制では、現代の子どもの多様な状況、多様な個性を受けとめきれなくなっているからである。国も、フリースクールで学ぶ子どもや親への支援を検討し始めているのは、当然の方向性といってもいいことであろう。

2　フリースクールにおける相談の重要性

　フリースクールを活用する子どもや親は、その多くが学校に行け（か）なくなるまでに、たいへん苦しい思いを経験している。その上に、学校に行け（か）ないそのこと自体を理解してもらいにくい。甘え、弱い、逃げている、こらえ性がない、などと否定的な見方をされ、子ども自身も、学校は行って当然という認識しか与えられていないため、登校できない自分はダメ人間ととらえている子どもが多い。親も学校に行って当然という社会通念のもと、子どもを責めたり自分の子育てを自責したりしている。子どもは、もっとも苦しい時にはフリースクールに来ることはできないが、ゆっくり安心して、学校を休んで、心も少し落ち着き、エネルギーもやや充電できてくれば、本人の気持ちが外に向くようになり、見学にやってきたりするようになる。

　しかし、はじめの頃は、まだまだ不安や人への恐怖心が残っていたり、知らない人や人数が多い場では緊張したりしてしまう。楽な気持ちで通ってくるためには、そして、自分の抱えている問題や悩みに対応するためには、相

談が重要になる。相談の内容がはっきりしているわけではないことも多いから、「よく聴く」ことが大事といってもいい。

　中2でフリースクールに入会してきた子どもは、いじめを長期に受け、とうとう学校に行けなくなった。しかし、母子家庭で母は育てるのに必死だから、登校させようと必死になり、家庭もつらい場所となった。閉室時刻になってもなかなか帰ろうとせず、彼女は2週間泣き続けた。くる日もくる日も、私たちが話を聴き続けて数か月、しだいに落ち着き、フリースクールの活動に参加するようになり、通信制高校から大学に進学した。大学では、困っている立場の人を助けたい、と「難民サークル」に入り、今では国連の職員として難民支援の仕事をやっている。彼女は、「あの時しっかり話を聴いてくれて、今がある」とよくいっている。フリースクールでは、相談は学習以上に、大きな意味をもっていると感じる。

　少し落ち着いても、子どもにとって相談したいことは、次々出てくる。学校の先生がこういってきたがどうしたらいいのだろう、友達に会いたくないのにすごくメールを入れてくるヤツがいる、親がわかってくれなくて今朝はバトルになってしまった、学校に行っている弟が「学校に行ってないくせに」というのが許せないが何もいえなくなってしまう、自分はこんなにゆるいところにいていいのか、将来のことを考えると学校へ戻って受験勉強しないといけないのではないか、あのスタッフに誤解されているような気がする等々、多岐にわたる相談が出てくる。まず、それらについて「相談するという行為に出るのがすばらしいね」と伝える。相談できれば、問題の半分は解決しているようなものだ。問題を捉える力があった、言葉にできた、人に伝えられる力があった、そんな関係の人がいた、ということなのだから。

　保護者もまた、相談できる重要性は同じである。フリースクールに子どもが入会しても不安や心配ごとはつきない。学校がいろいろいってくる。「子どもが先生に会いたくない」といっているのに、「お母さんの話だけでは困るんです。本人確認できませんから」と担任がしつこいのをどうしたらいいのか、フリースクールに入ってもあまり通わないが、いいのだろうか、夜昼逆転した生活で心配です、ゲーム漬・スマホ漬の生活だがこのままでいいのだろうか、最近クスリを勝手に飲まないのだがいいのか、うちは発達障害の傾向があるなと思っているが、医者に診断を受けにいくべきか等々、枚挙にいとまがないほど保護者の相談もある。そしてそれらについて、親がどう考

えているかは、子どもに直接影響があることなので重要である。

　小6の男の子の親から、「家に帰ってくるとちょっとしたことで暴れて、壁は穴だらけ、ものは投げつけ散乱しこわい」と話があり、早速お会いした。小学校入学からの学校生活では、1～2年はしつけの厳しい先生で、3～4年は学級委員できちんとこなし、5年はこわい男の先生で、2学期から行かなくなったという。親は毎日送っていったが校門からひき返す毎日で、通院も始めた。朝は起こしてもなかなか起きず、つい怒鳴ってしまってから暴力が出るようになった、「あんないい子だったのに考えられません」と。「お母さん、この流れって暴力が出て当然なんですよ。お子さんの気持ちで考えてみませんか」と一緒に考えていく。すると、しだいに、子どもがどれほどつらかったか、にもかかわらず親はよかれと思ってよりつらい気持ちになることを必死でやってきて、子どもは追いつめられてしまい、こんな反応を出している、ということに気づいていただけた。そして、子どもとのかかわりを変えながらやっていただき、また一緒に考える。すると子どもは落ちついていく。家庭が居場所になれば、はじめて子どもは、安心して、音楽だ、スポーツだ、学習だ、など自ら興味があること、やってみたいことに取り組んでいけるのである。親が不安のままであったり、自分のことだけでいっぱいいっぱいであったりすると、子どももなかなか安定しないのである。

3　フリースクールにおける相談体制

　では、フリースクールでは、どんな体制で子どもや親の相談に対応しているだろうか。

　まず、フリースクール会員と外部の人に分けられる。フリースクール会員である子どもたちの相談は、日常の活動の中でスタッフやボランティアに投げかけることが多い。学校は次々と時間割どおりにコマをすすめるため、教師に相談しようにもしにくいが、フリースクールは授業や講座に選んで出たり、皆でやるようになっていてもゆるやかな進め方であるところが多く、スタッフに話しかけやすい。また、スタッフも気になる子どもに声をかけやすい。「あとでね」というときもある。夜に子どもから長い電話が入るときもある。メールを出して、きり出しやすくするときもある。「じゃ、あす何時に話そう」という約束で終わるときもある。

　フリースクール会員の親はどうだろう。東京シューレでは毎月保護者会を

開催しているため、保護者会で自分の気になることや不安、悩みなどを出していただき、スタッフはもちろん、そこに参加している保護者皆で経験や意見を出し合って、一緒に考え合っていくスタイルをとる。これは、親の会をやっているようなもので、ずいぶんと有効である。「ゲームばかりやっている」とか、「昼夜逆転」とか、教科学習をしないけれどいいのか、といった不安や相談事項は、多くの親の体験が参考になるし、多くの子どもはそうしていることを知り、卒業生たちの自立している例を知るとあせらなくなる。また、皆の前では出しにくい相談は保護者会の前後を利用して個別相談の時間をとることもしている。気になるときは、親側からでもスタッフからでも相談したいことをもち出し、相手にいう。常時、メールを入れたりもするが、なるべく直接会って話すようにしている。

　外部の人からの相談も常時入ってくる。外部相談を受けるか、受けないかはフリースクールにもよるが、東京シューレでは設立当初からずっと受けている。主として電話であるが、来所相談も場合によって受ける。電話相談は、スタッフも受けるが、長い間ともに親の会をやってきた親の方にも受けてもらっている。フリースクールによっては、カウンセラーを配置している所もなくはないが、そこまでの財政はないし、また、子どもとかかわるのはスタッフの方がいい、という考え方もある。スクールソーシャルワーカーに協力してもらっている所もある。フリースクールの中には、親の会が土台になって子どもの場をつくることになった所もあるため、親の会が相談機能をもっている所もかなりある。

　親の会は、専門家ともまた異なる力をもっている。新しい方が相談の電話をくださった時、シューレでは親の会をすすめているが、親の会で学んでこられた保護者の方は落ち着かれ、子ども・若者の側に立って最善の利益は何か、気持ちに寄り添うとはどういうことか考えられるようになり、子どもも楽になったり、元気になったりしていく。体験からくるアドバイス、多くの情報があること、自分の子どもの状態がどういうことなのかみえてくること、などの他、自分の話をいえる、聴いてもらえる、わかってもらえるという点も気持ちが楽になることにつながるのである。

4　相談活動で大切なこと

　フリースクールでは一般に、子どもが相談する人で、スタッフが相談を受

ける人、という定型が多いとは思うが、シューレではそうとは限らない。フリースクールフェスティバルでは、去年も今年も、子どもが相談員となり、来場したおとながその子どもに相談をする、という企画がもたれた。子どもの気持ちは、子どもの方がわかるから、好評だった。また、フリースクールでは、ミーティングや実行委員会を開いてさまざまなイベントをやったり、問題を解決したりしているが、このとき、子どもとスタッフは対等な立場で話し合っている。相談し合っているのである。もともと漢字をよくみると「相談」は「あい談ずる」である。相互に話し合うのが相談なのである。子どもがあるスタッフに「相談したいんだけど」といい、スタッフが「ウン、いいよ」と始まった話があるとする。そのとき、スタッフの方が何かわかっていて、いい答えをもっているかのようにみえるが、そうではない。子どもが求めているのは、ともに考えてくれる人であり、上から目線は望んでいないし、指導されたいわけでもない。そういう意味では、よく「支援者」というけれど、相談と支援は少し違うということを理解しておく必要がある。結果的に、相談できたことが支援になった、ということはあるが、相談を受けたことが即支援とはいえない。

　相談する人と相談員は信頼できる関係にあることが何より大切になる。相談するとき、何でもいえるためには、信頼できて安心ということと同時に、話しやすいということが必要で、そのためには何かをいったとき、すぐ否定されないことだ。そして、話して、共感が得られる点も大事であろう。その上で、聴いた話を不用意にもらさないことだ。

　若いスタッフにありがちで少し気になるのは、依存させてしまうことがあることだ。信頼と依存は似て非なるものだと思う。信頼して相談員に何度も話を聴いてもらううち、相談員がいないと生きていけない気持ちになり、相談員ははじめ信頼されている嬉しさからいわれるままにベッタリした関係をとっていく。そのうち適切な距離がとれなくなり、お互い苦しい関係、不満な関係になってしまうことがある。

　むしろ大切なのは、主体が育つことなのである。相談によって、より自分のアイデンティティがはっきりし、歩いてみる、歩くことが自分で選びとれているなら、それは主体性を育てるのである。子どもが、相談員（スタッフ）のいうとおりにしたらいいわけではない。それだといつも相談員が必要になってしまうのである。自分が考え、判断し、行動を選びとるとき、それ

は主体をしっかりさせていくことにつながる。相談員のいったように動いたとしても、それは自分もそう思うからそうする、というのが重要だと思う。

　さらに深い認識が求められるのは、子どもの言葉である。たとえば、母親に「死ね、くそばばあ」といっている子がいる。これは本当に死んでほしいのではなく、その反対だ。母親にわかってほしい、母親に受け入れてほしい、もっとも求めているのは母親なのだ。しかし、「学校どうするの？」「いつになったら勉強するの」などという母親はいらない。つらくてたまらないから、それがわかる母親になって、という子どもの訴えなのである。

　また、学校に行けない自分はダメ人間だ、人間のクズだ、生きていても価値がない、と思ってしまっている子どもは、どうあがいても登校できるようにならないので苦しくてたまらなく「死にたい」「殺してくれ」というときがある。いや、親にそういうので、いわれた親が困ってスタッフに相談したりする。「死にたい」という子どもに、多くの人は「死なないで、死んじゃダメ」などと止めるだけの言葉をいったり、「生きていればきっといいことあるよ」となだめるだけの言葉を吐いたり、「いのちは一回きりだ。死んだら終わりだよ」と説教めいたことをいいがちだ。しかし、その言葉の表面でなく、どこから出ている言葉かその奥を考えると、本当につらくて、死ぬほどつらい、死んだ方がましと思えるくらいつらいときの言葉なのである。そうであるなら、言葉への反応の前に、死ぬほどつらいそのつらさに、スタッフが共感することこそがまず大事であろう。共感してくれる人がいる、ということを感じたとき、その子どもはきっと何かが変わるのである。それがいのちをつなぎとめるのだと思われる。

　また、信頼を保つことと関係あるが、「これは親にいわないでくれ」と子どもがいった場合どうするか、という難しい問題がある。結論的にいうと、保護者だから子どものことは伝えるべきと決めつけるのでもなく、子どもの信頼をうらぎらないために「いうな」といわれたことはいわないのが正しいのでもなく、事例に応じてその都度ごとに考えるしかない。とくに子どもの問題では、スタッフは保護者になることはできない、ということをよく考えておく必要があるのである。

　その考える基準に「子どもの権利」がある。子どもが一人の人間として尊重されているのかどうか、を考えつつ子どもの相談にのっていく。東京シューレの子どもたちは「不登校の子どもの権利宣言」を2009年にまとめ、全

国子ども交流合宿で採択した。自分たちの体験をもとに全13条にまとめた労作はなかなか素晴らしい。一読をお願いしたい。

　最後に、緊急の場合は、病院、児童相談所、福祉、子どもと家庭のサポートセンター、教育委員会などと専門的連携をうけられる関係をつくっておくのは必要なことと思う。

おわりに

　「相談」からは、世の中がよく見える。
　子どもに「休む権利」があるというのに、学校はあいかわらず登校できませんか、という対応である。また、保健室登校は本来望ましくなく教室で授業を受けるべき、という考え方から、保健室をも閉め出す学校がある。そうやって居場所をなくした子どもは、どこで過ごすようになったか。聴いて絶句したが、階段の踊り場登校となった。給食もそこへ級友がもってくる。踊り場から離れられず立ったり座ったりしながら1日を過ごす。時々踊り場のガラス窓からみえる皆がスポーツをやる姿をみているという。それで1年半。教師も親も何をしているのだ、と思う。
　別のケースで、病院に強引に入れられた子どもがこっそり連絡をとってきた。よく知っている子どもで精神的病気ではまったくない。入院の理由は昼夜逆転とゲーム漬をなおしたい親がだましてつれていき、医師が即刻入院を告げ、1週間は独房部屋に入れられて、ここから出たいがどうしたらいいか、という話が数か月後きたこともある。
　国がフリースクールへの通学定期適用を20年も前に決めているのに、それを認めない校長や鉄道機関があり、いまだにその相談がある。いじめでついに行かれなくなり、実家のある地域に転校しようとしたら、特別支援学級のある学校を選べといわれて受けつけてもらえなかったケースがある。公立でそんなことはできないはずなのだが、困った親は友人のアパートに居を移し住民票をとり、その学校に就学通知をもっていったら「子どもの校長面接が必要。きちんと通学する確認がとれないかぎり認めない」といわれ、困っている親子がいる。
　何かおかしいぞ、この国は、と思わされることが多い。相談で当面安心できる道を探しつつも、この国のしくみを変えていく必要を感じる。そして子どもにやさしい社会になることを日々切望している。

8 子どもの居場所づくりと相談・救済

西野博之（川崎市子ども夢パーク）

はじめに——「川崎中1死亡事件」から、子どもの相談・救済を考える

　2015年の2月20日未明、川崎市南部の多摩川河川敷で、中学1年生の男子生徒が殺害されるという痛ましい事件が起きた。さらにショックなことに、逮捕された容疑者も同じ市内在住の17、8歳の少年たちであった。なぜ、私たちは被害者の中1男子のSOSをキャッチすることができなかったのか。そして市内の高校生年齢の3人が、なぜこのような事件の加害者となってしまったのか。被害・加害者双方の少年たちにとって、相談できる人や場所はなかったのだろうか。あるいはまた、かれらが安心して過ごせる「居場所」はなかったのだろうか。

　この年8月には、大阪・寝屋川市でも中1の男女が尊い命を奪われた。このような事件が二度と起きないようにするために、私たちにできることは何だろうか。子どもの居場所づくりを通して、それがもつ子どもの「相談・救済」機能について考えてみたい。

1　ストレスをためる子どもたち——子どもを取り巻く環境の変化

（1）貧困と過干渉

　この社会は急速に二極化が進んだ。子どもの6人に1人が貧困であるといわれているが、この10年の間にも、明らかに暮らしが壊れていると思われる家族に出会ってきた。私が訪ねたその家庭には炊飯器がなかった。母娘2人がともにメンタルクリニックに通う母子家庭で、うつを患う母は子どもの食事や身の周りの世話をしてあげることもできない。生活保護費が支給された晩に娘が夜中のコンビニに行っておにぎりを買い占め、それを冷凍庫と

冷蔵庫に分けて入れて、おなかがすいたら1個ずつ取り出して食べる日々だと語った。また、6畳一間に5人で生活している家族や布団がないと語る少年にも出会ってきた。貧困の進行によるネグレクトから、おなかをすかせ、ストレスをためている子どもが増えている。
　その一方で、少子化が進行する中、親から過剰なまでの期待と干渉を受け、その期待に応えようと「いい子」を演じ続け、心身ともにストレスをためこんでいる子どもも少なくない。子どもの評価が親である自分の評価につながるとばかりに、極度に失敗を恐れ、「正しい親」をがんばろうと、子どもを追い詰める。子どもたちはどこでストレスを発散し、心にたまったつらく、苦しい思いを、誰に受けとめてもらうことができるのだろうか。

(2)　「自立」と「孤立」

　昔と比べて、子どもが変わった、わからなくなったというおとなの声を聞く機会が増えた。本当に子どもは変わったのだろうか。いやむしろ、おとながつくってきた社会環境が変わったのではないだろうか。いつの間にかおとなが「孤立」を深めるようになった。おとなが身近な人を信頼する力を失い、夫婦・親戚・地域・友だちなどとのつながりが薄れつつある現代。「自立」が叫ばれるようになって、「孤立」が深まったという話を聞いた。なるほどと思う。他人の世話にならず、なんでも完璧に自分でこなす。迷惑をかけずに生きていくことを「自立」と呼ぶようになって、世の中に息苦しさが増えていった。自己責任を過剰に問う時代の中で、人々は周りの目を気にしながら、ちぢこまって生きている。「自立」とは、適度に人に依存し、みんなと助け合って、お互いさまで一緒に生きていける力なのではないだろうか。

2　子どもの「相談」の特性
　　──おとなはなぜ子どものSOSに気づきにくいのか

(1)　思春期の子どものSOSと「相談」

　そもそも思春期の子どもたちというのは、それまで正しいと思って、信じて疑わなかった価値観を疑い、壊し、新しく自分の価値観をつくり直そうとする時期でもある。「先生はうそつきだ。親も周りのおとなも、みんな汚い」。そんなおとな不信の時期だから、簡単におとなに救いを求めたりはしない。容易におとなを信用しない。

今回のような事件が起きると、その再発防止に向けて、行政から出される相談機関リストの数々。こんなにたくさんの相談機関があったのかと驚く一方で、それらの機関の違いがどうもわかりづらい。子どもがそこに書かれている場所を訪ねてみようと決心するにはハードルが高く、わずらわしさから、結局足が向かない。そもそも子どもは知らない人に自分の大事な悩みを容易には話さない。不特定多数のおとなではなく、名前を知っている、顔がわかる特定の信じられる人を求めているのだ。「この人に話しても大丈夫なんだ。少なくとも自分が話したことを悪いようにはしない」あるいは「自分の悩みやつらい思いを聴いて、受けとめてくれそうだ」という「安心」がもてなければ、こころを開かないし、けっして自分の気持ちを話そうとはしない。特別な場合を除いて、子どもが助けを求めるときの根本原則は、安心できる人間関係があることである。ただ単に、「困ったことがあったら、おとなに相談しろ」とか「おとなを信じて」といわれても、子どもには通じない。相談機関の名前や電話番号を知らされても、名前をもたない、顔が見えないおとなを、子どもは信じようがないのだ。

　また、子どもたちの多くは、助けて（支援して）あげようという「臭い」が強いおとなからは遠ざかろうとする。自分の経験からは、お互いの境界線を意識しつつ、「あなたの味方でありたいと思っている。敵じゃないよ」というくらいの近すぎない距離にいるのが、安心の関係を続けるコツでもある。

（2）　子どもはなかなか言葉にして助けを求めることができない

　今回のような事件が起きると、おとなたちは「なぜ、子どもはおとなに助けを求めなかったんだろう」という。そもそもこの発問に大きな誤りがある。子どもとのつきあいから学ぶのは、なかなか子どもは言葉で助けを求めることはしないということだ。つらければつらいほど、飲み込む。思い出したくもないのだ。虐待やいじめが発覚しにくいのは、ここに鍵がある。そしてどんなにつらくても、親をかばう。おとなに心配をかけまいとする。いじめられているということを受け入れるには自分のプライドが許さず、助けを求めることに躊躇する。親やおとなにいっても、解決できないばかりか、かえって被害が大きくなることを恐れて、だんまりを決めこむこともある。それでも、もっていき場のない悲しみや怒りは、毛穴からにじみ出てくる。ため息やうめき声となって、放出される。足をドンドン踏みならしたり、壁をたた

いたり、頭をぶつけたり。つらく苦しい思い、不安や恐怖、悲しさなどを、不器用な表現ではあるが、そのまま受けとめてほしいのである。でもおとなたちは、その子どもの態度に怒り、叱責する。「ごにょごにょいっていても、わからないだろう。はっきり言葉でいいなさい」。でも言葉にできるくらいだったら、もう半分は問題が解決しているのだ。子どもの現場では、かれらの言葉にならない思いをどのように受けとめ、どう寄り添うかが大切なのである。簡単には整理できない話にじっと耳を傾け、言葉にならない思いを受けとめてくれる存在をたった一人でも手に入れることができたら、子どもはその問題と向き合い、自分の頭で考え、問題を解決し、また自分の足で歩き出す力をもっているのである。

3 居場所がもつ「相談・救済」機能

　川崎市中学生死亡事件にかかわる専門委員会（外部有識者会議）のメンバーとして、事件の検証にあたったが、私たち委員が口をそろえていったのは、子どもの「居場所」の必要性であった。不登校をしていた中1の被害生徒に居場所があったなら、夜中に多摩川河川敷にわざわざ出かけていかなかったのではないか。また17、8歳の3人の加害少年にも居場所があったなら、こんな事件を起こさないで済んだのではないか。なぜ、かれらのSOSに気づくことができなかったのか。どうしてこのような事件をくいとめることができなかったのか。ここでは、川崎市子ども夢パークの取り組みを例に、居場所がもっている「相談・救済」機能について考えてみたい。

（1）　遊びがもつ力

　およそ10,000㎡の広い敷地をもつ公的施設「子ども夢パーク」は、プレーパーク（冒険遊び場）のほかに、フリースペースや夜間照明つきの全天候型スポーツ広場、思いきりドラムやギターの音だしができる音楽スタジオもある複合施設で、毎日朝9時から夜9時まで開いている。学校が終わってからここにやってきて閉園時間ぎりぎりまでずっと遊ぶ子どもや、朝からほとんど毎日のように来ている子どもたちもいる。

　プレーパークは「ケガと弁当、自分持ち」「自分の責任で自由に遊ぶ」をモットーに、できるだけ「禁止」の看板をもたない遊び場づくりに取り組んでいる。やってみたいことに自由に挑戦できる環境というのは、日ごろ自分

の中に鬱積していたストレスを発散させることのできる最善の環境でもある。子どもは日常抱えている悩みを、相談という特殊な関係におかなくても、一緒に友だちと遊んだり、ここでスタッフなどおとなとの交わりを通じて、いつの間にかそれが薄まって解決したり、癒されたりしているのである。

　また、焚き火で暖をとったりかまどでご飯をつくったり、友だちと一緒にどろんこになって遊び、工具を使って遊具や小屋をつくる。ただ黙々と鋸をひいていたり、斧で薪割りをしたりする時間の中で、困難に思えていたしこりがとけて解決したり、なんとかなっていくことがある。このように「遊びがもつ力」というものは、子どものこころの成長にとって、重要な要素のひとつなのである。

（2）　発見する「相談」

　なかなか自分から相談機関に行かない子どもたちであるが、遊び場の中では子どもの異変に気づくチャンスが豊富にある。たとえば閉園時間になってもなかなか帰ろうとしない日が何日も続いている。服がかわっていない。近くによると体や髪の毛がにおう。いつもお腹をすかせている。手首に絆創膏をしている。目が腫れぼったい。体に痣がある。私たちスタッフは、火を囲んでご飯をつくりながら、どろんこになって遊びながら、子どもの様子がおかしいことに気づく。遊び場などの子どもの居場所では子どもが相談してくるのを待っているのではなく、子どもの傍らにいるおとなが子どもとの日々のかかわりの中から、子どもの変化に気づいていく。子どもが相談したいことを発見していく。つまり発見する「相談」なのである。居場所にかかわる複数のスタッフなどから寄せられる情報をシェアする中で、親から虐待を受けているケースや親が病気やアディクションを抱えていて子どもの養育が困難になっているケースなど、子どもを取り巻くさまざまな状況が見えてくる。

（3）　「ともに食べる」がもつ力

　夢パークの中には、学校の中に居場所を見出せない、主として不登校児童生徒のための「フリースペースえん」がある。ここには、発達障がいをはじめ、精神や身体に障がいのある人まで、本人の意思で来たいと思う人はだれでも受け入れている。さらに、「えん」は非行が背景にある不登校や高校中退者も通うことができる。今回の事件を通じて、その必要性がクローズアッ

プされた。ここでは「誰もが生きている、ただそれだけで祝福される。そんな場をみんなでつくっていきたい」という理念のもとで運営されており、決まったカリキュラムはなく、一人ひとりが過ごしたいよう過ごしている。できるだけ世間のものさしや評価を持ち込まずに、自己肯定感を育むことを目的とし、夢パーク内で野菜も育てながら、子どもたちと毎日昼食をつくって食べるという暮らしをモデルとした居場所づくりに取り組んでいる。

　この施設の運営を任されているNPO法人フリースペースたまりばは、約25年前から、毎日子どもたちと一緒にご飯をつくって、食べることを活動の基本に置いてきた。「おいしい・うれしい・たのしい」でつながる仲間。当番制ではなく、つくりたい人がおとなとつくる。あちこちから「つくってくれた人、ありがとう」という声が飛び交う。毎日30〜40食用意されるが、「ひとりじゃない」というつながりを実感する中で、子どもが元気になっていく。おいしいものを食べているときはみんな笑顔で、ともに食卓を囲み、ともに食べるという日々の暮らしの中で、子どもが元気を取り戻していく。

（4）　時と場を選ばない「相談」

　居場所での相談の特徴は、面談室で対面して話を聴くといったことは稀なことである。たいていは、台所で野菜を切りながら話が始まったり、ゲームしながらだったり、食べたり飲んだりしながらだったり、いつでも、どこでも相談は始まる。「ながら相談」とでも名づけられるように、時と場を選ばず、その子が話したいタイミングで、一番話を出しやすい環境の中で話される。時間も固定されたものではなく、インテークがあって継続相談が展開されていくような関係性でもないことがほとんど。暮らしの中で寄り添い、思いを受けとめ、どのようにその問題や悩みを解決していくかをともに考え、悩むプロセスそのものが、居場所における「相談・救済」なのである。

（5）　特定の聴き手をつくらない「相談」

　固定化された不自然な相談関係をつくらないのが居場所における相談の特徴でもある。そこにはケアする人とケアされる人というふうに必ずしも分けられない人間関係が存在する。また相談する相手も、それがおとなとは限らない。子どもが子どもの話を聴くという関係も当たり前に成立するのである。子どもはつらいことがあったとき、まず友だちに相談することが多い。つら

い思いを聴いてくれて、ともに涙したり、怒ったり、共感してくれる友だちの存在がなによりも力となるのである。それと同時に話を聴いてあげた子どもも、相手の子どもの役に立てたという思いから、その子自身もエンパワーされるのである。どうかすると、訪ねてきた誰かのお母さんの話を聴いてあげている子どもの姿にも出会う。話し手と聴き手が双方向。居場所における相談の醍醐味でもある。

4　居場所で子どものSOSをキャッチする
　　——「感度のいい、アンテナがたった」おとなになるために
（1）　子どもの「試し行動」

　日々の家庭や学校生活でためたストレスを発散するために、わざわざものを壊したり、放り投げたりする子がいる。遊びにきているよその子にからんだり、時にスタッフに暴言をはいたり、暴力をふるったりする子もいる。スタッフが叱りながら追いかけると、子どもは逃げるがけっして夢パークの門の外には出ない。「来いよ、来いよ」と挑発しながら、実はつかまえてほしいのだ。いい意味でも悪い意味でも、かまってもらっていない子どもたち。自分の存在を「問題行動」でしか表現できない不器用な子どもたちは少なくない。なぜ、こんな面倒くさいことを繰り返すのか。この子が生きてきた背景・環境に思いをめぐらしながら、この子どもたちと向き合う。居場所のスタッフに求められるのは、専門的な知識や資格の前に、面倒くさいことを手放さない、この子たちとかかわり続ける「覚悟」なのだと思う。

（2）　子どもの「怒り」の感情を理解する

　不当な扱いを受けたにもかかわらず、聴いてくれる人もなく、理解されることも、共感してもらうこともなく、ただ放っておかれた子どもたち。被害者として、十分ケアされることのない状態が続いてしまっている子どもたちがいる。その子たちにとって、もともとは「悲しい」「苦しい」「寂しい」「怖い」などの感情が、ふとした瞬間に、「怒り」に変わってしまうことがある。本来怒りではない感情だったはずなのに、わけのわからない怒りになってしまう。実は本人にもなんで怒っているのかわからないことがある。当然、周りの人はもっとわからず、結局本人はますます怒られる悪循環を繰り返すのである。「つらかったんだね」「寂しかったな」「そりゃ、怖かったよな」

と、気持ちを表す豊かな言葉を使って気持ちを受けとめてもらう環境を必要としている子どもたち。多くの少年事件の背景を調べていくと、加害者はかつて被害者であったということはよくいわれることである。まずは子どもの思いを受けとめようとするおとなが傍にいることが大事なのである。

(3) 「正しさ」にこだわりすぎない

なにか都合が悪いことが起きると、子どもはウソをつく。それは、おとなも同じ。でも子どものウソに過剰に反応するおとながいる。子どものウソを見逃してはいけない、と。叱責して、ウソを正そうとする。正論をいって、正しく指導して、それで青少年の「問題行動」がなくなるなら、そんな簡単なことはない。そんなウソをつかなければならない背景には何があるのか。そこに思いをめぐらす。正論で問い詰めると、対話が成立しないばかりか、時として相手に暴力を誘発させてしまうこともある。正しいことを伝えることは大事なことだが、その前にまずは話を聴くこと。子どもたちは、自分の話をしっかりと聴いてくれるおとなの存在を身近に感じることができたとき、はじめて自分の問題に向き合おうとすることができるのだということを、たくさんの子どもとのかかわりの中から学んできた。

(4) 自分の「怒り」をコントロールする

子どもが解き放つさまざまな試し行動を受けて、スタッフが心身ともに傷つくこともありうる。私たち居場所のスタッフは、怒りを感じたときや目の前の子どもを否定的にとらえそうになった時に、まず自分が使った「ものさし」を疑う習慣づけを行っている。私の怒りはどこからきているのか。「ものさし」を変えてみたら、目の前で起きていることはどう判断できるのか。さらに、「自分の問題」か「相手の問題」かを分けて考えるように心がけている。相手がどんなに暴言を吐いて毒を出していたとしても、それは「私が引き取らなければならないことではない。それはあなたが自分で向き合わなければならない問題」と整理できるようになると、自分が傷つかずに済むこともある。そのためにも、自分と他者との境界線が混乱していないかなどを整理する研修なども行っている。

また、「感情労働」ともいわれる居場所スタッフの現場において、子どもから受けた暴言や暴力をそのまま持ち帰らずおいて帰れるように、スタッフ

の振り返りの場でその時の感情を語れる環境を用意していくことも大事である。スタッフも生身の人間である。あんないわれ方を受ける筋合いはないとか、ものすごく頭にきた、傷ついた等々、感情を安心して吐き出せるシェア（気持ちの分かち合い）の場が用意されていることも大切である。

おわりに

　家に帰らない、帰れない子どもたちに、少なからず出会ってきた。「早く帰りなさい」は空しく響き、安心できる空間と人間関係を手に入れられない子どもたちが、空腹を抱えながら、夜の闇の中をさまよい歩いている。すれちがうおとなたちから声もかけられず、姿が見えない透明人間のように扱われる子どもたち。「問題行動」の鎧を身にまとい、さまざまな「試し行動」でおとなにシグナルを送っても、そのことの意味をキャッチすることができない鈍感なおとなたちによって、「事件」が生み出される土壌はつくられていく。まずもってとりかからなければならないことは、私たち子どものそばにいるおとなたちの感度を上げること、子どものSOSをキャッチできるようなアンテナを立てられるおとなになることなのではないか。

　公園の木を伐り、照明を当て、監視カメラを設置する予算があるなら、子どもの居場所づくりに注力すべきである。空き家などを利用して、異年齢の子ども・若者や地域のおとなたちがともにご飯をつくって食べられる「子ども食堂」を開いたり、地域の公園をプレーパークにして、子どもが遊びを通しておとなとかかわり、人間関係を育むことができる居場所づくりが具体的に求められているのだと思う。

　最後に紹介したいメッセージがある。「川崎市子ども権利条例」の施行直前の2001年3月、その説明集会で、条例策定にかかわった子ども委員会が次のような「子どもからおとなへのメッセージ」を発表した。「子どものSOSと相談・救済」を考えるとき、まずはこの子どもたちの「願い」を真摯に受けとめることから始めなければならないのではないだろうか。

　「まず、おとなが幸せでいてください。おとなが幸せじゃないのに、子どもだけ幸せにはなれません。おとなが幸せでないと、子どもに虐待とか体罰とかがおきます。条例に"子どもは愛情と理解をもって育まれる"とありますが、まず、家庭や学校、地域の中で、おとなが幸せでいてほしいのです。子どもはそういう中で、安心して生きることができます。」

Part III

まちづくりと子どもの相談・救済

1 いじめ問題の解決と子どもにやさしいまちづくり

古藤典子（前・泉南市教育委員会）

はじめに

　いじめ問題への有効な取り組みは、自治体の子ども施策においては「子どもにやさしいまち（CFC: Child Friendly Cities）」を具体化するところにある。ユニセフ（国連児童基金）が提起するCFCは、子どもの権利条約（児童の権利に関する条約）にコミットして、子どもの権利が実際に尊重される「まち」＝自治体のことである。対症療法的な対策に終始することなく、子どもたちの日々暮らす「まち」そのものが、子どもの権利を大切にする「まち」になっていくことによって、「子どもにやさしい学校」が期待できる。
　このような「まちづくり」の視点から、大阪府泉南市（人口64,000人、2015年現在）では、2010年の市長公約をふまえ、次世代育成支援対策地域行動計画後期計画に子ども条例の制定が盛り込まれた。そして2011年2月、公募市民と学識経験者、子ども施設関係者で構成する「子どもの権利に関する条例案検討委員会」が設置された。この委員会は翌年1月まで、いじめ問題を含め泉南市の子どもにかかわる課題を検討した結果、条例の目的を「子どもにやさしいまち」の実現とし、その内容では「子ども参加」をもっとも重視する答申を市長に提出した。また、これと並行して、公募で集まった市内の子どもたちによって、条例の前文案の検討がすすめられた。そして2012年9月、「泉南市子どもの権利に関する条例」（以下、子どもの権利条例）が制定され、翌10月施行された。
　泉南市では、子どもの権利条例に基づいて、とくに地域社会における子ども参加をすすめて「子どもにやさしいまち」を具体化し、この「まちづくり」を通して、いじめ問題も解決していこうとしている。

1　いじめ問題と「子どもにやさしいまち」

　2013年に制定されたいじめ防止対策推進法は、学校や教育委員会の取り組みだけではなく、首長や議会をも含む自治体としての取り組みを求めるものとなっている。より積極的に解釈すれば、学校における単なる対策の問題としてではなく、自治体における「まちづくり」の問題として、いじめ問題の解決が提起されていると受け止められる。

　文科省が同法の実施に伴い提示した「いじめ防止の基本的な考え方」には、「いじめはどの子供にも起こりうる、どの子供も被害者にも加害者にもなりうるという事実を踏まえ、児童生徒の尊厳が守られ、児童生徒をいじめに向かわせないための未然防止に、全ての教職員が取り組むことから始めていく必要がある」[1]と述べられている。いじめはどの子どもにも起こるもので、しかもどの子どもも被害者にも加害者にもなりうるということは、いじめ問題は子どもの発達・成長の過程において避けることのできない、いわば「発達課題」とも受け止められる。とすれば、これは学校だけの課題ではない。子どもを育て・子どもが育つ地域社会の課題でもある。自治体施策としては「子どもにやさしいまち」をどのように具体化するのか、という課題である。

　また、同法の参議院附帯決議3は、「本法の運用に当たっては、いじめの被害者に寄り添った対策が講じられるよう留意するとともに、いじめ防止等について児童等の主体的かつ積極的な参加が確保できるよう留意すること」（傍点は引用者）としている。この「児童等の主体的かつ積極的な参加」を確保していくには、対症療法的な対策では不可能である。また、学校だけに求められる取り組みでもない。首長と教育委員会とが一致して取り組むべき、自治体の重要な課題だといえる。この附帯決議について、子どもの権利条約総合研究所のいじめ問題検討チームは次のように指摘している。「いじめ防止という観点だけではなく、子どもたち自身によるいじめの解決という視点を大切に、解決主体としての子どもに周囲のおとなが寄り添いながら、子ども自身がエンパワメントできるような支援と取り組みが必要である」[2]。

　このように、いじめ防止対策推進法の制定と実施について概観してみると、泉南市の子どもの権利条例は、いじめ問題に対する、もっとも基本的で有効な視点と枠組みを備えたものであるといえる。つまり、子どもを問題解決に参加する主体として受け止め、その子どもがエンパワメントできるような支援を、「子どもにやさしいまち」をつくっていくことによって具体化してい

こうとするのが、泉南市の子どもの権利条例である。

2　「子どもにやさしいまち」をめざす子ども会議

　泉南市の子どもの権利条例は、「子どもにやさしいまち」の実現に必要な施策を条文に位置づけ、これを着実に実行する「実践型条例」として制定された。この条例の中核をなすのが、条例第4条（子どもの意見表明と参加）である。同条は、「子どもは、家庭や子ども施設等さまざまな場面において、自分に何らかの関係することや自分が必要としていることについて、自己の権利として自分の意見を表明したり、表現したりして、その社会の一員として積極的に参加することができます」と定めている。

　そして、この第4条を具体的に推進するための基本的な仕組みとして、第5条に「前条に基づいて、せんなん子ども会議を設置します」と定めている。これに基づいて、子ども参加・意見表明を具体化していく施策として「せんなん子ども会議」を実施している。この施策は現在、学校外での「まちづくり」の一環として実施しているが、これによって「子どもにやさしいまち」が少しずつ可視化され、子どもを含む市民に実感されていくことを通して、「子どもにやさしい学校づくり」の支援となることを期待している。

（1）「まちの仕組み」としての子ども会議

　せんなん子ども会議（以下、子ども会議）は、子どもの権利条例が施行された2012年10月の翌月、公募で集まった子どもたちによる「準備チーム」から始まった。小学生14名、中学生7名の21名で、翌年3月までの5か月間に14回もの会議が開催された。それだけ熱心に子どもたちが取り組んだのは、子ども会議は参加型の話し合いによる学びの場であり、子どもたちには新鮮だったからだといえる。子どもの権利条例に基づく取り組みだから、当然のことながら子どもの権利についての学びが、そこには常にある。

　たとえば、子どもたちは話し合ううちに、みんなが思っている「大切にしたい子どもの権利」について、街に出かけていって、インタビューしたりアンケートしたり調査してみよう、ということになった。こうした活動をもとに、子どもたちは「子どもの安全・安心」「子どもの居場所」「子どもの参加」をテーマにして、市長に意見表明した。これは「新春対談」として市の広報誌にも掲載されたが、単なるイベントやパフォーマンスとしてやったわ

けではない。条例は、第5条第3項で「せんなん子ども会議は、子どもにかかわる事項について、市に対して意見を表明することができます」とし、つづく第4項で「市は、前項によりせんなん子ども会議が表明した意見について、これを尊重するよう努めるものとします」と定められているからだ。さらに3月には、子どもたちは市長との対話をふまえ、「私達の理想の公園」について意見をまとめて提出し、市長もこれに積極的に応答した。

　以上のように、子どもたちが自分たちで話し合い・調べ・学びあう活動、そして市長に意見表明する活動は、子ども参加の「まちの仕組み」として、子ども会議の基本的な骨格を形成するものとなった。そして2013年度に「せんなん子ども会議」が正式に発足した。市内の小学5年生から高校3年生までを対象に、希望者は誰でも子ども会議のメンバーになれる。原則月1回土曜日の半日を活動日としている。年度によりメンバーの入れ替わりはあるが、毎年20名程度の子どもたちが参加している。

　子ども会議は、条例に基づいて子どもを社会に参加する主体、おとなのパートナーとしてとらえ、子どもたちが意見を表明し、それを市の施策に反映するものとなっている。子どものための社会教育、子どもが取り組む生涯学習、子どもにかかわる地域福祉といった観点も備え、一過性のイベントではない。参加者の共同の主体によって発展させていく「まちの仕組み」である。

（2）　子ども会議から見える問題解決のアプローチ

　子ども会議は、これまでの4年間を振り返ってみると、学校も学年も異なる子どもたちの出会いの場であり、なによりも子どもたちが安心して発言し、互いの考えを深めあっていく場になっている。そこでは、泉南市に子どもの権利条例があることを知った子どもたちから、毎年のように出される意見がある。「（権利は）おとなにはあっても子どもにはないものだと思っていたけど、子どもにもあるのを初めて知った」「子ども条例を知って子どもが大切にされていると感じた」「おとなが子どものことを考えてくれているのが、うれしい」等々である。

　子ども会議では、子どもたちは安心して話し合い、互いの思いや意見に耳を傾けあい、信頼しあっている。なぜ、そのような安心や信頼が、子どもたちのなかで生まれてくるのだろうか。そのような安心と信頼の関係においては、「いじめたり・いじめられたり」という関係は生まれてこない。いや、

もし生まれてきたとしても、子ども会議では、自分たちで話し合い、互いを受け止めあって、問題を解決していくことができるだろう。それは「子どもの権利」が子どもたちの共通の基盤となっているからである。子どもの権利条例という「まちの仕組み」によって、子どもたちは結ばれて、つながり合っている。こうした「まちの仕組み」が、「学校の仕組み」ともなって、具体的に機能していくことをめざしたい。そんな思いや願いをもって、私たち担当職員は子ども会議にかかわっている。

他方で、子どもが権利を学習することに懸念を示すおとなの声もある。「子どもが権利を振りかざして、おとなのいうことをきかなくなる」などというものだ。しかし、どうだろうか。日本は子どもの権利条約を1994年に批准して国の法規範としている。これに基づいて、おとな自身が子どもの権利をより良く知りなおし、もっと理解を深めていかなければならない。

そこで、子どもの権利条例は第8条で「子どもの権利に関する学習と教育」を掲げ、これを子どもとともに、市の職員や教職員、保護者をはじめ、すべてのおとなが取り組むべき課題として定めている。これに基づいて、さまざまな研修や学習の機会を計画・実施している。そのなかで、子ども会議の活動や子どもたちの思い・願いを伝え、知ってもらうことが、とても大切だと考えている。実際、私たち担当職員自身、子ども会議にかかわるなかで、さまざまな気づきを得てきた。「子どもの話を聴く」「子どもとともに考える」「子どもが行動する」といったことが、具体的にはどのように行えるのか、かれらは事実をもって、私たちおとなに示してきたといえる。

このように考えていくと、子ども会議は自治体施策としては、子どもたちが互いに安心と信頼をもって共同して社会に参加する活動を創出していくための、と同時に、子どもとおとなのパートナーシップを創出していくための「パイロット事業」のようにもイメージされてくる。それは、「どの子供にも起こりうる、どの子供も被害者にも加害者にもなりうる」と文科省がいう重大な問題に対する有効な解決のアプローチを提示するものだと考える。

(3) 子どもの権利を学び・伝える子ども会議

泉南市の事業として子ども会議を実施するなかで、もう一つ、私たちが気づかされた大切なことは、おとなが思う以上に、子どもたちは「子どもの権利」について興味や関心、学ぶ意欲をもっている、ということだ。「子ども

の権利を学ぶことが楽しかった」と、子どもたちは年度末の子ども会議で異口同音に語ってくれるのである。

　もちろん子ども会議では、学習の成果を確かめるためのテストをするわけではない。しかし、子どもたちは意欲をもって、子どもの権利を熱心に学ぼうとする。それは上述のように、安心と信頼の関係があるからだといえるが、それとともに、子どもにとって子どもの権利を学ぶことは、自分自身のことを、より良く知ることにつながるからだと思う。そしてそれは子ども自身が、より良く生きるために必要なことなのである。子どもたちは、そのように「知る」ことの喜びを、直観的にわかっているのだ。

　だから子どもの権利を学んだ子どもたちは、自分たちが知ったこと、学んだことを、他の多くの子どもやおとなにも知ってほしい、伝えたい、との思いをもつようになる。かれらは学ぶにつれて、「子どもには権利が必要だ。おとなにも気づいてほしい。おとなの意見も子どもの意見も聴いて、もっと良いまちにしていきたい」と語り、視野を広げていくようになった。

　そこで、たとえば2013年度の子ども会議では、子どもの権利を広報するためのポスター、パンフレット、ビデオを、自分たちでつくろうということになった。あらためて自分たちの生活を振り返ることから作業が始まった。

　ポスターは、「知ってほしい子どもの思い」「知っていますか子どもの権利」「暴力はしつけじゃない」という三つを、自分たちの伝えたいメッセージとして制作した。ポスターは、子どもの権利条例が定める「子どもの権利の日（11月20日）」を中心に、市内のすべての幼・小・中学校に掲示された。子ども自身が描いたポスターは幼稚園児にも注目された。どこの学校・園でもポスターが掲示されて、子どもたちは確かに自己効力感を得ていた。

　パンフレットづくりでは、伝えたいメッセージとして「いじめをなくして仲良くしよう」「虐待はしつけじゃない！」という二つを子どもたちは考えた。子どもの権利を侵す深刻な問題として、学校での問題と家庭での問題を取り上げたわけだ。さらにこの二つのテーマで、子ども会議に参加していない子どもを対象にインタビューを行った。かれらは自分たちの意見だけではなく、より多くの子どもたちの意見を聴くことを通して、子どもの目線から見た、共通するメッセージを伝えたかったのだ。こうした子どもたちの、互いに分かち合おうとする視点や発想には、おとなとして敬意の念を覚えた。

　ビデオでは、子どもたちは「せんなん子どもニュース」という番組を制作

した。実体験をもとに「どんな権利が守られていないか」を出し合い、「一緒に遊ばない」「お母さん、シップちょうだい」「おかしのつまみぐい」という3本の短い話に仕上げた。たとえば「一緒に遊ばない」は、朝に約束していた友達に、放課後になって急に「遊ばない」といわれた話で、ニュースキャスターを演じる子どもが「学校でよくあることかも知れませんが、こんなことからいじめにつながるのかも知れません」などと、子どもの視点から問いかけるものだ。どこにでもあるような場面だけに、「こんなこと、あるある」といいつつも心が少し痛くなる、おとなにも子どもにも響く内容になっている。

3 子どもの参加・意見表明と子どものエンパワメント

子ども会議の活動は、社会に開かれた活動である。上述のように広報媒体をつくるなかでは、家庭や学校で話を聴いてきたり、新聞やインターネットで情報を集めたり、子ども自らが社会に参加して取り組む。また、それは他者の思いを追体験する活動でもある。たとえばビデオ制作では、かれらは「遊ばんとこ（遊ばないでおこう）」というセリフを何度もいうことに心が苦しくなって、涙ながらに「本当だったら耐えられない」という実感をもった。

そして子どもたちは、子ども会議での学びを自分の家庭や地域、学校での生活に活かしながら、他者とかかわるようになっていった。子どもに芽生えた権利を大切にしたいという意識は、日常で体験するさまざまな問題や不合理に対して、「おかしい」と感じ行動する力にもなっている。たとえば、子どもたちはこんなことを語っている。「お兄ちゃんに携帯を見られた時に、条約第16条のプライバシー保護の話をしてやめてもらった」「妹の世話をするときに、妹が片づけると散らかって時間がかかるので『もういい』といってひとりで片づけたけれども、妹にも参加する権利があると思って、丁寧に説明すると『ありがとう』っていってきた。嬉しかった」「学校ではみんなが子どもの権利のことで、わたしを頼ってくれるようになった」「子どもの権利を知ってるから、友達のけんかをとめることができた」「子どもの権利を知っているから、一人ぼっちの子どもに声をかけるようになった」等々。

子どもたちは、子どもの権利を学ぶことで、現状をよりよく変えていこうとする意欲や願いをもって、学校生活にも参加していくのである。子どもたちはこんな風にも語っていた。「いじめがなくなることはないかも知れない。

だけど、いじめをみんなでなくそうとするクラスを一緒につくりたい」。つまり、発達・成長の過程で「いじめ」は起こるかもしれない、でも起こったとしても、自分たちが問題を解決する主体として学級や学校に参加して、より良い学級・学校にしていきたい、ということだ。子どもたちは現実を見据えるなかで、問題の打開や解決の方途を的確にとらえているのだ。

　このように、子どもたちは継続した活動のなかで、子どもの権利を基盤として、さまざまな課題を受け止め、仲間と語りあいながら、考えを深めていく。そして、自分に何ができるかをみつけ、実行するようになる。子ども会議は、子どもの参加と意見表明を具体的に子どもに保障することによって、子どものエンパワメントを支援する「まちの仕組み」となってきた。

おわりに

　子ども会議に集う子どもたちは、まだまだ多くはない。しかしそこでは条例に基づく「まちの仕組み」として、子ども参加が具体化されてきた。さらに今後、どの子どもも子ども参加を自分のものにしていけるよう、条例がめざす「子どもにやさしいまち」を子どもたちとともに発展させていきたい。

　そのために、条例に基づいて2013年度から、外部有識者と市民による第三者機関「子どもの権利条例委員会」を設置し、条例の実施状況を検証している。また2015年度には、副市長を会長に各部長で構成する「子どもの権利推進本部」を設置し、全庁的な推進体制を整えた。そして2016年1月には、子どもの権利の「市民モニター制度」を実施し、子どもを含む市民によるモニタリングを具体化している。

　こうした条例に基づく施策を一つずつ積み上げていくと、あらためて子どもオンブズパーソン制度の必要性が見えてきた。子ども会議とともに、「子どもにやさしいまち」を具体的に推進していく一環として、子どもオンブズパーソン制度を検討していくことが、本市における目下の課題となっている。

1) 文科省「学校における『いじめの防止』『早期発見』『いじめに対する措置』のポイント」2014（平成25）年10月
2) 子どもの権利条約総合研究所・いじめ問題検討チーム「いじめ防止対策推進法の制定と実施上の課題」『子どもの権利研究』第23号、日本評論社、2013年8月

2
妊娠・出産・育児の切れ目ない相談・支援と子ども虐待防止
―― 名張版ネウボラの取り組み

上田紀子（名張市福祉子ども部健康・子育て支援室）

はじめに

「名張版ネウボラ」とは、産み育てるにやさしいまち"なばり"をめざす、妊娠・出産・育児の切れ目ない相談・支援のための、名張市独自のシステムである。名張市が考える「産み育てるにやさしいまち」とは、子どもの健やかな成長の基盤である子育て家庭が地域の中で肯定的に見守られていると実感し、必要な時に支援を受け入れ、求めることができる環境である。

「ネウボラ（neuvola）」とは、フィンランド語で「アドバイスの場所」（ネウボはアドバイス・助言、ラは場所）を意味する。フィンランドでは各自治体が学校区に1施設ネウボラを設置している。ネウボラの種類はいくつかあるが、出産ネウボラでは1人の保健師が約100家族を担当する。妊婦健診をはじめ、妊娠期から就学前にかけての子どもや家族を対象とする支援制度で、「かかりつけ保健師」を中心とした、産前・産後・子育ての切れ目ない支援のための地域拠点である。このような利用者目線でのワンストップのサポートは、虐待の防止や早期発見、早期支援につながる。

少子高齢化の進展とともに地域社会の互助機能の低下が子育ての不安感に影響し、虐待報告数が増加する中、名張市はハイリスクアプローチのみでなく、妊産婦のポピュレーションアプローチ（全体に予防介入を行うことを通じて、疾病や虐待の予防・健康増進を図る組織的な取り組み）の視点で、虐待の防止と早期支援に取り組む必要性を感じてきた。育児や子どもの発達は、連続的で、日々の生活そのものだ。だから生活の視点で、重層的に妊娠・出産・育児を支えることが、虐待の防止や早期発見には重要である。

こうした観点から、名張市では2014（平成26）年度から、妊娠・出産・

育児の切れ目ない相談・支援のシステムづくりをすすめ、その実施を通して、子ども虐待防止の取り組みを具体化してきた。

1　名張版ネウボラの背景

　本市は、三重県の西部にあり、近畿・中部両圏の接点に位置する。山地の多い地勢は新鮮な空気や清らかな水とともに、風光明媚な自然に恵まれている。1960年代半ばから大阪方面への通勤圏として急速に発展。1954（昭和29）年の市制発足当時30,000人であった人口は現在、およそ80,000人となった。急速な高齢化が喫緊の課題である。

　2003（平成15）年4月、まちづくりを「住民が自ら考え自ら行う」ことをめざし、「ゆめづくり地域予算制度」を創設。地区公民館（おおむね小学校区）の範囲を15の地域づくり組織として条例で定めた。市はこれに使途自由な交付金を交付し、住民主体のまちづくり活動を支援するとともに、名張市における分権（地域内分権）を進めてきた。地域の事業は、将来計画「地域ビジョン」にそって実施され、市の総合計画にも反映されている。出生数は年間約600人、保育所の待機児童数が増加しており、保育サービスのニーズが高い。

　本市の母子保健の取り組みは健康診査を中心としつつも、日々の支援を必要とする家庭や虐待のリスクが高まる家庭に対しての後追いの支援（ハイリスクアプローチ）に追われがちであった。そこで2013年に、妊娠届出時の妊婦の気持ちや子育て環境への認識、出産回数による違いなどについて、調査を行った。出産回数2回以上の方が、妊娠を知ったときに不安を抱くことが多いとわかった。また、3人目子どもを妊娠したときの不安の背景には、予定外の妊娠、子育てに協力してもらえないと感じていること、経済的な問題が関連していることなどが明らかとなった。

　また、市全体の健康課題としては、今後全国の倍のスピードで進むと予測されている高齢化である。生涯現役を目標に介護予防、在宅医療ケアシステムの構築など、地域ぐるみの対策が急がれており、名張版ネウボラも地域包括システムの一つに位置づくものだといえる。そこで母子保健を担当する保健師には、市全体の健康課題に目を向けつつ、ポピュレーションアプローチの視点から子どもを産み育てやすい環境整備をめざすことが求められた。

　健康福祉部健康支援室の保健師は、業務担当と地域担当に分かれて母子保

健事業や成人保健事業に取り組んできた。地域担当保健師は業務担当にかかわらず、担当地域の健康課題やニーズに応じ、地域づくり組織や「まちの保健室」（地域包括支援センターのブランチ、市内15か所）と協働して健康づくり事業を展開し、各地域の主体的なまちづくりの推進に努めてきた。

子育て支援については、子ども部が担い、発達支援の連携を主とした子どもセンターの整備や小児救急医療体制、家庭的保育事業など先駆的に取り組まれてきた。母子保健担当保健師は、この子育て支援担当者と連携し、部署を超えて課題に向き合う中で、切れ目ない支援の重要性を感じてきた。

2　名張版ネウボラのシステムづくり——母子保健と地域保健の接合

名張版ネウボラは、母子保健のしくみを基盤にしている。保健師の地域保健活動を見直す中で、事業や部署の切れ目などの課題を整理した。そして、地域の強みである既存資源（ひと・もの・しくみ）の力を引き出し、保健師がコーディネートすることで必要な支援を住民と協働して生み出すことをめざした。当市の地域の特徴に合わせ、さまざまな主体が今まで以上に主体的に妊娠期からの切れ目をなくすために活動を行い、連携することが、名張版ネウボラの目的であり、虐待防止の環境づくりにつながると考えた。

そこで、名張版ネウボラの制度上の特徴を次に述べてみる。

（1）ハイリスクアプローチとポピュレーションアプローチ

行政における子育て家庭への支援は重症度や緊急度に応じ、方法も担当部署もさまざまである。妊娠期から子育て期といった時期の違いとともに、特定妊婦や要保護家庭から、「ちょっと心配？」といった近隣の声や心身の不調や発達などの相談まで、リスクの違いもさまざまである。

名張版ネウボラでは、ポピュレーションアプローチの視点を重視し、ハイリスク家庭を含むすべての家庭に、妊娠期からの相談のしくみ、行政のサービス、住民の役割などを一体的に提示する。こうした切れ目ない支援のしくみを広く伝えていくことで、特にハイリスク支援が必要な家庭に具体的な支援を結びつけやすくなる。重層的なセーフティーネットワークを築いていくことで虐待の防止や発見が可能になり、効果的な支援につながるのである。

（2） 妊娠期と産後の支援の必要性

　行政や医療機関、家族や地域などさまざまな主体が妊娠期と産後の支援の必要性に関心をむけることは、特に０歳児の虐待防止にとって重要である。しかし、産前産後期の妊産婦への直接的な支援メニューは、一般に行政サービスとしては希薄である。そこで行政は、妊産婦を含めたさまざまな主体間で、必要な連携や支援が具体化されるように、産前産後ケアのしくみを提案する必要がある。

（3） 行政内の連携のために部署を超えた取り組みとプロセスを重視

　母子保健と子育て支援を担う部署は異なるが、事業の目的は重複していることが多い。虐待の防止や早期発見・早期支援に関しても同じことがいえる。子ども子育て支援新制度や交付金などさまざまな制度の運用が必要な中、部署を超えて目的の共有をはかり推進するプロセスが、知恵や人材、場、機会や財政の効率の良い活用につながる。このような連携なくしては、虐待の発見から必要な支援の提供にはつながりにくい。支援が必要な現状を共通理解し、支援プランを共有のツールとしていくなど、ハード面を含めた連携が必要である。

（4） 地域づくりの視点・公衆衛生を担う保健師役割の再確認

　一般に母子保健では、対象者への直接的な支援や事業の実施が主になり、健康づくりや地域づくりの視点がもちにくい傾向にある。しかし保健師が行政にいる意義は、虐待防止や子育て環境の整備など公衆衛生を担うところにある。行政内および関係機関との連携、法律に基づく事業を市の特徴に合わせて工夫して実施し、課題解決に活かすこと、また地域の中で人と人、人と地域資源をつなぐ地域づくり活動をコーディネートするのは、保健師の役割である。

　その例として、児童福祉法に基づく「乳児家庭全戸訪問事業」がある。当市はこれを民生児童委員協議会に委託し実施している。主任児童委員は委託された訪問事業を保健師とともに実施するだけではなく、15の地域づくり組織を担う一員でもあるので、訪問事業をきっかけに地域で生まれ育つ子どもをすべて把握できる。それにより、地域が主体となり子育てひろばなど子育て支援事業を実施している。また、行政が妊娠届出時には抽出できなかっ

た家庭の課題や家族の支援状況の把握が随時、生活の視点で可能になる。虐待や緊急的な支援が必要な家庭の発見、他自治体で居所不明になっている子どもの発見につながることもあった。この事業は当市の虐待防止のしくみの一つであり、訪問状況は要保護児童対策地域協議会や小児科医等との乳児保健委員会においても共有されている。また、地域住民が行政と連携し、子育て支援を行うことで虐待を防止するしくみとして、地域や子育て家庭にも根づいている。本事業は名張版ネウボラにより、フォーマルな側面とインフォーマルな側面をあわせもった柔軟な支援を生み出す事業として強化されている。

3　名張版ネウボラにおける相談・支援の活動

　名張版ネウボラは、当市の総合的な施策「子ども3人目プロジェクト」の一つでもある。「時期的な支援の切れ目をつなぐ」のみではなく、既存資源（ひと・もの・しくみ）の力を引き出し、「人と人・人と地域をつなぐ」「保健・医療・福祉のしくみ（人）をつなぐ」ことがさまざまな主体に意識され、ソーシャルキャピタルの醸成を図ることを狙いとしている。事業は次の二つの視点から展開している。

（1）　身近なところで寄り添い伴走型の予防的支援の環境を整える

　図は、名張版ネウボラの切れ目ない支援ネットワークを示している。「チャイルドパートナー」は、「まちの保健室」の職員で、まちの保健室内や各地域の子育て支援広場など身近な場所で、妊産婦の相談に応じることのできる人材である。まちの保健室は、地域包括支援センターのブランチで、おおよそ小学校区単位に15地域の公民館で設置され、地域の諸活動と連携している。チャイルドパートナーとの情報交換やスーパーバイズは、市役所健康支援室の助産師（スーパーバイザー）と保健師（母子保健コーディネーター）が担う。このチャイルドパートナーを地域ごとに置くことで、虐待の発見と市へのつなぎ、地域での見守りなど、ハイリスク支援が切れ目なく行える。また、民生児童委員や保育園、学校などと連携して、地域の特徴や課題に応じた子育て支援活動が工夫できる。こうして虐待の防止を図ることができる。

　地域の中においてチャイルドパートナーを含め、各支援者が顔の見える関

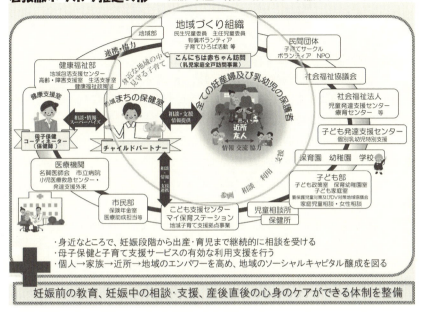

係となり、各々のネットワークとなるよう、ワールドカフェ形式の交流会や研修会をさまざまな機会を活用し、地域ごとの子育て支援を推進している。

(2) 産前産後ケアの体制を整える

　妊娠中や産後のケアはニーズ把握が目的である。従来の母子保健事業と子育て支援事業の課題解決、利用者の状況に応じた提供ができるように、既存事業を見直した。さらに、医療機関や子育て支援拠点や要保護児童対策地域協議会と検討を重ね、電話連絡や訪問や通所、宿泊による事業を組み立てた。

　産後ケアは個々のアセスメントが重要である。母子が支援を必要とする時期や内容と、行政がリスクや必要性を判断するものとは異なっていることも多いので、母子保健コーディネーターが情報収集し、マネジメントすることでさまざまな主体が支援に携わることができ、母子の選択肢も広がる。医療機関や助産師、チャイルドパートナーや地域づくり組織、こども支援センター、家庭児童相談や女性相談、要保護児童対策地域協議会などとともに支援の方向性を検討することは虐待防止ネットワークそのものである。産後ケア

事業を切り口に各機関が連携を行うことは、各々の活動の課題解決や活動の継続にもつながると考える。

4　名張版ネウボラの実施を通して見えてきたこと
(1)　医療機関や助産師会との事業連携と連絡体制の整備

　産後ケアを検討する過程では、子育て支援の課題や虐待防止の目的を共有することができ、医療機関との事業連携や連絡体制の整備につながった。また、地域で活動をする助産師との連携や開業にもつながった。妊娠届出前や住民票を有さない妊産婦、妊娠届出時には支援が必要であると行政が判断しなかった妊産婦など、従来行政が把握しえなかった要支援者の情報が医療機関から母子保健コーディネーターに送られるようになった。医療面だけではなく、経済困窮や家庭の問題、虐待の疑いなどに関しての検討の機会が増加した。逆に行政が医療機関と連携した支援が必要と判断したケースは特定妊婦だけではなく、本人の希望に合わせて事前に医療機関に申し送り、早期支援につながった。

(2)　身近な相談場所とコーディネートによる相談者や支援利用者の増加

　妊娠中から、相談場所や産後や育児のイメージとサービスを明確にし、地域住民による子育て支援の取り組みが行政サービスとリンクして見えることにより、妊娠中から地域で子育てをしていくイメージがわき、安心感が得られたという声が多い。産後ケアというキーワードを切り口に、妊婦と乳児の子育て支援サービスの利用や助産師への相談も増加した。利用の増加は、子育て家庭のニーズの把握にもつながる。また、子育て家庭や医療機関、チャイルドパートナー、保育園、他部署、地域住民等が相談を受ける頻度が増え、把握した機関からチャイルドパートナー等を経由し、どこからでも母子保健コーディネーターにつながることで、ハイリスクケースの発見と支援が可能になる。家庭児童相談や児童相談所、医療機関などの専門機関による支援を受け入れにくい家庭にとっては、全数対象のポピュレーション支援を通して緊急性の判断ができる。

　特にチャイルドパートナーは敷居の低い相談窓口として活用されている。相談内容は保健師や助産師への相談とは異なり、生活の場面でのちょっとした迷いやイライラの感情の訴えが多い。その解消のために対話や「まちの保

健室」での空間や時間に安心感や自己肯定感を得ることを求めていることがわかる。ときには何気ない相談からDVの相談と支援、発達に悩む家庭の支援につながったケースもある。チャイルドパートナーが継続したエピソードで信頼関係を築き、寄り添うことにより、家庭から能動的に専門機関に支援を求める姿も見られた。また、専門機関につながった後や支援が終了しても、「まちの保健室」が常設しているので、生活の視点での寄り添いは途切れることはない。かつてはハイリスクと見られていた家庭が、地域の活動に参加することを通して、他家庭への支援者となっていく姿も見られる。

(3) 地域の子育て支援員と支援の場の増加

2015(平成27)年度から「子ども子育て支援新制度」が始まり、6月には「子育て支援員研修」を実施した。地域の子育て支援の担い手を発掘・育成し、地域ごとに活動ができることを目的とし、多くの方の参加が得られるよう、研修内容の工夫をした。子育てを応援したい人材に具体的な活動の場を提供し、技術面や安全に関するバックアップを行うことは、行政の役割である。継続的な研修や実習の情報を、部署を超えて一体的に提供するしくみを設けたことで、支援者たちの虐待防止のスキルアップが可能になった。

チャイルドパートナーは、地域づくり組織と行政各部署とのつなぎ役になり、支援者側の相談場所にもなっている。地域担当の保健師とともに、地域の特徴に合わせた子育て支援を生み出す鍵となっている。

おわりに

名張版ネウボラの取り組みは、名賀医師会小児科医の先生方や住民などの力により、行政だけでは成しえなかった連携や成果を生み、虐待防止のネットワークになっている。名張版ネウボラは、おおよそ就学前までを対象としていたが、妊娠期からの切れ目ない支援のためには、思春期や妊娠前の世代に向けた命の教育や相談の活用推進がたいへん重要である。今後は、さらに教育機関との連携を強化したい。すべての世代が切れ目ない支援を受けるべき対象であり、支援者ともなりうる。そのための健康的な循環と、それが実感できる環境づくりが、虐待の防止と連鎖の防止につながると考える。

3
学校と地域・関係機関の連携による子ども虐待防止

日下部美智子（西東京市子ども家庭支援センター）

はじめに

　西東京市では2014年7月30日、父親から日常的に虐待を受けていた中学2年生が自宅で自死するという、痛ましい事件が発生した。本市では要保護児童対策地域協議会を2007年4月に設置し、児童虐待防止に取り組んでいた中で起きた事件であった。児童虐待の多くは家庭で起こる問題だが、地域社会と関係機関、子どもが在籍する学校など子ども施設とが、相互に連携して取り組まなければならない課題である。とりわけ、学齢期の子どもについては、学校と地域・関係機関の連携による、切れ目のない取り組みが不可欠である。その重要性をあらためて痛感する事件であった。

　本稿では、こうした現状等をふまえ、西東京市における取り組みについて報告する。なお、本稿は、「地方自治と子ども施策」全国自治体シンポジウム2015における本市教育委員会教育部・田中稔氏との共同報告をもとにしている。

1　これまでの学校での子どもの虐待リスクへの取り組み

　2006年5月、文部科学省の委託を受けた「学校等における児童虐待防止に向けた取組に関する調査研究会議」は、「学校等における児童虐待防止に向けた取組について（報告書）」を明らかにした。それによると、「児童虐待防止に関する関係機関の中で、子どもを支援するための機関や社会的リソースは多種多様に存在するが、その中でも、学校は、一定年齢の子どもたち（学齢期児童生徒）に対して、網羅的に目配りができ、その日常的な変化に敏感に反応し、対応できることが大きな特徴である」と、学校の役割の重要

性を指摘している。

その後2010年1月、東京都江戸川区内で児童虐待死亡事件が発生したことから、都内各小・中学校では、児童虐待防止のための研修等が取り組まれた。本市でも東京都から配布された「児童虐待防止研修セット」を活用して教職員を対象に、児童虐待防止についての理解と認識を深めあう努力を続けてきた。今回、死亡事案が発生した当該中学校においても、研修セットを活用した研修が、年間計画に位置づけて複数回にわたって実施されていた。

2 「西東京市立中学校生徒の死亡事案検証委員会報告書」の概要

冒頭で述べた事件では、当該中学校において2回、父親の暴力による男子生徒のアザを確認したが、所管する小平児童相談所や子ども家庭支援センターに通告や相談がなかったため、教育と福祉の連携を図りながら支援することがなく、当該生徒の自死を未然に防ぐことはできなかった。

本市は、事件発生後、庁内の関係部署管理職や外部の専門家で構成する「西東京市立中学校生徒の死亡事案検証委員会」を設置した。同委員会は、本児が所属していた中学校教職員および事件当時の緊急対応と調査に当たった関係機関担当者へのヒアリング調査等を実施し、本事案の発生要因等について多面的・多角的な検証を行った。その中でとくに時間が割かれた問題は、「なぜ、当該校では、父親の暴力による本児の顔の怪我を2度確認したにもかかわらず、児童虐待（児童虐待の疑い）と認知できなかったのか」、そして「自死に至る1か月半の間、長期欠席状態であった本児に対し、学校等が、児童虐待の疑いをもって対応しなかったのか」についてであった。

同委員会の報告書では、それらの状態が発生するに至った当該校における課題・問題点として、当該校の教職員が児童虐待防止研修等の計画的な実施にもかかわらず、「児童虐待を認知する感受性を十分に高めていなかったこと」「子ども・保護者・家庭の要因について、本児の成育歴、家庭環境、本児・親のパーソナリティ等を総合して児童・生徒を理解する『包括的な視点』が養われていなかったこと」が指摘された。また、当該校において「児童虐待に特化して日常的に情報連携、行動連携を図るための校内及び他機関等との連携による組織体制が構築されていなかったこと」についても課題として提起された（なお、同委員会の報告書の詳細は、西東京市HPを参照）。

3 学校での子どもの虐待リスクへの対応策

(1) 虐待リスクへの気づきを確実にする仕組みづくり

　検証により明らかになった本事案における当該校の課題・問題点は、本市のどの学校にも存在するものであり、類似事案の発生を防止するためには、学校での子どもの虐待リスクへの気づきを確実にするための仕組みづくりを教育委員会は行う必要があった。とくに、学校は「いじめの未然防止と早期対応」「特別支援教育の充実」「学級の荒れの解決」等、さまざまな課題に日常的に取り組む必要があることから、虐待リスクに気づく地域内の学校に共通した「継続性の担保された仕組みづくり」を、検証報告書は提言している。この提言に従い、次に示す3つの課題を設定し、実効性のある対策・対応の具体化を進めている。

(2) 学校と関係機関の協働性を高める仕組みづくり

　今回の事案の問題・課題の一つである虐待リスクに気づくための「包括的な視点」は、これまで一定程度、教員にはぐくまれているものとして、本市における児童虐待対策は考えられ進められてきた。しかし、今回の検証結果から、教師としての専門性に、福祉的な側面から判断できる力が十分に備わっていないことが明らかになった。この「包括的な視点」は、市教育委員会

課題1　児童虐待を認知する感受性について

本事案における課題・問題点	課題・問題点への対策・対応
○2013年11月、父親からの暴力によるアザであると覚知した段階で児童虐待という疑いをもたず、学年の教員で様子をみることとし、当日に管理職への報告は行わなかった。 ○2014年4月、学年の教員は再び父親からの暴力による小さなアザを確認したが、本児の様子が1年生の時より落ち着いているから大丈夫であると共通理解をし、校長等への報告に至らなかった。	○教員に、気づきを高める実践的な研修「西東京プログラム」を行う。 ○身体測定や健診、体育等の場に児童虐待発見の視点を入れる。 ○すべての教員が、要保護児童対策地域協議会の仕組みを活かした対応を図る。 ○保護者等の暴力によって生じた怪我には児童虐待を疑い、子ども家庭支援センター・教育委員会・児童相談所に通告・相談することを教員の共通理解とする。 ○教員全員が所有する校務PCに小さな気づきを書き込み、共有できる掲示板、回覧板システムを立ち上げる。

課題2　児童・生徒を理解する包括的な視点について

本事案における課題・問題点	課題・問題点への対策・対応
○管理職・核となる教員を中心とした組織的な対応や家庭訪問まで至らず、その結果、本児を現認することはなかった。 ○父親についての共通の認識をもちにくい状況であったため、アザの原因等について、本児の生育歴や家庭環境等の背景を理解した上で考える視点が欠けていた。 ○父親・母親など家族関係を深く理解する視点が欠如していた。 ○本児は明るく元気な側面が目立ち、その本質的理解を阻害してしまった。	○学校の中で問題を収めようとせず、民生児童委員や他機関との定期的な情報交換を行い、なるべく複数の視点からみた情報で判断し、協働した対応をしていく。またその体制づくりを進める。 ○学校内で、生活指導主任を児童虐待対応の中心的役割に位置づける。 ○学校は定期的な保護者の面談等を行う。 ○教育委員会に配置されている臨床心理士等との連携を円滑に展開していくことができる体制を強化する。 ○スクールカウンセラーやスクールソーシャルワーカー等の活用を充実させる。 ○教員の包括的な視点を高めるための研修を開発・実施する。

課題3　児童虐待に関する組織体制について

本事案における課題・問題点	課題・問題点への対策・対応
○校内に児童虐待対応の明確な位置づけをされた担当者がいなかったため、不登校状態になった時に児童虐待の可能性を考慮した対応に至らなかった。 ○報告を受けた管理職は、「追認・指示」をしており、学校としての危機管理の体制が機能していなかった。	○校長は、児童虐待から児童・生徒を守ることは学校経営上の重要事項であると位置づけ、教員指導を行う。 ○生活指導主任を中心とする児童虐待についての校内組織を設置し、定期的な情報共有及び体制強化策を構築し、情報一元化を図り、通告の必要性を判断する。 ○児童虐待について特化して、気軽に相談できる専門職（スクールアドバイザー）を派遣する体制や教員のバックアップ体制を整備する。 ○子ども自身が認識し相談できるよう、発達段階を踏まえた指導を行う。 ○教育委員会の教育相談組織について人員体制の強化を行う。

で主催する専門職や研究者等を講師として行う集合型の研修や学校内で行う研修により一定程度は高めることができるが、限界がある。「包括的な視点」は児童福祉についての専門的な学びに加え、児童虐待等についての対応経験を数多く積み重ねることで高められていくものだからである。教員にとっては、そのような児童虐待のケースについての対応経験をもつ専門職等による助言や支援に助けられ、また協働的な対応の経験を通して、「包括的な視点」を少しずつ高めていくことができると考えられる。これらをふまえ、2015年度から、教育委員会と市長部局との連携により、学校と関係機関（子ども家庭支援センター、民生児童委員、教育委員会事務局）の協働性を高める仕組みづくりを行い、日常的に情報連携、行動連携を進めている。

4　地域における関係機関相互の連携強化

事案発生後の調査では、小・中学校から「子ども家庭支援センターに連絡・相談した後、学校としてどのように対応したらよいか不安に感じることがある」「児童虐待の通告が学校からの通告であると分かった場合、その後の保護者と学校の関係が悪くなることを懸念している」という意見があった。要保護児童対策地域協議会における問題点として、児童虐待に関する相談方法・窓口等の周知が不足していた点、児童虐待に関する啓発が不足していた点とともに、関係機関相互の連携が不十分であった点が明らかとなった。

これらを受けて、子ども家庭支援センターは関係機関に積極的なアウトリーチを行うことにより連携強化を図るとともに、"顔の見える関係づくり"をめざし、要保護児童対策地域協議会を活用した、より現場の課題が話し合えるような仕組みづくりを検討している。あわせて、地域住民の意識が高まるような講座の開催や子どもが自ら相談できるように普及啓発に取り組んでいる。その成果として、子ども家庭支援センター職員の活動も増加している。

5　今後の学校と地域・関係機関の連携体制の構築

本市は、未来ある子どもたちの命を守る社会をつくるために、組織的に切れ目のない支援と連携の推進を図り、継続性が担保できる仕組みづくりを進めている。具体的には、2015年度に設置した総合教育会議において、市長と教育委員会の協議をふまえ、本年度の教育に関する重点施策として「虐待の対策」を位置づけた。また、学校や教育委員会の相談支援の窓口の明確化

学校と関係機関の協働性を高める仕組みづくり

事業名、取組名	主な目的・内容
児童虐待にかかわる関係者会議「外部委員会」の全校設置	学校は、児童虐待に関わる関係機関や地域社会と連携した対応策・取組を検討する目的で、管理職、生活指導主任、民生児童委員、主任児童委員等を構成員とする組織である「校外委員会」を学期1回程度開催する。
「西東京ルール」に基づく連続して欠席する児童・生徒対応	学校を正当な理由なく欠席している児童・生徒が、児童虐待や犯罪被害により生命・身体に重大な被害に至っていないかを学校の教員が確認し、関係諸機関との連携した対応に結びつける仕組み（通称「西東京ルール」）を構築する。 「西東京ルール」では、5日間連続、学校を正当な理由なく欠席している状況が児童・生徒に生じた時、学級担任等が躊躇なく家庭訪問を行うこと等を定めた。さらに、7日間連続して本人に会うことができない状況や緊急的な対応が必要と思われる場合は、教育委員会、子ども家庭支援センターに連絡し、関係諸機関が連携した対応を行うことを義務化している。
児童虐待を受ける児童等がSOSを出す方法等を教える学習活動の開発、実施	児童・生徒が、児童虐待等、自分の身体、心の健康・安全を脅かす問題に直面した時に、自己の安全等を確保するための行動がとれる力を育成することを目的に、教育委員会と子ども家庭支援センターが共同してその学習プログラムの研究開発を行う。 研究の過程においては、学校の依頼に応じ、教育委員会と子ども家庭支援センターの職員は、教員と共にその学習プログラムによる授業等を行う。
学校、関係機関が児童虐待についての情報を共有する仕組みの構築	学校は、子ども家庭支援センターへ通告または相談した児童虐待に関わる情報を教育委員会に報告書として提出する。提出された情報は、教育委員会の関係部局で共有され、必要な支援等が行われる。 報告書の内容は、データベース化され、傾向等の把握に向けた分析や学校への支援策の検討等に活用される。
スクールソーシャルワーカーの拡充	学校が児童虐待を受ける子どもの状況を踏まえて行う、家庭との関係づくりや関係機関とのネットワーク化を支援すること等を目的に、スクールソーシャルワーカーの拡充を図る。
スクールアドバイザーの設置	学校と教育委員会、子ども家庭支援センターとの意思疎通等の課題を解決し、いじめや児童虐待等の児童・生徒の安全・安心を守る体制を強化することを目的に、管理職、担当教員が気軽に相談できる職としてスクールアドバイザーを教育委員会に配置する。 2015年度は、教育相談や人権教育に精通する元学校管理職を雇用している。

地域における関係機関相互の連携強化をはかる取り組み

取り組み	主な目的・内容
職員研修、テーマ別研修の開催	・児童虐待を見逃さず、感受性を高めて子どもに関わる意識をもつことができるように、子育て支援に関わる職員への講座を開催する。 ・要保護児童対策地域協議会の関係機関を対象に、より専門性を高めることを目指し、テーマ別の研修を開催する。
アウトリーチの実施	・保育園、幼稚園、学校等の関係機関へ訪問し、情報収集を行う。
要保護児童対策地域協議会の再構築	・実務者会議について、開催内容等を見直す。 ・情報を適正に管理・運用するシステムを構築する。 ・子ども家庭支援センター相談員の増員により体制を強化する。
関係機関との連携	・不登校不登園で確認できない子どもの安否について、関係機関と連携し対応を行う。 ・学校が開催する校外委員会等への参加や、スクールソーシャルワーカーと連携する。 ・児童相談所と「東京ルール」や「共有ガイドライン」を踏まえて連携する。
地域との連携	・民生委員・児童委員、主任児童委員の意見を取り入れた地域づくりを検討する。 ・地域の子ども・子育て支援を行っている任意団体等の活動ネットワークを活用し、広報活動を拡充する。
関係機関への周知	・現行の「児童虐待防止のための発見・対応マニュアル」を見直し、関係機関が活用できる内容へ再作成する。
児童・生徒への啓発	・現在、配布している児童虐待の啓発カード等を、教育委員会との共同作成により内容と活用の充実をはかる。
市民への啓発	・11月の「児童虐待防止推進月間」の普及啓発を強化する。
依頼による出前講座の実施	・出前講座により、ニーズに応じた普及啓発とPR活動を行う。

や、学校と定例的に情報を共有する会議が設置されるなどにより、相談、情報共有、連携支援を活発に行っている。その他、市長部局として2014年度に設置した「西東京市こども相談業務あり方検討委員会」において、各部署で支援しているケースの情報と対応方法について、どのようにつなぐのかを検討している。今後は、要保護児童対策地域協議会の実務者会議を活用し、各ライフステージの相談支援をつなぐ体制づくりや、地域で子どもたちを支援するネットワーク化の推進、また子どもが地域で相談できる場所や機関について検討していく。

子ども家庭支援センター職員の活動状況（調査・指導件数）　　（件）

活動方法・対象者		2012年度	2013年度	2014年度	2015年度
訪問	子ども	590	627	1,241	976
	保護者	550	733	1,379	1,371
	その他	2,911	3,708	4,811	6,386
所内	子ども	135	170	290	276
	保護者	162	193	265	180
	その他	2,252	1,523	790	932
その他（電話等）	子ども	146	212	804	376
	保護者	1,353	1,617	2,887	2,460
	その他	5,517	6,317	10,153	10,740
合計		13,616	15,100	22,620	23,697

2015年度については、2015年4月〜9月までの件数。

　これらの取り組みにより、市長部局をはじめ、子どもたちに関係する各機関および子どもたちの周りにいるすべての人々が、児童虐待についての認識を深め、地域で身近に相談できる場所や人を育てていくことを進めていく。

おわりに

　子どもの虐待防止は、家庭の問題と学校など子ども施設外の問題とを切り離さず、他機関との情報共有や支援における連携等を視野に入れながら対応することが必要である。また、本事案のように、子どもにとって受け入れがたい状況にあるとき、本人は意識することなく、怒りや苦痛の感情が心の奥底に押し留められ、現実をそのまま訴えることができなくなることから、児童虐待の兆候を見逃さず、早期発見を行い、家庭への適切な支援をはかる必要がある。そのためには、身近にいるおとなが子どものSOSを認知できること、一機関だけで抱え込むことなく、組織を活用し、情報交換による共通認識をもち、支え合いながら要保護児童等の支援に取り組むことである。

　成果は、すぐに目に見える形にならなくても、子どもたちの健やかな成長を信じ、継続した支援を支える仕組みづくりを、私たち行政が担っていくことが必要である。このようなことが二度と起こらないために、学校や地域の関係機関が、同じ目線に立って子どもたちを守り支えていくことができるまちづくりを、さらに推進していきたい。

4
困難を有する子どもの夜の居場所づくり

幸重忠孝（幸重社会福祉士事務所　NPO法人山科醍醐こどものひろば）

1　夜の居場所の必要性

　今の日本の子どもたちは、子ども時代の多くの時間を家庭と学校で過ごすことになる。当たり前のことであるが、子どもたちは生まれる家庭を選ぶことができない。経済的な課題を抱えたり、さまざまな理由で保護者の養育に課題のある家庭に生まれ育つこともありえる。特に近年、格差社会の中でしんどさを抱える家庭とそうでない家庭で育つ子どもは、家庭教育や子ども時代に本来必要な体験に大きな差が開く。

　家庭にばらつきがあったとしても、学校という社会では、先生という教育のプロが子どもに平等にかかわることで、子どもたちは学習の機会に恵まれ、子ども同士で成長することができる。特に中学校までは義務教育であることから、学童期から思春期初期まで多くの子どもたちは家庭がどうであれ、学校の中では「子どもらしく」成長する機会を与えられていると考えられる。

　しかし、子どもの生活は家庭と学校を単純に切り離すことができないために、家庭のしんどさを学校に持ち込まざるをえない現実がある。たとえば学校での学習は学校内だけで完結するわけではなく、予習や復習（宿題）などの家庭学習と学校での学習を繰り返すことで学力として定着していくのが日本の学校教育の現状である。そして家庭でカバーできないことは、塾や家庭教師、習い事など商業サービスを併用することで、子どもたちに提供されている。また、家庭生活が安定していなければ学習面だけでなく、情緒面やコミュニケーション能力にも大きな差が出てくる。たとえば夕食の食卓には家族が集まって温かい食事を囲んで、今日あったことを子どもが話し、食卓に笑い声がたえない家庭もあれば、親は仕事の都合で帰りが遅く、いつもコン

ビニ弁当や冷凍食品をレンジで温め、テレビやスマホをみながら一人で夕食をとらざるをえない家庭もある。後者の家庭では、食事の栄養はとれても心の栄養はとることができない。それは学校生活での人とのかかわりにも必ず大きな差となって表れる。

　そのような家庭の中にはネグレクト（養育放棄）と呼ばれる状態で生きている子どももけっして少なくない。ネグレクトの背景はさまざまで、子どもの6人に1人といわれる相対的貧困家庭、ひとり親家庭、保護者の病気や障がいなど、子どもの力だけでは家庭環境をどうにもできないケースがほとんどである。ネグレクトケースは子ども虐待にあたるものの、命にかかわる危険性が低いと判断されることが多いので、児童相談所が子どもを家庭から切り離す一時保護や児童福祉施設措置などの判断をすることは少ない。多くのケースは市町村の家庭児童相談室が要保護児童対策地域協議会を活用し、関係機関をつなげてネットワークによる見守り支援となっている。ネットワークによる見守り支援そのものはリスクマネジメントとしての意味は大きいものの、子ども自身や家庭生活に何か直接支援することはほとんどないため、結局このようなネグレクト家庭の子どもたちはゆるやかにしんどさを積み重ね、多くのケースが思春期を迎える頃には学校に居場所をなくし、不登校や引きこもり、非行などの反社会行動を起こすこととなる。

　このような社会状況に一石を投じる取り組みとして、地域ボランティアによる夜の居場所づくりがはじまっている。そこで本稿では、京都や滋賀での実践報告を紹介しながら、夜の居場所の可能性と課題を提起する。

2　NPO法人による夜の居場所づくり

　京都市の東に位置する山科醍醐地域で35年近く活動するNPO法人山科醍醐こどものひろばが、夜の居場所づくりをはじめたのは2010年の夏である。山科醍醐こどものひろばの前身団体は山科醍醐親と子の劇場で、1990年代前後に全国的に広がった「子ども劇場おやこ劇場運動」によって誕生した任意団体である。専業主婦と若者を中心に、子どもの文化、地域での子育てをテーマにして20年にわたり会員制の任意団体として歩み、2000年にNPO法人化し、地域の子育て支援と子どもの健全育成を二本柱に活動を続けてきた。2009年にこの会の代表に社会福祉士であるスクールソーシャルワーカーが選任されたことをきっかけに、この団体がもつ地域ボランティア

の力を活用した夜の居場所づくりがはじまった。

　地域ボランティアによる夜の居場所づくりでは、この夜の居場所活動を必要としている子どもたちの自己肯定感を高めることを第一の目標として掲げ、2つの仕組みを組み込んだ。ここに来る子どもたちは、自分を認めるおとなの存在を求めている。そして、ただ夜の時間を子どもがここで過ごすだけでなく、家庭的雰囲気を体感してもらう必要があった。そこで、子どもにはマンツーマンでおとながかかわれる体制をつくることにした。そして受け入れの定員を一度に3名までとして（週に1回の利用で、月曜の子、火曜の子と来る子どもが毎日違っていて実質は15名近い子どもを受け入れている）ボランティアを含め5、6人で一つの食卓を囲んで夕食をとる集団環境づくりを行った。場所は商店街の空き店舗や空き家を行政や民間の補助金を使って活用し、子どもたちは17時から21時までこの居場所で過ごす。家庭と同じように過ごしてほしいので、持ち込み禁止のものや決められた日課があるわけではなく、ゆったりした時間の中で地域のボランティアに見守られて過ごす。

　多くの子どもたちはトワイライトステイと呼ばれるこの夜の居場所に来た当初は、スマホや携帯ゲーム機をさわってばかりでボランティアとかかわろうとしない。でも一緒に食卓を囲み、お風呂に入る中で、1人で遊ぶよりも人とかかわることの楽しさを少しずつ体感し、気がついたときには1人で時間を過ごすことはほとんどなくなっている。

　しかし、山科醍醐こどものひろばがつくった夜の居場所には、大きな課題があった。地域のボランティアでつくっているこの活動と組織は専門性の高い学校や福祉などの関係機関と連携することに大きな壁があった。活動を始めた当初は必要な子どもにこの活動を届けること、そして子どもが来るようになった後は、関係機関と連携することが非常に難しかった。ある関係機関や専門家は素人である地域住民がしんどさを抱える家庭や子どもたちにかかわることに対して批判的な意見をぶつけてくることもあった。その壁を乗り越えるためにある特定の学校と連携することを前提に事業づくりを行うなど工夫を積み重ねたが、普遍的な連携の仕組みにすることは難しかった。山科醍醐こどものひろばの夜の居場所の取り組みをモデルに、全国各地にこのような夜の居場所づくりが広がっているが、多くの団体が同じ課題を抱えていることが報告されている。

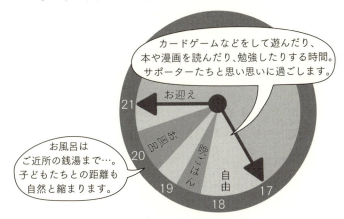

トワイライトステイ（山科区「こども生活支援センター」）

京都市のNPOで行われている夜の居場所では、社会福祉士のNPO職員が、地域の学生ボランティアをコーディネートして事業をすすめています。商店街の空き店舗を活用した「こども生活支援センター」で、夜、家庭でひとりで過ごす小中学生たちが平日17時から21時まで、学生サポーターとマンツーマンで過ごしています。

（『子どもたちとつくる貧困とひとりぼっちのいないまち』より引用、一部修正）

3　社会福祉協議会によるネットワークを活用した夜の居場所づくり

　京都の実践は地域でできる夜の居場所づくりの一つのモデルとなったものの、夜の居場所づくりに必要な場所、ボランティア、資金を一つの団体で提供できることが前提で、同じような活動をつくろうと思ったときにゼロから組織づくりをするのは時間も労力も必要となり、ある程度の組織でなければ実施は困難であった。そこで活動をモデルにしながら運営体制にアレンジを行ったのが、大津市ではじまった夜の居場所づくりである。子どもの貧困対策推進法や生活困窮者自立支援法が施行されている中で、大津市社会福祉協議会では地域のネットワークをつくりながら夜の居場所づくりを始めた。

　夜の居場所のプログラムについては、京都での取り組みをそのまま活用しながら、運営体制として地域の複数のNPOでネットワークを組み、各NPOが週に1回実施することで負担感を軽減し、ボランティアについては地元の大学生や民生委員などの力を借りながら活動を展開していった。また、事業のコーディネートやスーパーヴィジョンを社会福祉協議会のコミュニティソーシャルワーカーや独立型社会福祉士事務所のソーシャルワーカーが担

うこととなった。社会福祉協議会は全国どこにでもある地域組織なので、このように社会福祉協議会が中心になり地域でネットワークを組んで夜の居場所をつくることで、全国どこでも広められる新たなモデルをつくることができた。

この大津市の取り組みに、社会福祉法人の地域貢献事業づくりを行うために集まってつくられた滋賀県の縁創造実践センターが注目をし、高齢者施設などを活用する夜の居場所づくりを始めた。高齢者施設のほとんどがデイサービス事業を実施しているが、デイサービスは日中サービスのため夕方には利用者は自宅に帰ることとなる。夜になると使われない空間が施設の中に生まれるため、この空間を活用しようという発想だ。また、施設には生活設備やサービス（夕食の提供、風呂の利用、レクレーション活動の場所や備品）が元々備わっているために、夜の居場所活動をするには最適である。さらに終了時間が遅いため、従来からネックとなっていた子どもたちの送迎についても、施設は必ず送迎車や送迎スタッフがいるので、この力を借りることで地域ボランティアの負担が大幅に軽減されることとなった。

また、実施して見えてきたこととして、利用している子どもたちにとってのプラスの影響はもちろんのこと、施設を利用している高齢者にとっても週に1回、施設内に子どもの声が響くことで元気がもらえている。認知症でいつも眉間にしわを寄せて厳しい表情をしている利用者が、子どもたちが来る日はやわらかい表情になっているという、思いもよらなかった効果を生み出した。さらに、高齢者が保護者や学校の先生と違って評価することはなく、ただそこに子どもがいることで、子どもが何をしていても「ええ子やなぁ。かしこいなぁ。すごいなぁ」と本音の言葉で褒めてもらえる。そのため、子どもたちも積極的に施設の利用者にかかわる中で、自己肯定感を高めていくことができている。

4　スクールソーシャルワーカーによる関係機関との連携

さらに滋賀県の取り組みでは、京都での取り組みで大きな課題となった地域の夜の居場所と関係機関との連携について、スクールソーシャルワーカーを活用することで大きな成果をあげている。滋賀県教育委員会のスクールソーシャルワーカー活用事業において、子どもの貧困特別派遣枠を新たに立ち上げ、前述の夜の居場所がつくられた学区の小・中学校にスクールソーシャ

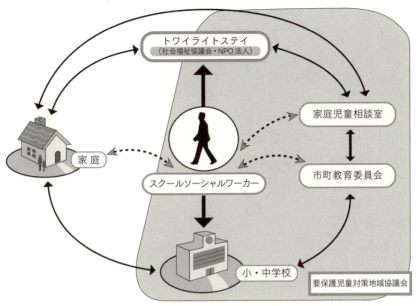

トワイライトステイにつなぐネットワーク

（筆者作成）

ルワーカーを派遣し、夜の居場所が必要な子どもや家庭を居場所につなぎ、つないだ後も連携がとれるように家庭児童相談室を中心に必要に応じて要保護児童対策地域協議会などのネットワークの中にこの居場所も組み込んでいくように調整を行う仕組みがつくられた。

　ネグレクトケースや不登校などで関係機関とのつながりがとりにくかった家庭の子どもが毎週夜の居場所で過ごすことで、関係機関としても安否確認をはじめタイムリーな家庭や子どもの状況を知ることが可能となった。また、学校と連携することで不登校状態の子どもが学校に行くようになったり、家庭児童相談室がかかわりネグレクトケースでケース会議を何年重ねても動きがなかった家庭の子どもが夜の居場所に来ることで社会参加の機会が増えたりと、学校や福祉機関と違う新しいつながりの効果や意味を関係機関とともに確認することができている。

5　今後の課題

　京都や滋賀での夜の居場所における生活支援の取り組みそのものはけっし

て目新しいものではなく、児童福祉施設で行われているトワイライトステイ事業やセツルメント運動、同和地域の隣保館や同和教育研究指定校での実践、大阪の西成地区などの「子どもの家」などで、すでに実践されてきたものである。しかし、今までの実践は特殊な地域性、行政の資金援助、カリスマ性のある人物などの条件が整わないと夜の居場所を維持できず、全国的にこの居場所を広げることができなかった。

　それに対して前述の京都や滋賀での実践は、地域の普通のボランティアたちが子どもたちの通える場所に夜の居場所をつくってきたことから、全国各地に夜の居場所を広げることを意識して、仕組みがつくられてきた。地域のボランティアの活用や商店街の空き店舗、空き家、高齢者施設の活用など、このような仕掛けによって全国どの地域でもこの居場所をつくることは可能である。

　しかし、要となるコーディネート部分には高い専門性が求められる。スクールソーシャルワーカーやコミュニティソーシャルワーカーなどの専門家がきちんとかかわる必要がある。そのようなソーシャルワーカーを行政がどのように配置し、活用できる体制をつくるかが、このような夜の居場所が全国に広がるためには必要不可欠であろう。さらには、ボランティアがベースといえども運営資金が必要となってくるために、子どもの貧困対策推進法や生活困窮者自立支援法をはじめさまざまな法制度を活用したり、寄付（現金はもちろんのこと生活支援であるので食材なども効果的である）の仕組みを工夫してつくりあげたりする、こういったことが今後の大きな課題である。

[参考文献]

幸重忠孝（2015）「スクールソーシャルワーカーに期待される役割」『世界の児童と母性』79号

山科醍醐こどものひろば（2013）『子どもたちとつくる貧困とひとりぼっちのないまち』かもがわ出版

滋賀県社会福祉協議会（2015）『地域で始めたい！　子どもの学習支援居場所づくり活動』

滋賀県社会福祉協議会（2015）「つなげよう・広げよう・滋賀の縁」『福祉しが』281号

滋賀の縁創造実践センター（2015）「みんなのフリースペース」『えにし通信』5号

Part Ⅲ　まちづくりと子どもの相談・救済

5
障がいのある子どもの支援とまちづくり

宮西義憲（芽室町町長）

はじめに——芽室町の概要

　芽室町は、北海道の東部に広がる十勝平野の中部に位置し、行政区面積 513.76 km² のまちで、概ね 40% の大地が平坦肥沃な畑作農業地帯である。

　町の名称「メムロ町」は、北海道の多くの地名や山・河川がそうであるように、アイヌの皆さんが使っていた言葉の音に漢字をあてはめたもので、メムオロという言葉が語源である。「メム」は池や泉のように美しい水が湧き出すところで、「オロ」はその池や泉から流れる川を表すものである。

　本町の 2010（平成 22）年国勢調査人口は 18,905 人で、その推移は、1970（昭和 45）年以降ゆるやかな増加傾向にある。年齢構成別人口の推移をみると、2010（平成 22）年の年少人口（10〜15 歳未満）構成比 16.3% は、北海道内の自治体で高い方から 2 番目、高齢者人口（65 歳以上）構成比 23.1% は低い方から 19 番目である。2005（平成 17）年も同様の傾向にあり、本町のまちづくりを考えるとき、この年齢構成の構造を本町の個性と位置づけ、その維持に全力をあげるべきと考えている。

　本町には、保育所 8 か所のほか、私立幼稚園 2 か所、小学校 4 校、中学校 3 校、そして高等学校 2 校（うち 1 校は私立）が設置され、また医療機関として公立芽室病院を経営している。11 の診療科に 15 人の医師が 150 の病床を運営する一方で、2 人の産科医、2 人の小児科医が連携を確立し、周産期医療に取り組んでいる。そして 2006（平成 18）年にユニセフと WHO から「赤ちゃんにやさしい病院」の認定を受けた。

1　芽室町の子ども・子育て支援事業

　本町が子ども・子育て支援事業を重点化した背景には、国勢調査の年齢構成別人口の維持をめざしたことはもちろん、1996（平成8）年、わたし自身が本町教育委員会の教育長に就任したときの衝撃的な体験がある。

　一つに、教育長就任直後、執務室の外をいつも自転車で隣の図書館に来る女の子の存在があった。どう見ても小学生に見えるが、教育委員会職員を含め、周囲のおとなは誰も何も反応しない。「あの子、どうしたの？」と職員にたずねてみた。「はい、不登校です」。あっさりと返事があった。効果的対応策が見当たらなかったとしても、大変なショックであった。この子には憲法26条に基づき等しく教育を受ける権利がある。またその子の保護者にも教育を受けさせる義務を発揮できない事情があるなら、教育機関としての学校や教育委員会は、なぜ等しく手を差し伸べて適正な行政サービスを提供しないのか。ただちに、小学校4年生のこの子が図書館に来る意欲をもっているうちに、適応指導教室を開設し、本町にスクールカウンセラーを配置した。

　体験の二つめは、隣接する帯広市の若き精神科医師が、講演会で話した「発達障がいの子どもたちには、早期発見に伴う早期支援こそ効果を発揮します」という言葉だ。発達障がいに対する理解が十分といえない頃である。その直後、ある小学校に多動傾向の子どもが入学してきた。授業に集中できなくなると教室を歩き回り、走り回る。ときには教室から飛び出すこともあった。先生がその子にかかりきりになると、入学したばかりの子どもたちの学級は、俗にいう「崩壊」状態である。母親も悩んでいると聞き、若き精神科医師の受診を勧めた。しばらく考えた母親の返事は「わかりました。診てもらいます」であった。母親も苦労しており、お姑さんからも「おまえのしつけが悪い」と責められていたのだ。結果はADHD（注意欠陥多動性障がい）であった。医師の「この子は信頼できる人を得るとかなり落ち着きます」という診断結果から、補正予算を組み本町単独で教員を採用した。それを伝えに学校へ行ったとき、校長は慌てて「教育長、申し訳ありません。担任教師の指導力不足は、わたしと教頭が補います」といった。当時、文部科学省は、発達に支援の必要な子どもは6％程度いるといっていたにもかかわらず、各学校現場までその対策が浸透していなかったのである。

　この二つの出来事が胸にあり、わたしは町長に立候補するときのマニフェストに「子ども支援、子育て支援の行政サービスを一元化して提供する」こ

とを「子育ての木」と名づけ、一本の木のイメージで訴えた。木の幹こそ子ども支援・子育て支援であり、木々の枝や葉を子どもの成長過程に応じた行政サービスとし、一度行政サービスを受けたら、それらサービスを成長に応じて継続することをめざしたものである。

「子育ての木」のイメージで、2008（平成20）年、保健、福祉（保育を含む）、医療、そして教育（幼児、小学校、中学校）を連携し、一元的に行政サービスを提供する「子育て支援課」を設置した。さらに、関係者が機能と効果を発揮するため「子育ての木委員会」を開設した。

その後、子育て支援の充実をめざし「子育てママ」数人と意見交換の機会をもった。本町の「赤ちゃんにやさしい病院」で出産し、母乳で育むことに喜びを感じていたあるママが「授乳をしても自分の赤ちゃんだけ泣きやまない」その現実が「少しずつ『なぜ！　どうして！』と気になり始め、授乳がとても辛いものになってきたんです」と涙を流した。遠くに住む実母に心配をかけたくないと、ひとりで我慢してきたことを告白してくれたのである。そこで本町では、町の保健師はもとより、地域社会の子育て先輩ママとも力を合わせて、子育て中のママを孤立させない全町的システムの確立を考えた。

今、民間の皆さんによる、登録者250人の「育児サポートシステム」が機能している。援助を依頼したい会員と、援助を提供したい会員、さらにその両方に対応できる会員など、各々が多様な活動を展開する様は心強いものである。さらにスピード感を発揮しながら、10組を超える小グループの子育て組織が自主的に活動を継続し、子育てを支えられたママが、いつしか子育てを支えるママへと変わりゆく姿はうれしいものである。

また、身体に障がいがあり、発達に障がいのある子どもたちの存在がある。これらの子どもたちの中には、少しの支えで普通に生きていける子どもたちが少なくない。意見交換の場で、ある母親から「わたしの子どもは、発達障がいです。健康診断、予防接種、幼稚園や保育所の入園や入所、そして小学校の入学などで、他と異なる子どもとして、発育の説明を求められる。そんな親の気持ちがわかりますか」といわれた。母親の目は、とても悲しそうであった。また、ある母親は「今日までこの子とがんばって生きてきたけれど、わたしも55歳、子どもも20歳を過ぎました。最近、わたしが死んだらこの子はどうなるのかと思うと眠れなくって」といった。さらにその隣の母親は「うちの子は、仕事をして勤めることは一生できないと思います。でもな

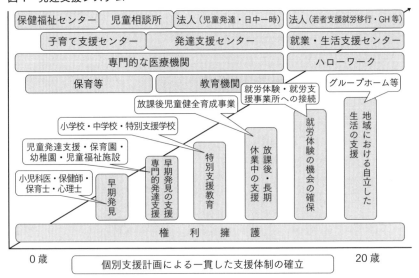

図1　発達支援システム

んとか体験だけでもさせてくれませんか」と訴えた。身体や発達に障がいがある子どもたちの「育み」は、必ずしも保障できていない現実を知らされた。

　こうしたことから、子ども・子育てにかかわるすべての行政サービスが連携し、人・情報・支援をつないだシステムを構想した。それが図1である。縦軸は、保健・医療・福祉（保育を含む）、そして教育（幼児教育を含む）をつなぐものであり、さらに就労へのつながりをめざしたものである。また横軸は、乳幼児期・学齢期から就労期へと子どものライフステージに応じた行政サービスの継続展開である。

　横軸の効果的展開のために、本町では1歳9か月健診で早期発見に努め、発達支援の必要な子どもには、ただちにすべての関係者が協議し、個別のケースカンファレンスを経て、個別支援計画を作成する。特に重視したのは「発達支援センター」の設置である。コミュニケーション能力や社会性に課題がある子どもたちにソーシャルスキル・トレーニングを実施し、集団適応力を高める療育を行うものであるが、発達心理相談員（臨床心理士）、地域コーディネーター、保健師、保育士、社会福祉士など、11人のスタッフが外部機関と連携し、より効果的な行政サービスを提供している。

　また、教育機関との連携も本町では珍しいものではない。保育所（幼稚

園）と教育機関（小学校）の間では「保育と教育の架橋を創るカンファレンス」という会議が開催される。子どもの入学に合わせ、入学前に２回、入学後に１回の情報会議は、人・情報・支援を有効につなぎ、学校の放課後に発達支援センターで療育支援を受ける子も多い。

　さらに読み書き困難児には、町行政が「スクリーニング・ガイドライン」を発行し、教育委員会と連携し小・中学校へ提供する一方で、小・中学校に町の地域コーディネーターを講師として派遣し、子どもに保障される「生きる」「育つ」「守られる」「参加する」権利と、いじめなどについての授業を担っている。そのため今日では、小学５年生と中学２年生には「子どもの権利に関する条例」の啓発授業が、町内全小・中学校で定着している。

２　個性のまま生きる自立

　本町では、子どもたちに身体や発達に障がいがあっても、それは個性であり、その個性のまま生きることが自立の要件だと考えている。その自立を支えるものに、「就労の場」と「居住の場」がある。居住の場づくりは、予算確保と並行すれば行政でも完結は可能である。しかし、就労の場づくりは、子どもの能力に応じた多様な選択肢の提供も必要であり、民間事業所とのかかわりが重要な要素となる。その意味では、就労の場づくりは困難を極め、先んじて完成したのが本町役場の「職場実習システム」である。

　就労の場づくりの難しさを痛感していたとき、前述の母親との意見交換の場で「うちの子は仕事をして勤めることは一生できないと思います。なんとか仕事の体験だけでもさせてくれませんか」との訴えがあった。あの訴えには"目からうろこが落ちる"思いであった。就労は困難であっても、職場実習ならすぐにでもできるという思いが広がった。

　以来、現在４年を迎えた本町の「職場実習システム」はこうだ。年度初めの４月、町の非常勤臨時職員として「職場実習」を希望する人がハローワークに登録する。本年は10人が登録し、多い人は月に８～10日くらい実習に来る。仕事の主たるものは、毎月の行政広報誌の発送や印刷業務などである。年度初め、多くの職員に辞令交付をおこなうが、「職場実習」の非常勤職員も例外ではない。緊張感一杯で辞令を手にした職員は、どこか誇らしげにみえる気がする。

　初めての広報誌の発送作業、事務所の階段を上がってきたかれらは、わい

わいガヤガヤとうるさく、奇声を発する人もいた。しかし、3回目くらいから、かれら自身が執務する場所から感じたものがあったのだろう、誰がいうともなく、集中力を発揮し、黙々と仕事をこなすようになった。この場所がどんな場所であるのか、かれら自身が肌で感じ、自覚が芽生えたようにみえた。さらに、この10人程の集団が、お互いの存在を認め合い、力量のある人が、他の人を補完する作用が発揮されるようになり、業務効率はわれわれと変わらないものとなった。そのため、この職場実習では、経験の最も浅い常勤臨時職員と同額の最低賃金を上回る時給870円が支給されている。

「職場実習」の予想を超える効果をみると、身体に障がいがあっても、発達に障がいがあっても、それは個性であり、個性のまま生きる、育つことこそが自立だと、あらためて実感した。「就労支援」は、このようなコンセプトに立って実施してこそ、きわめて重要な行政施策となるのである。

3　就労システムづくり

本町の基幹産業は農業である。その後継者の多くは「親父の背中がかっこ良かったから、おれは農業を継ぐ」といい、「おれたちは、この国の食料自給を支えているからこそ、安全でおいしいものを作るのだ」と、高い意欲と誇りをもっている。そんな農業の生産環境である大地・青空・みどり・空気そして水は、どれをとっても人間形成の原点といえるものだ。この素晴らしい環境の中で、身体や発達に障がいがあっても、本町だからこそ農業後継者と同様に高い意欲と誇りをもって生きてほしいと考え、2009（平成21）年、それをテーマにした「就労システム」の確立を開始した。

就労の場づくりは、行政だけではなく、そのノウハウをもつ民間企業と協働で実施することを基本とし、この基本方針に賛同いただける企業誘致に全力をあげた。数か所の障がい者雇用企業を訪問し、本町の熱い想いを説明したが、理解はされなかった。障がい者雇用で有名なある企業を訪れたとき、「行政の考えることは甘い。そんな考えでは駄目」といわれた。しかし、わたしたちは本気であった。その企業代表を本町にお招きし、お考えになる「障がい者雇用に対する理念」を語っていただくことを重ねた。

そんな日々が2年ほど続いたとき、厚生労働省から北海道に出向していた人から、広島県などで障がい者雇用の先進実績をもつ企業経営者の紹介があった。その企業経営者もまた「障がいのある人にも農業の素晴らしさを理

解してほしい」と強く感じており、意気投合した。ただ一つだけ、一致しなかったのが「遊休農地がたくさんあるのだから、それを使おう」という提案であったが、「本町はすべて優良農地であり、遊休農地はまったく存在しない」という事実を説明して、ご理解いただいた。そうして農地利用の法的手続きへの考えが一致したとき、この経営者は、自社の係長として多くのノウハウをもつ娘さんを、本町のアドバイザーとして派遣してくれた。

　アドバイザーが保持する多様なネットワークや的確な指摘は、本町の思いを一気に実現するカンフル剤となった。四国に本社があるお惣菜を製造販売する企業が、農業の町・芽室町の自社の畑で農産物を生産し、一次加工して四国の本社で原材料とする構想に興味をみせていると情報があった。本町がめざす想いを、事前にプロモーションビデオで観てもらってから、初めて社長さんや役員の皆様に説明し、「本町で障がいのある人たちも参加できる農業事業を」と訴えた。「いいですよ。芽室へ行きましょう」と社長さんからお返事をいただいたときの喜びは、忘れられないばかりか、今でも信じられないものである。その企業の経営理念は、「誰もが楽しく働ける職場を目指す」と定められており、障がいがあっても、本町でこの理念のもとに働く人々の姿を予想すると、一気に夢が拡大するうれしさがあった。

　2013（平成25）年の春、3 ha の農地でばれいしょなどを生産し、自社工場で加工する就労継続支援Ａ型事業所「九神ファームめむろ」が事業を開始した。知的障がい6人、発達障がい3人の社員が、地域社会の高齢者3人を指導者として始めた農業の生産活動に、地元採用の2人の社員が加わり、さらに3人のサービス管理者等の導きのもと、模索の中にも確かな足跡が刻まれていった。自社工場で農産物加工作業が始まったとき、手作業でばれいしょの皮むきやカット作業をする社員のスピード感と正確性には、目を見張るものがあった。今までの人生で、皮むき機も包丁も「危ないから」とさわらせてもらえなかった人たちである。しかも、その作業で発揮する集中力や持続力は、われわれに大きく勝るものである。

　こうして社員同士が互いの存在感を認め合い、ときには補完し合う姿をみていると、「かれらがもつ潜在的な就業能力に、なぜもっと早く気づいてあげられなかったのか」と思う。かれらは「できない」のではなく「させなかった」だけなのだと、痛烈に反省した。不登校で引きこもりであった人が、無遅刻・無欠勤の就業者となり、無表情だった人が笑顔一杯で働く姿に変身

したとき、この人たちの、子どもの頃からの「生きる・育つ・守られる・参加する」権利は、本当に守られていたのであろうか。本町の関係スタッフは、強烈な反省を胸にしたものである。そして、2015（平成27）年4月、3年目を迎えたこの事業所では、2人の社員が一般就労へと移行していった。

おわりに

　本町の子ども・子育て支援から、就労まで、連続した子どもにやさしいまちづくりは、今始まったばかりである。しかしこの仕事を通して、関係職員には多くの学びがあった。「子どもの権利」「個人の尊重」「公共の福祉」などから、「人びとの権利」を検証したとき、新たな課題が見えてきたことである。それは、次の三つである。

　一つに、これらの取り組みを経験した関係職員から、障がい者の社会・経済活動への参加支援や自立支援そして生活支援や就労支援を、持続性ある町の責務とするため、条例制定の提案があった。そこで、2009（平成21）年3月、「障がい者及び障がい児の自立支援に関する条例」を制定した。さらに、この条例制定から、「青年期の引きこもり」に苦悩する人びとの存在が見え始めた。現在、これらの人々を就労に導入する施策を模索中である。

　二つに、「子どもの権利に関する条例」の検証があげられる。本町では、この条例を2006（平成18）年に制定していたが、子どもの虐待等の早期発見や救済そして回復にあたっては、本町が確立した「子ども情報の一元化システム」との連携が明確でなく、「救済委員会」との効果的な機能分担の確立が必要となっていた。また、子どもの社会参加を求める「子ども会議」にあっては、子どもの多忙感に対する視点が欠落していることが見えてきた。そこで、これら課題の解決のために、2016年度に条例を改正して取り組みを強化している。

　三つには、本町の就労支援事業で、就労能力を高めた人々が一人でも多く「民間企業に移行したり、民間企業の障がい雇用に参加するシステム」の確立である。本町ではすでに数社の企業と情報交換しているが、新年度に向け、町をあげたシステムを構築していきたいと考えている。

　これらのシステムが確立されて本町に定着していったとき、本町は子ども・子育てから就労まで、連続した「障がいのある子どもたちを支援する」まちになるだろう。

Part IV

公的第三者機関における
子どもの相談・救済活動

1 子ども条例に基づく公的第三者機関の歩みと課題

半田勝久（日本体育大学）

はじめに

　国連・子どもの権利条約を日本が批准（1994年）してから20年余が経過し、子ども条例を制定し、その理念のもとで一般行政権から独立して子どもの最善の利益のために活動する子どもの相談・救済機関（＝公的第三者機関）を設置する自治体が誕生してきている。こうした公的第三者機関の基本的役割は、子どものSOSのサインや声を受け止め、子どもの気持ちに寄り添いながらともに解決策を探り、必要に応じて子どもをめぐる緊張した関係性の調整や是正策を提言することにより権利擁護を図り、もって子どものエンパワメントを支援することである。

　子ども条例といってもいろいろあるが、①子どもの権利保障をはかる総合的な条例（総合条例）、②子どもの権利を個別的な施策・制度により実現していく個別条例、③子ども施策を推進するための原則条例に大別できる。

　①の総合条例は、子どもの権利条約をそれぞれの自治体で実効性のあるものにするため、総合的かつ計画的にまち全体で子どもの自己実現を保障していこうとする性格をもっており、川崎市をはじめ全国各地で40以上の自治体が立法化している。そのなかで、公的第三者機関の設置を規定している自治体は札幌市、宗像市、世田谷区他20自治体を超えている。

　②の個別条例は、地域や子どもの実情や行財政事情などから、総合的な施策を前提とした条例ではなく、個別の問題・課題、重点課題に対応していくことを目的としている。子どもの相談・救済に特化した条例を制定している自治体としては川西市、埼玉県がある。

　③の原則条例は、子ども施策を推進するための原則・理念などを定め、条

例制定後にその具体化を促していくものや、基本となる理念や施策を示し、その推進計画の策定や推進体制のあり方などを定めている。子育て・子育ち支援のための施策推進条例に公的第三者機関の設置を規定している自治体としては秋田県、施策推進条例の理念に基づき新たに個別条例を制定し公的第三者機関を設置した自治体として宝塚市がある。

そこで、本稿では子ども条例に基づき設置された公的第三者機関のこれまでの歩みと課題について、子どもの相談・救済にかかわる関係者との議論の積み重ねをもとに整理する。

1　日本における公的第三者機関設置の背景（制度検討期）

子どもの権利条約が批准された1994年は、西尾市立中学校2年生がいじめを苦に自死するという痛ましい事件が起こり、1986年の中野富士見中学いじめ自死事件以降、社会的にいじめ自死事件が注目された「第2のピーク」とも呼ばれる時期である。こうした事件を契機とし、学校や教育委員会に設置されている教育相談では対応しきれない限界性が浮かび上がった。

続く1995年に地方分権推進法が制定され、90年代後半は地方自治の再構築を進めるなか、地域に見合った子どもの権利を活かそうとする子ども施策の展開が求められていくことになる。すなわち、子どもの生活圏レベルにおいて、子育て・子育ち支援の推進、子どもの居場所の確保、子どもの相談・救済機関の整備、子どもの意見表明・参加の保障など子どもの権利の定着をはかる試みである。こうした施策を継続・安定のもと企画・推進していくため、地域の実情に応じた法的基盤として子ども条例の制定の検討が始まる。

そうしたなか、川西市では1995年10月に、子どもの人権を守るオンブズマン制度の創設が提起され、制度検討を重ねた結果、1997年9月に教育委員会の付属機関として設置することなどを骨子とした条例試案が出された。

国連・子どもの権利委員会の第1回日本政府報告書に対する総括所見（1998年6月）においては、「子どもたちの権利の実施を監視する権限を持った独立機関が存在しないことを懸念」し、「子どもの権利のためのオンブズパーソンまたはコミッショナーを創設するかのいずれかの手段により、独立した監視機構を設置するために必要な措置をとるよう勧告」された。こうした勧告からも条例設置による独立した公的第三者機関の必要性が認知され、川西市においては、同年12月に市長の付属機関に修正され、日本で初めて

子ども固有のオンブズパーソンが個別条例に基づいて設置された。

川崎市においても、同じ頃、子どもの権利に関する総合条例策定に向け、市民や子ども参加のもと積極的な議論が開始され、2000年12月に「川崎市子どもの権利に関する条例」として全会一致で可決された。その後、同条例第35条（相談及び救済）の具現化を探るなかで、子どもの権利侵害と男女平等にかかわる人権の侵害に関する相談および救済の申立てを簡易に、かつ安心して行うことができるよう「川崎市人権オンブズパーソン条例」が2001年6月に制定された。

こうした制度検討期における課題は、制度の立法論、既存の相談機関との関係、独立性をどのように担保していけばよいのか、子どもオンブズワークとはどういった仕事なのかといったものだった。それらを検討していくために諸外国の子どもオンブズパーソンの運営実態、「国家機関（国内人権機関）の地位に関する原則」（パリ原則1993）にも関心がもたれることとなった。

2　全国における子ども施策の推進と公的第三者機関の制度運用初期

川西市や川崎市の条例を先進モデルとして全国の自治体がさまざまな取り組みを進めだした。子どもの権利救済に関する個別条例としては岐南町（2001年3月、ただし2012年6月廃止）、埼玉県（2002年3月）、総合条例としては多治見市（2003年9月）において制定され、それぞれ公的第三者機関が設置されることとなる。

そうした状況も見据えて、2002年4月に子どもの権利条約総合研究所が設立され、同年8月、同研究所と川西市の主催により「『地方自治と子ども施策』自治体シンポジウム」が開催された。本シンポジウムは、その後毎年開催され、「子どもの相談・救済」「子どもの居場所」「子ども参加」「子ども計画」「子ども条例」分科会等において、自治体相互や研究者との交流を活性化し、子ども施策の現状と課題を把握するうえで効果を発揮することとなる。

公的第三者機関の制度運用初期においては、法的構造、子どもの相談から救済までのプロセス、広報・啓発の効果的な方法、公的第三者機関の検証方法などが課題となった。さらには、個別具体案件から見えてきた課題をもとに、子どもの権利擁護のため必要な制度の改善等の提言にどのように結びつけるか、子どもが相談から救済のプロセスに参加するなかでどのようにエン

パワメントされるのか、といった議論も行われた。

また、国連・子どもの権利条約一般的意見2号「子どもの権利の保護および促進における独立した国内人権機関の役割」に関する研究、ユニセフが提唱する「子どもにやさしいまち（CHILD FRIENDLY CITIES）」のなかで、子どもの相談・救済機関が果たす役割等についての研究も進められた。

3 子どもの相談・救済制度の広がり

子どもの権利に関する総合条例や原則条例は、目黒区（2005年12月）、名張市（2006年3月）、豊島区（同年3月）、秋田県（同年9月）、志免町（同年12月）等において制定され、それに基づき公的第三者機関が設置された。

また、この頃はいじめが原因とみられる児童生徒の自死が相次ぎ、大きな社会問題になっていること（「第3のピーク」）をふまえ、文部科学省は「いじめの問題への取組の徹底について（通知）」（2006年10月）を出した。そこでは、「いじめは、『どの学校でも、どの子にも起こり得る』問題である」との認識のもと、いじめの早期発見・早期対応、および、いじめを許さない学校づくりについて記された。そして、同年12月に「いじめ問題などに対する喫緊の提案について」において、学校内外における子どもに対する相談体制の充実が提案された。2007年2月5日には、「問題行動を起こす児童生徒に対する指導について（通知）」のなかで、教育委員会および学校は、問題行動が実際に起こったときには、十分な教育的配慮のもと、現行法制度下において採りうる措置である出席停止や懲戒等の措置も含め、毅然とした対応を行うよう通知した。

こうした状況のなか、文部科学省は2007年2月7日より子どもたちが全国どこからでも、いつでもいじめなどの悩みをより簡単に相談することができるよう全国統一の電話番号を設定した。このダイヤルに電話すれば、原則として電話をかけた所在地の教育委員会の相談窓口に接続される。

法務省人権擁護局においても、子どもの発する信号をいち早くキャッチし、その解決に導くための相談を受け付ける専用電話相談窓口として「子どもの人権110番」が設置された。相談は、全国の法務局・地方法務局において、人権擁護事務担当職員および人権擁護委員（子どもの人権専門委員）が受けている。相談は無料、秘密厳守にて対応している。2007年2月には、いじ

め問題相談への強化的な取り組みとして法務省と人権擁護委員連合会が「SOSミニレター」を作成し、全国の小中学校を通じて配布し始める。

　その後、豊田市（2007年10月）、札幌市（2008年11月）、筑前町（同年12月）、岩倉市（2009年4月）、日進市（同年9月）、筑紫野市（2010年3月）、幸田町（同年12月）、宗像市（2012年3月）、北広島市（同年6月）、知立市（同年9月）、青森市（同年12月）、松本市（2013年3月）、士別市（同年2月）、市貝町（同年12月）、宝塚市（2014年6月）、長野県（同年7月）、相模原市（2015年3月）、東員町（同年6月）に総合条例が制定されたり、世田谷区（2012年12月）や芽室町（2016年3月）のように条例を改正したりするなかで、全国に公的第三者機関が広がった。

　こうした流れに合わせ「『地方自治と子ども施策』全国自治体シンポジウム」の開催に伴い「子どもの相談・救済に関する関係者会議」が開かれることとなった。同会議は、相談・救済に携わる実務者（オンブズパーソン、権利擁護委員、相談員・調査専門員、事務局担当者等）による非公開の情報交換、制度実践上・運営上の課題や事例の検討をおこなっている。

　公的第三者機関の展開期における課題としては、全国的に子どもの相談・救済制度が広がるなかで、子どもオンブズパーソンの固有の機能を確認しつつ、設置者（首長等）、公的第三者機関（相談・救済機関）、自治体・研究者等のネットワークが担う諸課題を整理し、関係機関とともに子どもの最善の利益確保のための方策をどのように共有していくかというものであった。

4　いじめ防止条例の広がりと課題

　いじめ防止条例制定の経緯と近年の広がりについてもおさえておきたい。いじめ防止条例は、小野市がいじめ等防止条例（2007年12月）を制定し、いじめ防止の取り組みを始めたことにより、その効果がどのようにあらわれるか注目された。その後、2011年10月に大津市の中学2年生がいじめを苦にして自死した事件に端を発し（「第4のピーク」）、国レベルでは教育再生実行会議が「いじめ問題等への対応について（第一次提言）」（2013年2月）を公表した。そこでは、道徳の教科化、いじめに対峙していくための法律の制定、いじめに向き合う責任のある体制の構築、いじめている子への毅然として適切な指導などが提言されている。そうしたなか可児市（2012年10月）、大津市（2013年2月）、三木市（同年3月）他がいじめ防止条例を制

定し、地域社会全体でいじめの根絶に取り組む動きが出てきた。

そして、いじめ防止対策推進法が可決、成立（2013年6月）したのを受け、全国でいじめ防止に焦点化した条例を制定する動きが広がっていく。例をあげると、都道府県レベルで千葉県がいじめ防止対策推進条例（2014年3月）を制定したのを受け、県内で長生郡一宮町、我孫子市、館山市、四街道市他がいじめ防止対策条例を制定している。いじめ防止対策推進法第11条第1項の規定により、文部科学大臣が定めるいじめ防止基本方針を参酌し、千葉県が県いじめ防止基本方針を定め、市町村や学校がそれぞれいじめ防止基本方針を定めるといった構造である。

いじめ問題の克服においては、「解決主体としての子どもの視点」が重要となる。そのためには、いじめに関係する子どもの救済の観点から、有効かつ機能的に対応できる組織編成のあり方について検討していかなければならない。いじめ防止条例とそれに基づく組織、計画等について、子どもの最善の利益といった視点からの検証が必要になる。

5 条例の理念と公的第三者機関の課題
（1） 公的第三者機関の固有の機能と役割に伴う課題

公的第三者機関の役割は、PartⅠで吉永も指摘しているとおり4点ある。

第1は、子どもの相談対応、個別救済機能である。相談方法にも①電話相談、②来所や出張による面談、③手紙やFAXによる相談、④インターネット回線を使ったメール相談などがある。④のメール相談に関しては、札幌市の取り組みが参考になる。

第2は、個別の案件から浮かび上がった課題や問題点をもとに、関係機関等に意見表明したり、是正要請したりすることにより、制度を改善していく機能である。子どもオンブズワーク固有の役割であるが、川西市の論稿から、「問題解決を阻む壁」に食い込んでいくことの容易でない現実と日々の積み上げに、オンブズワークの苦難と覚悟が感じられる。

第3は、子どもの権利侵害の状況が改善されたか、制度上の問題が改善されたかについてのモニタリング機能である。川西市や世田谷区等には、勧告、意見表明等を行った当該機関に対し、対応や是正等の措置等について報告を求めることができるといった条例上の規定がある。

第4は、子どもの権利についての広報・啓発、教育機能である。広報・

啓発は機関の存在を子どもやおとなに知ってもらう必要不可欠な活動である。宗像市の市内小中高全学校訪問や全教職員への条例研修、小中学校全クラスへの子どもの権利の授業、世田谷区の児童館訪問やキャラクターを用いた継続した広報活動が認知度を高めるために有効であるといえる。

　日本においては、第1の子どもの相談対応、個別救済や、第4の教育・啓発の実践は積み上げられてきたが、第2の制度改善提言機能は川西市や豊田市をはじめいくつかの自治体でこの機能を意識した取り組みが実施されてきているものの、十分に行われてきたとはいえない。そして、第3のモニタリング機能は意見表明や是正要請した一部の関連施策に関心が払われるものの、全般的な子ども施策に関しては子どもの相談・救済事業からは切り分けられて、子ども施策の検証のなかで実施しようとする自治体が一般的である。こうした公的第三者機関の固有の機能と役割を条例の理念との関係で、自治体の状況や体制に応じて再度見直してみる必要がある。

(2)　いじめ案件の対応についての課題

　子ども支援の相談・救済活動の基本は「解決主体としての子どもの視点」を大切にすることである。被害を受けている子どもの保護、安全・安心の確保が最優先であることはいうまでもない。一方、加害の子どもが自分のしている行為と向き合い、絶対にしてはいけないことであると理解していじめをやめることができるようなアプローチを探っていかなければ、いじめ問題は解決しない。さらには、クラスメイトがいじめは人権侵害行為であると理解し、いじめのない、そしていじめが起きたときクラスとして解決できるような雰囲気づくりを担任とともに模索していくことが大切である。しかしながら、いじめの重大案件に基づくいじめ問題対応になるといじめを受けた児童等の「支援」と、いじめをおこなった児童等の「指導」との単純な対立図式に立っており、全体としては子どもの人権救済よりも、むしろ加害者対策に傾斜してしまう傾向がある。特に、調査になると、いじめの認定やどのようないじめだったかに問題が焦点化してしまうおそれがある。子どもの相談・救済業務に携わる際は、このことを常に意識しておかなければならない。

6　公的第三者機関を支えるネットワーク

　これまで述べてきたように、固有の機能と役割にかかわる制度上・運営上

の課題は山積している。立法上の課題を乗り越えたのち直面するのは、行政および子どもを含む市民からの認知・理解をどのように浸透させるか、子どもとの信頼関係を築きながらどのように権利回復につなげていくかといった運営上の課題である。実践や運営を積み重ねるなかでは、こじれた関係性を修復することの困難さや、個別事例から見えてきた制度上の問題を改善につなげるための意見表明・是正要請をすることが一筋縄ではいかないことを感じ、熱い気持ちを維持しつつも徒労感に包まれることは少なくない。また、公的第三者機関としての独立性を担保しつつ、首長部局や教育行政、議会との関係をどのように構築していけばよいかといった連携における課題もある。

　そうしたなか、公的第三者機関どうしの情報交換や経験交流の機会を切望する声も出てきている。前述したとおり、国内においては１年に一度「子どもの相談・救済に関する関係者会議」が開催され、ネットワーク網が構築されつつあるものの、地域それぞれが抱える問題については、その地域ごとの結びつきのなかで課題を共有していくことも大切である。宗像市の項目で言及されている「福岡子どもにやさしいまち・子どもの権利研究会」における取り組みもそうした流れのなかで構築されたネットワークである。今後は、北海道、関東、中部、関西、九州地区といったように地域ごとでローカルネットワークを組み、公的第三者機関の役割を深めるとともに、地域固有の問題を解決につなげていくような体制を整えていく重要な時期が来ている。

　また、アジアにおける子どもオンブズパーソンネットワーク構築に向けた取り組みも重要である。2009年より開催された「アジア子どもの権利フォーラム」でのアジア各国の国内人権機関やNGOとの研究交流は、緊密で相互に支えとなる関係を進展していくことにつながる。今後は、子どもの権利条約の具体化に向け、国際レベルのネットワークを築き、国連・子どもの権利委員会の知見をふまえ、子どもの権利に関するモニタリングと相談・救済制度を相互補完的に結びつけながら、子ども施策を展開していくための研究が求められている。

[参考・引用文献]
荒牧重人・喜多明人・半田勝久（2012）『解説　子ども条例』三省堂
拙稿（2012）「〈子どもの権利・条約研究の課題と展望⑤〉子どもオンブズパーソン──条約採択後の子どもの相談・救済制度研究の課題」子どもの権利条約総合研究所編『子どもの権利研究』第21号、日本評論社、pp. 100-103

子ども条例に基づく子どもの相談・救済機関（公的第三者機関）一覧：救済機関設置順

制定自治体	公布日	施行日	救済条項施行日	条例名称
兵庫県川西市	1998年12月22日	1999年3月23日	1999年6月1日	川西市子どもの人権オンブズパーソン条例
神奈川県川崎市	2001年6月29日	2002年4月1日	2002年5月1日	川崎市人権オンブズパーソン条例
埼玉県	2002年3月29日	2002年11月1日	2002年8月1日	埼玉県子どもの権利擁護委員会条例
岐阜県多治見市	2003年9月25日	2004年1月1日	2004年1月1日	多治見市子どもの権利に関する条例
秋田県	2006年9月29日	2006年9月29日	2006年9月29日	秋田県子ども・子育て支援条例
福岡県志免町	2006年12月20日	2007年4月1日	2007年4月1日	志免町子どもの権利条例
東京都目黒区	2005年12月1日	2005年12月1日	2008年1月9日	目黒区子ども条例
愛知県豊田市	2007年10月9日	2007年10月9日	2008年10月1日	豊田市子ども条例
三重県名張市	2006年3月16日	2007年1月1日	2008年11月25日	名張市子ども条例
北海道札幌市	2008年11月7日	2009年4月1日	2009年4月1日	札幌市子どもの最善の利益を実現するための権利条例
福岡県筑前町	2008年12月15日	2009年4月1日	2009年4月1日	筑前町子どもの権利条例
愛知県岩倉市	2008年12月18日	2009年1月1日	2009年4月1日	岩倉市子ども条例
東京都豊島区	2006年3月29日	2006年4月1日	2010年1月1日	豊島区子どもの権利に関する条例
愛知県日進市	2009年9月29日	2010年4月1日	2010年9月1日	日進市未来をつくる子ども条例
福岡県筑紫野市	2010年3月30日	2011年4月1日	2011年4月1日	筑紫野市子ども条例
愛知県幸田町	2010年12月22日	2011年4月1日	2011年4月1日	幸田町子どもの権利に関する条例
福岡県宗像市	2012年3月31日	2012年4月1日	2013年4月1日	宗像市子ども基本条例
北海道北広島市	2012年6月28日	2012年12月1日	2013年4月1日	北広島市子どもの権利条例
愛知県知立市	2012年9月28日	2012年10月1日	2013年4月1日	知立市子ども条例
東京都世田谷区	2001年12月10日 2012年12月6日改正	2002年4月1日	2013年4月1日	世田谷区子ども条例
青森県青森市	2012年12月25日	2012年12月25日	2013年4月1日	青森市子どもの権利条例

条例施行規則	子どもの相談・救済条項に基づく委員・機関	相談・調査の専門職
川西市子どもの人権オンブズパーソン条例施行規則	川西市子どもの人権オンブズパーソン（3人以上5人以下、任期2年）	調査相談専門員
川崎市人権オンブズパーソン条例施行規則	川崎市人権オンブズパーソン（2人、任期3年）、（子ども専用電話：子どもあんしんダイヤル）	専門調査員
埼玉県子どもの権利擁護委員会条例施行規則	埼玉県子どもの権利擁護委員会（子どもスマイルネット）、委員（3人、任期2年）	調査専門員
多治見市子どもの権利に関する条例施行規則	多治見市子どもの権利擁護委員（3人以内、任期3年）、多治見市子どもの権利相談室（たじみ子どもサポート）	子どもの権利相談員
	秋田県子どもの権利擁護委員会、委員（3人以内、任期2年）	
志免町子どもの権利条例施行規則	志免町子どもの権利救済委員（3人、任期3年）、（スキッズ（SK2S）子どもの権利相談室）	子どもの権利相談員
	目黒区子どもの権利擁護委員（3人以内、任期2年）、めぐろ　はあと　ねっと（子どもの悩み相談室）	相談員（子ども条例上の規定なし）
豊田市子ども規則	豊田市子どもの権利擁護委員（3人以内、任期2年）、とよた子どもの権利相談室（子どもスマイルダイヤル）	豊田市子どもの権利相談員
名張市子どもの権利救済委員会規則	名張市子どもの権利救済委員会、委員（3人以内、任期2年）、名張市子ども相談室	子どもの権利に関する専門的な知識を有する相談指導業務に従事する職員（子ども相談員）
札幌市子どもの最善の利益を実現するための権利条例施行規則	札幌市子どもの権利救済委員（2人、任期3年）、札幌市子どもの権利救済機関（子どもアシストセンター）	調査員及び相談員
筑前町子どもの権利条例施行規則	筑前町子どもの権利救済委員会、救済委員（3人以内、任期3年）、こども未来センター	相談員
	岩倉市子どもの権利救済委員（3人以内、任期2年）	
豊島区子どもの権利擁護委員に関する規則	豊島区子どもの権利擁護委員（3人以内＝規則で2名と規定、任期2年）	
日進市未来をつくる子ども条例施行規則	日進市子どもの権利擁護委員（3人以内、任期3年）、子どもの相談窓口（もしもしニッシーダイヤル）	
筑紫野市子ども条例施行規則	筑紫野市子どもの権利救済委員（3人以内、任期2年）	
幸田町子どもの権利に関する条例施行規則	幸田町子どもの権利擁護委員会（3人以内、任期2年）	
宗像市子ども基本条例施行規則	宗像市子どもの権利救済委員（3人以内、任期2年）、宗像市子ども相談センター（ハッピークローバー）	宗像市子どもの権利相談員
北広島市子どもの権利条例施行規則	北広島市子どもの権利救済委員会、委員（3人、任期3年）	北広島市子どもの権利相談員
知立市子ども規則	知立市子どもの権利擁護委員会（5人以内、任期2年）	
世田谷区子ども条例施行規則	世田谷区子ども人権擁護委員（3人以内、任期3年）、せたがやホッと子どもサポート（せたホッと）	相談・調査専門員
青森市子どもの権利条例施行規則	青森市子どもの権利擁護委員（3人以内、任期3年）、青森市子どもの権利相談センター	調査相談専門員

制定自治体	公布日	施行日	救済条項施行日	条例名称
長野県松本市	2013年3月15日	2013年4月1日	2013年6月24日	松本市子どもの権利に関する条例
北海道士別市	2013年2月22日	2013年4月1日	2014年4月1日	士別市子どもの権利に関する条例
栃木県市貝町	2013年12月26日	2014年4月1日	2014年4月1日	市貝町こども権利条例
兵庫県宝塚市	2014年6月30日	2014年11月1日	2014年11月1日	宝塚市子どもの権利サポート委員会条例
長野県	2014年7月10日	2014年7月10日	2015年4月1日	長野県の未来を担う子どもの支援に関する条例
神奈川県相模原市	2015年3月20日	2015年4月1日	2015年10月1日	相模原市子どもの権利条例
三重県東員町	2015年6月19日	2015年6月19日		みんなと一歩ずつ未来に向かっていく東員町子どもの権利条例
北海道芽室町	2006年3月6日 2016年3月28日改正	2006年4月1日	2016年4月1日	芽室町子どもの権利に関する条例
岐阜県岐南町	2001年3月19日	2001年3月19日	不明（2001年4月）2012年6月12日廃止	岐南町子どもの人権オンブズパーソン条例

子ども条例に基づく子どもの相談・救済組織・体制

北海道奈井江町	2002年3月26日	2002年4月1日		子どもの権利に関する条例
石川県白山市	2006年12月21日	2007年4月1日		白山市子どもの権利に関する条例

条例施行規則	子どもの相談・救済条項に基づく委員・機関	相談・調査の専門職
松本市子どもの権利に関する条例施行規則	松本市子どもの権利擁護委員（3人以内、任期2年）、松本市子どもの権利相談室（こころの鈴）	調査相談員（1年以内、4人以内）
士別市子どもの権利救済に関する規制	子どもの権利救済委員会、委員（3人、任期3年）	
市貝町こどもの権利擁護委員会設置要綱	市貝町こどもの権利擁護委員会（5人以内、任期2年）	
宝塚市子どもの権利サポート委員会条例施行規則	宝塚市子どもの権利サポート委員（5人以内、任期2年）	子どもの権利サポート相談員
長野県の未来を担う子どもの支援に関する条例施行規則	長野県子ども支援委員会（5人以内、任期2年）	委員会に、特別の事項を調査審議するため必要があるときは、特別委員を置くことができる。
相模原市子どもの権利条例施行規則	相模原市子どもの権利救済委員（3人以内、任期2年）、さがみはら子どもの権利相談室	相模原市子どもの権利相談員
	東員町子どもの権利擁護委員（6人以内、任期3年）	
芽室町子どもの権利委員会規則	芽室町子どもの権利委員会、委員（3人、任期3年）	
	岐南町子どもの人権オンブズパーソン	

救済委員会	第16条　本条は、子どもがいじめや虐待により子どもの権利を侵害するなどの不利益を被った場合は、適切に、迅速に対応し、救済を図るものである。 第2項は、本町の実態に即した具体的な救済組織として、救済委員会を設ける。
白山市子ども相談室ほっとルーム	第15条　市は、権利の侵害を防ぐため、関係機関及び関係団体と連携を密にするとともに、権利の侵害が、子どもの心身に将来にわたる深刻な影響を及ぼすことを考慮し、だれもが安心して相談し、救済を求めることができるよう、虐待等の予防に努め、権利の侵害から子どもを救済する体制を整備します。

表の作成：子どもの権利条約総合研究所（2016年4月1日現在）

2 子どもの相談・救済の総合的展開
—— せたがやホッと子どもサポート

一場順子（東京弁護士会）

はじめに

　世田谷区の人口は約880,000人であり、東京23区の中で最も多い。そのうち満18歳未満の子ども人口は約121,000人で、総人口に占める割合は約14％となっている。特に最近は子ども人口が増えており、出生数は毎年増え、2015年度は約8,000人であった。「せたがやホッと子どもサポート」（略称「せたホッと」）は、この世田谷区で、子どもに関する相談・救済機関として活動して3年になる。この「せたがやホッと子どもサポート」の名称は、区民から公募した通称（略称）であり、中学生が応募したものである。公募で選ばれたマスコットキャラクター「なちゅ」は、小学生が応募したものだが、「せたホッと」とともに世田谷区子どもの人権擁護機関を区民に周知するための最高のツールとなっている。

マスコットキャラクター「なちゅ」

1 「せたホッと」の体制
(1) 世田谷区子ども条例に基づく設置

　世田谷区子ども条例は2001年に制定されたが、子どもの権利のさらなる保障のために2012年12月の第4回区議会定例会で改正された。新たに第3章「子どもの人権擁護」が加えられ、第15条以下に子どもの人権擁護委員の設置、仕事等の職務や、相談と申立て、調査、調整、要請と意見、見守りなどの支援、報告等についての規定が追加された。

　現在、「せたホッと」には、区長および教育委員会が委嘱した弁護士、学

識経験者ら3名の子ども人権擁護委員（略称：子どもサポート委員）、子どもや保護者などからの相談を受け、子どもサポート委員を補佐して委員とともに調査対応等をおこなう4名の相談・調査専門員が配置されている。4名はそれぞれ教育・福祉分野または心理、精神保健分野等に知識、経験を有し、これまで子どもや保護者の相談をおこなってきた実績をもっている。さらに、子どもサポート委員のさまざまな活動を支援し、区の組織との連携・調整等をおこなう事務局は首長部局の子ども家庭課が担当している。

(2) 「せたホッと」の対象

「せたホッと」の相談の対象となるのは、世田谷区内に在住する18歳未満の子どもと、他自治体在住でも世田谷区内の学校、事業所に通学、通所する18歳未満の子どもである。18歳をこえていても高等学校や夜間中学等に在学している場合や児童福祉法に基づく自立援助ホーム等に入居している場合も対象となる。「せたホッと」は、このような子どもについて、本人や保護者等関係者から子どもの権利侵害に関する相談を受け、助言や支援をおこない、関係機関との連携、協力のもと、必要に応じて調査や調整、問題解決を図る活動をおこなっている。

(3) 「せたホッと」の事業の開始

「せたホッと」は、2013年4月から事業を開始し、3か月の準備期間を経て同年7月から相談業務を始めている。

　　［開設時間］　月〜金曜日：午後1時から午後8時まで
　　　　　　　　　土曜日：午前10時から午後6時まで
　　　　　　　　　日曜日・祝日は休み
　　［相談方法］　電話、メール、面接、FAX、手紙

2　相談業務を開始してからこれまでの活動

開設1年目の2013年は7月の相談開始から翌年の3月末までの9か月間の新規相談件数が132件、委員・専門員の総活動回数は1,317回であり、99件が対応を終了し、33件を2014年に引き継いだ。開設2年目となる2014年度の新規相談件数は219件で、2013年度からの引き継ぎ件数33件を合わせると合計252件について活動し、総活動回数は1,726回であった。1か月

あたりの新規相談件数は前年度比で3.6件増加し、年度内に187件の対応を終了した。相談者のうち子どもからの相談は全体の約5割だったのが、2014年には6割に増えている。それにともなってか、相談の内容について、初年度は15.9%だった「対人関係の悩み」についての相談が22.8%に増え、最も多くなった。初年度は「いじめ」についての相談が21.2%で一番多かったが、2014年度は20.1%となっている。しかし、対人関係の悩みは、いじめと区別をつけるのが困難なものもあり、また対人関係の悩みは容易にいじめに移行するので、いずれにしても、対人関係の悩みやいじめが、子どもからの相談の4割をこえているということがいえる。対人関係の悩みを相談してその問題が解消すれば、いじめに移行することを未然に防ぐことができる場合もある。そのような意味では、いじめを含め対人関係の問題が子どもたちの一番の悩みといえよう。

　その他の相談内容としては「家庭・家族の悩み」「学校・教職員等の対応」が多い。毎年、学校が休みとなる8月には新規相談が少なくなるが、このことからも学校生活が子どもたちの生活の中心であることがよくわかる。

3　区長と教育委員会の附属機関

　第三者機関としての設置根拠は、地方自治法第138条の4第3項である。全国的には、首長部局の附属機関としているところがほとんどであるが、子どもの権利侵害の事案が、区長と教育委員会の所掌事務の全体におよぶことも考慮して、両執行機関の附属機関として共同設置されたことが「せたホッと」の大きな特徴の一つである。

　子どもの権利侵害の事案には、主としていじめなどの学校に関わる問題や、虐待などの家庭に関わる問題などがあるが、区立小中学校等の学校の問題は主として教育委員会の所管であり、虐待などの福祉に関する問題は子ども家庭支援センターの所管となる。しかし、いじめや不登校、学校での問題行動の背景に家庭での虐待がみられることがしばしばあり、また、虐待ケースについて子どもの生活の時間の中で学校生活のしめる割合が大きいことから、子ども家庭支援センターが主催する個別ケース検討会議が開かれるときに学校や教育委員会が参加することが必要となる。

　一方、いじめ防止対策推進法はその第14条第3項に教育委員会にできれば常設の相談・調査機関としての附属機関を設けることが望ましいとしつつ、

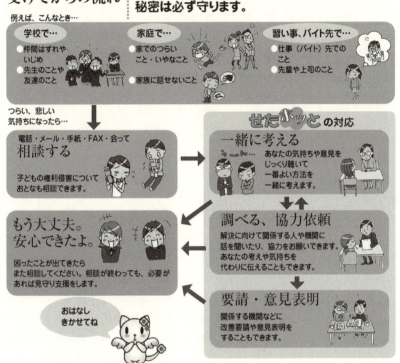

　地方公共団体に学校の設置者に関わらず第三者的立場からの解決を図る附属機関を設置することも妨げられないとしている（文部科学省「いじめ防止基本方針」）。地方公共団体の長である区長および教育委員会の附属機関として設置されている「せたホッと」はこのいずれにも該当する機関となるが、世田谷区におけるいじめ対策防止についての相談・調査機関としての役割も期待されている。

　このように子どもの問題の解決のためには関係する専門機関が連携して解決することが必要となる場合が少なくないので、区長部局と教育委員会が一体となって区全体で子どもの権利侵害に関する救済等に取り組んでいくためにも、「せたホッと」が、区長と教育委員会の附属機関として設置されていることが実際にも有益であると感じることが多い。

「せたホッと」の平成25（2013）年度活動報告書において、区長は「区長部局と教育委員会の垣根を設けることなく、連携して子どもの救済等に取り組んでいくという姿勢を示すもの」とその意義を積極的に捉えている。

4 子どもの相談・救済活動の総合的展開として
（1）相談窓口であること

「せたホッと」がまず子どもから、または、関係するおとなから、子どもに関する相談を受ける相談窓口であるということは重要である。午後1時から夜8時までの子どもが相談しやすい時間帯に相談を受けているので、学校を通じて配布されるパンフレットやカードを見て、子どもが電話やメールで相談してくることが最も多い。このとき子どもは「なちゅ」のキャラクターに親しみを感じ、「なちゅ」を通じて「せたホッと」を覚える場合も多いようである。ほかにも、子どもについて悩みを抱えた保護者が来所され、相談されることもある。「せたホッと」が親子関係の悩みについて子どもから話を聴く中で、家庭について問題があることが判明したときは、子ども家庭支援センターに情報を提供した後、子ども家庭支援センターと連携しながら、定期的に子どもと面接し、子どもを見守る役割を担当することもある。子ども家庭支援センターは主として保護者に対応しなければならないことが多いからであり、子どもの見守り支援は「せたホッと」の重要な活動のひとつであるからである。

また、子どもの問題はいじめだけではない。実にさまざまな問題があり、常に個別具体的である。そこで、「せたホッと」に求められる役割を考えるとき、さまざまな子どもの抱える問題について、まず、「子どもたちの相談相手になる」ということは大事である。相談するだけで悩みが解決する場合もあり、それ以上深刻な事態になることを防ぐことができる。その場合、子どもの話に耳を傾け、子どもを一人の人として尊重する態度を忘れてはならない。「困っていることはない？」と尋ね、今苦しんでいる子どもの「ホッとする場所」となることは「せたホッと」の何よりも大事な役割である。

また、「せたホッと」の相談を通じて、いじめや虐待などの問題があることを学校や子ども家庭支援センターなどの関係機関がはじめてケースとして把握する場合も多数あり、子どもの相談しやすい相談窓口としての「せたホッと」は救済の入り口としての役割を果たしている。

（2） 調査し調整すること

　「せたホッと」は、いじめなどの権利侵害のおそれがある事案については、子ども、保護者らの話を聴いた上で学校に行き、調査するが、できるだけ迅速に教育的に解決するために調整的活動となることが多い。

　学校という環境の中で苦しんでいる子どもを救済することが必要であれば解決方法をプログラムする前提として、状況を把握するための調査をし、アセスメントをすることが必要となる。

　子どもの権利救済の方法はさまざまである。たとえばいじめで追いつめられている子どもが転校したいと求めてきたときは、子どもの声に耳を傾け、指定校変更が必要なときは子どもの声を行政につなげる代弁者となる。虐待が疑われるときは、「子ども家庭支援センター」に情報を提供し、子どもに寄り添い続けることが必要であれば寄り添う。子ども自身の声を受け止め、エンパワメントすることも「せたホッと」の重要な役割のひとつである。

　調査は事実解明に必要であるが、しかし、限界がある。たとえば裁判手続きのような厳格な手続きによっておこなわれるわけではないので、裁判官のような事実認定はできないから、得られた事実に基づき人を罰したり、何らかの処分をしたりすることはできない。もちろんそのような処分権限をもっているわけではない。保護者の中にはそのような強制的権限の行使を期待される方もおられるが、それは誤解である。保護者からはさまざまな要求、担任教師を変えてほしい、やめさせてほしい、加害児童を転校させてほしい、謝罪させてほしい等々がある。しかし、できることとできないことがあることを説明して了解いただくように心がけている。

　それでは調査しても意味はないかといえば、第三者機関だからこそできることもある。裁判のように当事者間について書面や証拠書類等を通じて確認していく手続きではないので、あらゆる観点から、直接調査していくことが不可能ではない。関係するさまざまな人から話を聴いたり、たとえば直接学校に行き、いじめの現場を確認したり、裏づけになる資料の提出を求めることも、写真などの客観的な資料を直接集めることも可能である。

　しかし、調査のためには調査相手の協力が不可欠であり、いくら義務を課しても秘密を守ることを約束しなければ自由な証言は得られない。また、調査活動に関しては、個人情報保護を徹底する必要がある。それに伴い、報告をどうするかも重要な意味をもってくる。地域にある機関であればあるほど

具体的な調査結果をそのまま公表することは困難である。当事者、関係者はその地域に生活しているので、公表によって平穏な生活をおびやかされる可能性があるからである。公表による二次被害が生じることは防がなければならない。起きてしまった重大な事態についての調査に関しては、二度と同様の結果を起こしてはならないという再発防止の視点から調査していく必要があり、子どもの問題の解決のためには処罰などではなく教育的な解決がのぞましい。それゆえ、調整的な解決が最もふさわしいともいえるであろう。

（3） 要請や意見の提出

子どもたちに関する具体的相談の背景に学校が抱えている一般的な問題があることがわかれば、問題について調査分析して、その結果得られた結論を意見として区長や教育委員会へ提出することもできる。政策提言は「せたホッと」の重要な役割である。平成26（2014）年度は、「通常学級における特別支援教育に関する意見」として、通常学級に配置される特別支援員を抜本的に増員してほしいとの意見書を区長と教育委員会に提出した。

相談業務を開始し、公立学校をまわるうちに見えてきたのが、現状の人員では特別な支援を必要とする子どものニーズに対応できないという学校支援員等の数の絶対的な不足であった。発達に課題を抱えるなどして障がいがあることが周囲から認識されないものの学習上または生活上の困難のある子どもは、平成24年度文部科学省調査によれば、通常の学級にかよう児童生徒の全体の6.5％におよぶとの報告がある。世田谷区では公立小中校の児童生徒数は42,690人なので、数字を前提にすれば42,690人の6.5％の約2,774人の子どもが、通常の学級に在籍しているが、学習面と行動面で著しい困難を示しているということになる。同調査によれば校内委員会において特別な教育的支援が必要と判断される推定値は、この中の18.4％ということが報告されているので、世田谷区内においては、2,774人の18.4％、すなわち510人が特別な支援を必要とすると推定されることになる。現実には、学校支援員の数は100人にもはるかにおよばない数である。また学校支援員は、基本的に週に1日の形で配置されるだけであり、数の絶対的な不足が顕著である。そのような中で子どもや保護者のニーズに対応するため、学校長の配慮などで通常の学級に配置されているのは、学校包括支援員（学校支援員）、支援要員、区費講師、ボランティアなどであり、手続きがそれぞれ異

なるのでわかりにくい状況があった。どの学校でも同じように利用しやすいように改善すべきであるとの意見も出している。

(4) 学校への支援

　公立の学校では、教職員の会議は、朝の会とか夕の会などの名称で短時間の会合しかもてないのが現実のようである。担任は、学習面と行動面で著しい困難を示す子どもへの対応に苦慮するが、教員間の横のつながりが薄いので、一人で悩みを抱え込んでしまうことになりがちである。いじめなどの問題が起これば、校長、副校長の管理職と担任との直接の指揮系統の中で、校長に教育者としての力量がないときには、担任が保護者と校長の板挟みになり精神的に追い詰められるという事態も起こる。教員の数が少ない中、問題を抱えた子どもに対する対応に窮してクラス運営が困難になってしまう事態もおこる。

　学校を支援することは子どもを救済することにつながる。「せたホッと」の子どもサポート委員の学識経験者が、学校が困っているときに学生ボランティアや支援要員の派遣に関わり、担任の学級運営のサポートをすることがこれまでも何度かあった。今の学校現場はそれほど難しい問題を抱えているといわざるをえないからである。

おわりに

　このように「せたホッと」は、子どもの人権擁護機関として、子どもの人権擁護全般を活動範囲とするからこそ、子どもの問題のあらゆる場面で必要とされる支援をおこなうことができ、またそれを求められてもいる。子どもの相談・救済として総合的展開が可能なのは、いじめや虐待などの問題に限定されてはいない、子どもの人権擁護機関だからこそできることであると思う。

[参考文献]
竹中大剛・津川恭子「安心して相談し救済される権利―世田谷区『せたホッと』」子どもの権利条約総合研究所編『子どもの権利広報ガイドブック』（子どもの権利研究第24号）2014年2月、pp.54-56
一場順子・半田勝久「子どもの人権擁護機関の設置と子ども支援の相談・救済活動」子どもの権利条約総合研究所編『子どもの相談・救済ガイドブック』（子どもの権利研究第26号）2015年2月、pp.23-26

3
メール相談と子どもの救済
――札幌市子どもアシストセンター

吉川正也（札幌弁護士会）

1 子どもアシストセンターの設立とメール相談
（1） 子どもアシストセンターの設立

札幌市では、「子どもの最善の利益を実現するための権利条例」が2008（平成20）年11月に制定され、2009（平成21）年4月1日から施行された。この条例に基づいて、札幌市子どもの権利救済機関（子どもアシストセンター）が、同年4月に設立された。

札幌市の子どもの権利条例において、子どもの権利が侵害された場合に、これを救済するため、救済委員制度が制定され、救済委員が中心となって、権利侵害を受けた子どもの相談に応じ、必要な助言や支援を行うこととされた。実際の相談活動にあたっては、7名の相談員が、救済委員と連携しながらこれを担当している。

子どもアシストセンターでは、子どもに関する相談であれば、どんなことでも応じている。また年齢に関しては、0歳児から18歳未満の子ども（高校を卒業するまで）のことであれば相談ができ、いじめや不登校のほか、友達のこと、先生のこと、家庭のこと、何でも相談に応じている。

（2） 子どもアシストセンターの体制

救済委員は2名である。2015（平成27）年度現在の体制は、1名は臨床心理士、1名は弁護士である。

相談員は7名である。子どもの相談に適した人材を配置している。男性、女性それぞれからの相談に応じやすいように、相談員も男性、女性がいる。また、相談員の経歴についても、種々の相談に応じられるように、さまざま

な経験をもっている方が選ばれている。小学校や中学校の元教師、校長などの管理職の経験者の方、あるいは元養護教諭の方、福祉系の医療実務の経験者、少年事件を扱ったことのある警察官出身者などのスタッフである。また、年度によっても構成が変わっている。

　調査員は3名である。相談を受ける中で、関係する機関に対し調査、調整の働きかけが必要となる場合がある。そうした際に、関係機関に対して被害発生の事実関係について確認したり、当事者の子どもの最善の利益を念頭において調整を図ったりする活動を担当している。

　調整活動においては、事実調査能力や交渉能力などが要求される。子ども側の要望や要求を把握しなければならない。また、相談者の主張を整理し、その中で、子どものために具体的にできることを調整することになる。このため、調査員には弁護士や、教育委員会の実務に詳しい方、児童相談所での職務経験のある方などが選ばれている。

（3）　相談時間について

　面談と電話相談の場合については、相談できる時間が定められている。相談日は、月～土曜日（日曜日、祝日、年末年始は休み）。相談時間は月～金曜日午前10時～午後8時、土曜日午前10時～午後3時となっている。

　子どもアシストセンターでは、電話や面談による相談のほか、メールによる相談を行っている。メール相談の場合、相談者が発信する場合には、時間の制限はない。返信は翌日の業務時間内に行っている。メールによって受けた相談に対して、メールの返信により具体的に回答が行われている。このメール相談に、子どもアシストセンターとしての一つの特長がある。

（4）　相談内容について

　子どもアシストセンターでは、子どもの権利の侵害だけに関わらず、札幌市内の子どものことであれば、どんな相談でも受け付けている。相談をしたい子ども自身だけでなく、自分の子どもであっても、そうでなくてもかまわない。相談者は、母親、父親、祖父母、近隣の人、学校の先生、その他誰でも、相談ができる。

　メール相談の件数は、2014（平成26）年度の場合、実件数で1年間に387件、延べ件数で2,063件となっている。また、相談内容については、子

どもと親（主に母親）とに分けてみてみると、傾向に違いがある。子どもの相談で多いもの、親側からの相談で多いものは、次のとおりである。

子 ど も (2,209件)		おとな (1,504件)	
①友人関係	851件（38.5%）	①親子・兄弟関係	265件（17.6%）
②親子・兄弟関係	304件（13.8%）	②子どもと教師の関係	253件（16.8%）
③情緒不安定	122件（ 5.5%）	③友人関係	203件（13.5%）
④子どもと教師の関係	101件（ 4.6%）	④不登校	182件（12.1%）
⑤いじめ	83件（ 3.8%）	⑤いじめ	114件（ 7.6%）

（5）札幌におけるメール相談の歴史

　札幌市のメール相談については、2009（平成21）年に子どもアシストセンターを設立する前から、メール相談を行ってきた歴史がある。

　子どもアシストセンターの前身として、旧「子どもアシストセンター（2003〔平成15〕年度までは少年アシストセンター）」があった。これは、主に少年非行を防止するために、少年補導などの業務を行う少年育成指導員が勤務するセンターであった。現在の子どもアシストセンターは、この前身のセンターを発展させて、子どもの権利条例に基づく救済機関として、再構築されたものである。少年補導等の業務は現在、各区役所にて行われている。

　旧子どもアシストセンターでは、悩みを抱える子どもの相談に対応するために、2001（平成13）年度からメール相談が行われていた。メール相談の有効性を認め、いち早く、子どもからの相談を受ける方法として、相談者の子どもの立場を考えて導入されたといえる。当時の資料によれば、メール相談を導入した理由が、次のように述べられている。

「子どもに寄り添い、子どもにとって、何がよいのかを共に考える」
「子どもを見守り、認め、自己肯定感を高める」
「子ども自身が気づき、考え、行動することを支援する」

　これらは、現在の子どもアシストセンターにひきつがれている相談業務での考え方と変わりない。このように、札幌市においては、すでに2001（平成13）年から、実践として、メール相談が開始されていた。

　こうしたメール相談の歴史があったからこそ、現在の子どもアシストセン

ターでは、設立の当初から、電話、面談とともに、有効性のある相談方法として、メール相談が導入されたのである。

2 メール相談の実態

(1) 利便性

　子どもアシストセンターにメールで相談する場合、子どもや相談者の側からは、いつでも、どこからでも、発信することができる。深夜、子どもが一人で、悩みを抱えていて、そのことを相談したくなったとき、直ちにアシストセンターにメールで訴えることができる。

　子どもからみれば、顔を見られないうえに、困ったときに、いつでも気兼ねなく相談できることになる。そういった子どもの側からの利便性を大切にして、メール相談は行われている。

(2) 匿名性

　メール相談では、子どもアシストセンターに一度も足を運ばなくても、安心して発信できる。電話相談では、会話の中でどうしてもその場で受け答えしなくてはならない場面もある。しかし、メール相談の場合は、自分のことについて秘匿にしたいことは一切触れることもなく、自分のペースで相談ができる。

　こうした匿名性を重視した相談ができることで、子どもには、とても相談しやすく、有効なツールである。子どもの側からすれば、電話などでは自分の想いを十分に相談員に訴えられないことも考えられる。自分の疑問や悩みを、他人に煩わされないで相談員に伝えられる一つの方法として、自らを名乗らないことも必要なときがあると考える。

(3) おとなからのメール相談

　子どもアシストセンターには、おとなからも、メール相談が多く寄せられる。おとなのメール相談では、子どものことについて相談をするものであるが、初めのうちは感情的になっていたことも、何度もメール相談を続けることによって、自ら冷静な判断が行えるようになることもある。また、おとなのメール相談においては、相談するためにメールの文章をつくる作業をすることで、相談者自身の中で物事が整理され、直面している事態や問題を客観

的に見られるようになることも、少なくないと考える。

(4) メール相談での決まり
①受付と返信時間
　メールは、子どもの側、相談者側からは、いつでも発信することが可能である。24時間受け付けられている。
　子どもアシストセンターからの返信については、担当する相談員の勤務時間内で、かつ子どもが学校から帰宅する午後3時以降を目途として行っている。子どもの学業を妨げないということのほか、チャットのようにただちに反応し返信することが必ずしも適切な返信とはいいきれず、返信までに少し時間を置くことが有効である場合も多いためである。
②救済委員への報告
　相談員がメールで回答する前に、救済委員が返信内容をチェックすることは行っていない。電話相談と同じく、個別の回答については、まずは相談員の感性に委ねることの方が、結果として良いという信頼に基づいている。
　もっとも、返信したメールの内容は、着信した相談内容と合わせて、すべて救済委員が閲覧している。もし回答の内容に疑問があれば、救済委員と相談員で話し合って、場合によっては、次回から返信の内容を考慮する場合もある。組織として相談活動をしている以上、救済委員においても、すべてのメール相談を確認していることは、当然のことである。

3　メール相談の特色
(1) メールは相談の始まり
　メールでは、顔が見えないことはもちろん、電話のように声も聞こえない。メールの文章による相談では、相談者の置かれている状況や気持ちがつかみにくいという側面もある。しかし、顔も見えない、声もわからないからこそ相談をしやすく、ひとまず悩みを打ち明けることができるともいえる。
　たった1行で「死にたい」というメールが届くときには、驚かされる。しかし、その一文から、何とかつながりたい、「助かりたい」という気持ちを読みとることで交信をつなげていくのである。
　メールで、最初からすべてを話してくれることは、そうそうない。ほんのわずかな言葉からでも、メールでの会話を続けようとしていく。メールのや

りとりが、とにかく続いてできるようにする。つながっていくことで、可能なかぎり子どもの気持ちを聴いていく。子どもの悩みや問題に沿った対応は、つながりを保ちつつ一緒に考えていく。

「『死にたい』とあったけど、どうして、そんな気持ちになっているのですか」「考えていること、心配なこと、その1つでも教えてほしいな」「無理に変えようとしないで、今のままでもいいんじゃないかな」……そんなことを伝えながら粘り強く対応している。

（2）　メールも電話も同じ相談

メールの相談では、どうしても回数や期間が長くなる傾向がある。短文のメールをやりとりし、交信することで、会話を続けることがあるためである。相談者の気持ちに沿って、一つひとつ丁寧に対応していく。電話でのやりとりのように速いテンポでは進まないかもしれないが、根気強くメールの送受信を積み重ねる。

メール相談の実施を検討している相談機関からの不安としてあげられるのは、メールは相手方に返信が残ってしまうということがある。また、返信に際して相談員が適切な回答ができるかが心配だというのもある。しかし、メール相談も電話や面談での相談も、相談に変わりないと考える。電話では、相談者から投げかけられた質問に対し、即時に対応をしている。面談でも同じである。たしかに、メールでは相手が見えないが、特にメールだけが難しいということはなく、特別に警戒しなければならないということはない。

返信が相手に残っても、子どもの相談や質問も同じく残っている。適切な対応をすれば、特に心配なことにはならない。電話と同じであると考えている。救済委員は、メール相談の記録からやりとりを確認して、意見があれば担当相談員に伝える。こうすることで、メール相談も、単に相談員に任せてしまうのではなく、救済委員としても、調査員としても、職務を果たしながら対応できると考えている。

（3）　メール相談を導入するかどうか

各相談機関において、メール相談を導入することに心配の声も多い。適切な対応ができない、相手が見えず、何を返信していいか迷う、メール相談が相談機関の信用を害するようになっても困るということも、よく話題となる。

しかし、メールは子どもにとって、相談手段の１つとして、確かに必要性がある。これだけ、メールを使う子どもがいるのに、この方法による相談をしないわけにはいかない。面談や電話による方法しかできないと、子どもの悩みを聴く機会を失うということになると考える。

コミュニケーションの手段の１つと考えて、新しい相談方法を導入し、それにより、年間延べ件数で2,000件以上に及ぶメール相談を実施することには、意義があると思う。

（4） いたずらメール

メール相談において、中にはいたずらの相談もある。明確にいたずらとわからなくとも、そのように思えるものもある。しかし、いたずら相談は電話相談でもある。メールという方法に限った問題ではない。メール相談でも、電話相談でも、いたずらとわかるまでは、普通の相談と同じように対応する。たとえ、文面の一部にいたずらと思える部分があったとしても、返信においては、そのことには特に触れず、悩みごとの相談を促すような対応をすることも十分に可能である。

4　メール相談から救済へ

（1）　救済機関としての役割を果たす

子どもアシストセンターでは、子どもの権利の侵害の事例を見逃さず、子どもの権利の救済を図らなければならないと考える。せっかく、子どもが声をあげて権利の救済を求めてきたのであるから、できるかぎりの対応をしていくことが、センターの役割と考える。

（2）　調整活動の活発化

①相談から調整活動へ

子どもアシストセンターでは、相談時に、子どもの権利侵害があるものと考えられるケースについては、相談から調整活動へ移行していく場合がある。その場合も、可能な限り子どもや母親らに面談をし、詳しく話を聞いて了解を得たうえで調整活動に入る。多くの場合には、救済委員、調査員、相談員が協議をし、調整活動に入るかどうかを決めていく。

②子どもアシストセンターでの調整活動の推移
　2012（平成24）年度　　18件（活動回数223回）
　2013（平成25）年度　　21件（活動回数125回）
　2014（平成26）年度　　31件（活動回数369回）
　このように、年々調整活動を行う案件が増えている。1年間に実件数で1,000件以上の相談案件がある中で、調整活動に入れるものは、件数としては、まだ少ない。それでも、年々、調整活動は多くなっている傾向にある。これは、子どもの権利救済には、調整活動が活発化しなければ、当センターの役割を果たしていないと考えて、活動している結果と考えている。
③調整ができるように工夫すること
　調整活動に際して、当事者である子どもや保護者の側からの要望については、子どもの権利侵害に関係する部分と、必ずしも子どもの権利侵害に関係するとはいえない部分とが結びついていて、一体の要望としてリクエストされる場合がある。そのような要望を携えて調整活動を行っても、相手方との調整が難しいことがある。
　そういった場合でも、調整を諦めたり断ったりする前に、当事者の問題や相談者が期待する要望をいくつかに分けて、子どもアシストセンターで関わることが可能である部分や、実際に実現可能性がある部分についてだけでも調整ができるよう、可能な限り検討する。こうして、できる限り調整活動に入ることで、子どもの権利の侵害の救済ができるように対応する。調整活動をすることで、救済機関としての子どもアシストセンターの役割が果たせると考えているからである。

（3）　メール相談から調整活動へ

　メール相談から調整活動へ移行することは当然あるが、メール相談は匿名性が強く、返信ができても電話相談や面談へまで結びつけることは、容易ではない。しかし、メール相談を粘り強く続け、そして子どもの置かれた状況に問題があると認められるときには、徐々にでも面談や電話相談に移行していけるよう、相談者を促しながら調整活動までつなげていく。
　たとえ手間のかかることでも、子どもの権利の侵害が疑われる事案の場合には、粘り強く事態の改善に向けるように努める。子どもの権利の侵害からの救済が、当センターの役割だからである。

4
公的第三者機関の広報・啓発
——むなかた子どもの権利相談室「ハッピークローバー」

甲斐田 修（宗像市子ども相談センター）

1 権利救済機関の開設

　福岡県宗像市（以下、当市）（2015年11月末現在人口96,662人）では、2013年4月の「宗像市子ども基本条例」（以下、条例）の全部施行により、全国で17か所目、県内では4か所目となる公的第三者機関としての子どもの権利救済機関（以下、権利救済機関）である「むなかた子どもの権利相談室」（以下、権利相談室）が条例に基づいて開設され、当市における子どもの権利救済事業が開始された。

　子どもの権利救済・回復の中核を担う「宗像市子どもの権利救済委員」（以下、救済委員）については、福祉、心理、教育、法律分野からの人選をおこない、社会福祉士、臨床心理士、弁護士の3名に委嘱した。また、救済委員を補佐して相談業務をおこなう「宗像市子どもの権利相談員」（以下、相談員）として、臨床心理士と元小学校校長の2名を採用した。さらに、事務局体制としては係長として社会福祉士、事務局職員として児童福祉司任用資格をもつ正規職員の2名が担当することとなった。

　相談受付時間は開設当初は月曜から金曜の8時30分から17時までであったが、現在は子どもたちからの要望により、より相談しやすい10時から18時30分までに変更している。

　相談方法は電話、来所、訪問、手紙、FAXとした。電話については子ども専用の無料電話を開設し、子ども自身が電話相談を容易にできるようにした。また、無料電話の番号にも「0120-968-487（クローバー四つ葉かな？）」という、子どもたちがおぼえやすい語呂をつけた。

　通常の相談は相談員が対応し、月に1～2回の救済委員会議で1か月の相

談案件を報告。救済委員からの指示や助言を受ける。案件によっては救済委員みずからが直接相談者への面接・相談などをおこなうこともある。

2 権利救済機関の広報・啓発の基本的な考え方

　従来、自治体の子ども家庭相談機関は、その広報・啓発の主対象をおとなとしてきた。手法としては保護者向けリーフレットや相談カードの配布、広報紙への掲載やポスターの掲出など、比較的形式的なものが多かった。その内容も、子どもを養育していくうえで困った時や、児童虐待を発見した時にはここに相談、通告してくださいといった、おとなを主体としたものであった。子育てやいじめ、不登校に関するセミナーや講演会が開催されることがあっても、やはりほとんどがおとなを対象としたものであった。

　これに対して、公的第三者機関である権利救済機関の広報・啓発の主対象は、権利の主体である子ども本人でなければならない。救済委員や相談員、時には学級担任が子どもたちに直接対面して、子どもにはどんな権利があるのか、それが侵害されたときに誰にどのように相談でき、どのように回復されるのかといったことを、丁寧かつ定期的に伝えていく努力が求められる。それには、子どもの権利を守る立場にある保護者や教師であっても子どもの権利を侵害することがあり、それに対して子ども自身が声をあげることができるということも含まれる。リーフレットや相談カードも、子ども本人が理解し、活用できるような工夫が必要である。時には子どもを対象としたセミナーやワークショップを開いて、子ども同士で自分たちの権利について考えたり話し合ったりする機会を提供することも有意義である。

3 権利救済機関の広報・啓発（開設初年度）
（1）　学校管理職への広報・啓発

　権利相談室の開設初年度に、まず取り組んだのは広報・啓発活動である。いくら優れた権利救済のしくみをつくったとしても、子どもたちにその存在や自分たちにとっての意義、アクセスの方法などを知ってもらうとともに、相談室や相談員への親しみと信頼を感じて「思い切って相談してみようかな」と思ってもらわなければ意味がないと考えた。その手法について検討する中で、子どもたちの生活に密接にかかわり、1日の大半を子どもたちがそこで過ごす学校での広報・啓発活動の重要性に着目した。

まず開設 1 か月あまりの期間で、相談員と事務局員とが市内の小中高校全 24 校（2013 年 4 月 1 日当時）をくまなく訪問し、校長、教頭などの管理職に対して権利相談室の役割、子どもや教職員にとっての存在意義、家庭児童相談室や児童相談所との違いなどについてプレゼンテーションをおこなった。相談員の一人が元小学校校長ということも相まって、おおむね好意的な反応であった。ただ一部の学校からは、いじめなどの相談があった場合にはすぐに学校に知らせてほしいといった要望がなされた。それに対しては、相談は子どもの気持ちに寄り添いつつ進められ、学校や保護者との連携は子どもがそうしたい、あるいはそうしてほしいと感じた時におこなうため、リアルタイムでの連携は難しい場合もあるということなどを丁寧に説明し、子どもを中心とした相談の進め方などについて理解を得た。
　このような、権利救済機関立ち上げ期における学校管理職への丁寧な説明が、児童生徒の救済活動を円滑におこなっていくための権利救済機関と学校との共通の基盤をつくるうえでたいへん重要な意義をもつことが、その後の権利救済活動の展開過程で明らかとなった。また、後述する学校でのリーフレット、カードの配布や、全校児童生徒へのプレゼンテーションの実施、子どもの権利の授業の機会などを提供していただくうえでも非常に大きな効果を発揮することとなった。

(2)　子どもへの広報・啓発
　学校管理職への説明の際、子どもたちが相談できる具体的な内容や、権利相談室の利用方法などを記載した子ども用リーフレットと、子ども向けフリーダイヤルなどの情報が記載された小学生の名札サイズのカードを持参し、全校児童生徒への配布を依頼した。リーフレットとカードの配布にあたっては、担任教諭用のマニュアルを準備し、配布時に時間をとって権利相談室についての説明と利用勧奨をおこなうとともに、カードを小学生は名札、中高校生は生徒手帳や筆入れなどに、その場で入れてもらうよう依頼した。この配布プロセスを通じて、市内の小中高生に権利相談室の存在を周知するとともに、担任教諭に権利相談室の意義を理解してもらうことができた。
　また、子どもの権利や権利救済機関の内容についての啓発用プレゼンテーションを作成。年度前半に市内の小中学校全 22 校（2013 年 4 月 1 日当時）を相談員が訪問し、全校集会や始業式、終業式など全校児童生徒が集まる機

リーフレット　　（表）　　　　　　　　　　（裏）

相談カード　　（表）　　　　　　　　　　（裏）

- 学校に 行くのが つらく ありませんか？
- なかまはずれに されていませんか？
- 親や 先生や 友だちとの かんけいで なやんで いませんか？
- だれかに たたかれたり さわられたり こわい 思いを していませんか？
- 生きているのが つらく ありませんか？

「いやだなあ」と 思ったときは

ひとりで なやまず 話してね
名前は 言わなくても いいよ
ハッピークローバー
場所：宗像市役所 子ども相談センター
時間：朝10時〜夕方6時30分
（土・日・祝日と 年末年始はお休みです）
電話：0120-968-487
（通話料無料）クローバー よつばかな？

　会に15分程度の時間をいただき、紙芝居やプロジェクターを使って子どもの権利、および権利相談室についてのプレゼンテーションをおこなった。市内の全小中学生に相談員が直接語りかける手法は、子どもたちにとってかなりのインパクトとなり、権利相談室の存在を強く印象づけることができた。

　さらに、市内の18歳以下の子どもを対象に、市の広報紙や学校を通じて権利相談室の愛称を募集。697点の応募の中から11月の市子どもまつり会場での子どもたち自身による投票を経て、「ハッピークローバー」に決定した。募集のプロセスで子どもたちが再度権利相談室について考えることができ、また親しみやすい愛称の誕生が子どもたちの心に権利相談室をさらに印象づけることとなった。

　愛称決定を契機に、権利救済機関の広報紙「はぴくろ通信」の発行を決定。創刊号を2014年2月に発行し、その後、年間2〜3回発行している。内容としては、権利救済機関とその利用方法についての説明や、権利救済委員、権利相談員の紹介およびメッセージ、アンケート結果の報告などを掲載し、広報・啓発の有力なツールの一つとして活用している。

　一方、権利救済機関のみならず、条例や子どもの権利全般についての広

報・啓発のため、11月20日を「宗像市子どもの権利の日」として設定し、街頭での啓発グッズの配布、小中学校でののぼり旗の掲出などの取り組みをおこなった。

4　権利救済機関の広報・啓発（開設2年目）

　権利相談室開設2年目の2014年度も、愛称募集を除いては前年度同様の広報・啓発活動を実施した。

　リーフレットについては市内小中学校・高校の子どもに加え、新たに市内全幼稚園・保育所の保護者にも配布した。これは年度当初に就学前の子どもへの権利侵害に関する発意案件が発生し、その年代の子どもと保護者への権利救済機関の認知度を高める必要性を認識したためであった。

　また、新たに市内小中学校の全教職員への条例に関する研修を実施した。これは、管理職以外の、子どもたちに直接接する教職員が条例や子どもの権利に対する正しい理解をもつことにより、子どもの権利を意識した教育活動をおこなうとともに、子どもたちに対して自分たちのもっている権利について正しく伝えることができるようになることを目的としたものであった。

　「宗像市子どもの権利の日」の新たな取り組みとしては、市教育委員会の主導のもと、小中学校全クラスでの年に1度の「権利の授業」を開始した。この授業を通して、学校現場において、教師と児童生徒がともに子どもの権利についての理解を深める機会を創出することができた。

　さらに、この年も市子どもまつりに参加。「子どもの権利クイズラリー」「ストレスチェックコーナー」などの企画をおこなった。

　懸案であった高校生への広報・啓発についても新たな取り組みをおこなった。当市では大半の子どもが市内小中学校に在籍しているため、中学校までは広報・啓発が行き届きやすい状況にある。ところが中学校を卒業し、市外の高校・専門学校などに進学、あるいは就職してしまうと、権利救済機関についての情報を得るためのチャンネルが極端に減り、市のホームページのみになってしまうという課題があった。そのため、中学校3年生の卒業記念品として、権利相談室の電話番号が入ったクリアホルダーを作成。「18歳までは権利相談室を利用できるので、悩んだときはこれからも相談してください」といった内容を含む卒業生へのメッセージを掲載した「はぴくろ通信増刊号」をはさんで、卒業生全員に贈呈した。

5 権利救済機関の広報・啓発（開設3年目）

イメージキャラクター
「ふくちゃん」

権利相談室開設3年目の2015年度も、前年度同様の広報・啓発活動を実施した。

同年度の新たな取り組みとして、一部小学校における出張相談会をおこなった。これは前年度に子どもたちを対象に実施したアンケートの中にあった、「学校で相談できるようにしてほしい」という要望に応えたものである。対象小学校のロビーに、昼休みの時間に4日間連続して面接相談ブース、お手紙相談コーナー、権利相談室イメージキャラクター制作コーナーを設置。権利相談員と事務局員が出向いて面接相談などをおこなった。

また、新たに権利相談室のイメージキャラクター募集をおこなった。これは開設初年度の愛称募集と同様、市内の18歳以下の子どもを対象に、市の広報紙や学校を通じて公募。1,167点の応募の中から11月の市子どもまつり会場での子どもたち自身による投票を経て、「ふくちゃん」に決定した。今回も募集のプロセスで子どもたちが再度権利相談室について考えることができ、また親しみやすいイメージキャラクターの誕生が子どもたちの心に権利相談室をさらに印象づけることとなった。

6 広報・啓発活動の成果

2015年6月に市内の小学5年生と中学2年生全員を対象に実施したアンケート調査（対象者数：小学5年生866人、中学2年生892人　回収率97.0％）の結果によれば、権利相談室の認知率は開設2年あまりで95.1％（前年度82.6％）に達した。これは同様の事業をおこなっている他の自治体に比して相当な高率となっている。また、カードの保有率は66.8％（同60.9％）で、6割超の子どもが権利相談室にいつでもアクセスできる状況にあることがわかった。そのほか、匿名相談可能であることの認知度82.3％（同65.1％）、子ども専用フリーダイヤルの認知度78.4％（同66.5％）、学校・保護者への守秘性の認知度83.7％（同70.4％）など、相談方法や権利相談室の信頼性への理解も相当数の子どもたちから得られていることが明らかになった。

また、「権利の授業」の継続実施などにより、条例や子どもの権利につい

ての認知度も高まりを見せている。たとえば条例の認知度は56.0%（同29.3%）、子どもの「安心して生きる権利」の認知度は73.6%（同60.8%）など、いずれも前年度のアンケート結果を大きく上回っている。

　さらに、子ども自身の子どもの権利や権利相談室への理解度の向上にともない、2013年度に延べ119件だった年間相談件数が、2014年度には240件と倍増している。また子ども本人からの相談は、実件数69件のうち39件と全体の約6割を占めており、子どもが自分自身の課題について意見表明をおこない、その解決過程に参画するという権利相談室の趣旨に沿うものとなっている。

　3年度にわたる地道な広報・啓発活動を、子どもを主対象として粘り強くおこなってきた効果が、上記のような成果として実を結んだと考えられる。

7　外部への広報・啓発活動

　子どもにやさしいまちづくりを目的として幅広い活動を展開しているNPO法人「子どもNPOセンター福岡」の呼びかけにより、2013年度に県内4市町の救済委員の交流会を実施した。2014年10月には、当市救済委員、事務局員などが呼びかけ人となり、県内で「子どもにやさしいまち」「子どもの権利」に関心をもつ市民や自治体を増やしていくこと、子どもの権利救済制度を含む子ども条例の運用について交流し、情報交換していくことを目的に、任意団体「福岡子どもにやさしいまち・子どもの権利研究会」が設立された。同研究会は現在年間4回程度の研究会、講演会などを開催しており、毎回、「子どもの貧困」「学校ソーシャルワーク」「子どもの居場所」など、子どもの権利にかかわるさまざまなテーマについて取り上げ、参加者に対して発信している。

8　広報・啓発活動の今後について

　当市が広報・啓発の主対象にしている小中学生たちは、毎年入学し、あるいは卒業していく。また中にはリーフレットやカードを紛失してしまう子どももいる。教職員も条例や権利救済機関をもたない他の自治体から転任してきたり、新規に採用されたりする。つまり条例と権利救済機関について知らない子どもたちや教職員、リーフレット、カードなど相談のための手だてをもたない子どもたちが毎年必ず存在することになる。そのため、現在の権利

相談室やその内容についての高い認知度をさらに高めるためには、過去3年あまり実施してきた地道な広報・啓発活動を、今後も毎年粘り強く継続していく必要がある。

また、市内商業施設や鉄道駅など、子どもの目につきやすい場所へのポスター、カードの設置など、新しい取り組みも考えていかなければならない。

さらに、子ども自身が参加し、子どもの権利やその救済・回復などについて討議するワークショップの開催など、子どもが主体的に考え、行動する機会の提供も課題となる。

最終的には、すべての子どもたちが条例や子どもの権利、権利救済機関の存在と利用の方法などを理解し、困った時にはいつでも気軽に相談できるとともに、それらのしくみに主体的に参画できる環境を保障することが、おとなたちの責務であろう。

一方、九州、沖縄、中四国も含めて、子どもの権利救済機関をもっているのは福岡県内の4市町のみであり、この地域における子どもの権利救済活動は緒に就いたばかりである。今後この4市町の実践交流を大切に育てるとともに、「福岡子どもにやさしいまち・子どもの権利研究会」の広報・啓発・研修活動に参画することを通じて、少しずつ他の自治体にも子どもの権利救済のしくみづくりや条例制定の輪を広げていく努力を続けていくことも、この地域の先駆者としての使命であると考えている。

5
子どもオンブズワークの意味と実際
―― 川西市子どもの人権オンブズパーソン

浜田寿美男（奈良女子大学名誉教授）

1　「いま」という時代とオンブズワーク

　子どもの人権（権利）の状況は、今日、きわめて厳しい。日本に関していえば、それは、もちろん、いわゆる「開発途上」の貧しい国々の子どもたちが飢餓に喘ぎ、児童労働に狩り出され、児童買春の犠牲となり、さらに幼い兵士として戦場に送られるなどという直接的な人権侵害ではない。しかし、一見豊かに見えるこの消費社会のなかで、経済格差は確実に進行しており、子どもが育つうえで必須の人間関係の基盤が、多くの家庭・地域において脆弱化し、不安定化している。あるいは、経済的・文化的にも恵まれているかに見える家庭・地域においても、もっぱら高学歴・高学校歴の確保を目指そうとする強迫的意識の下で、ひたすら学力向上に駆り立てられ、息苦しく不安な子ども時代を送っている子どもたち、あるいはそこから落ちこぼれて明日への希望をもてないでいる子どもたちが少なくない。オンブズパーソンのもとにやってくる子どもたち、親たちの多くが、そうした「時代状況」の象徴的な表れであるように見える。そして、その根はけっして浅くない。

　オンブズワークに求められることは、個々の子どもたち、親たち、あるいは学校や関係諸機関の抱える問題に対して、直接的に対応できる手立てを講じ、問題解決を図るだけではない。それに加え、問題の根にある状況に対して、その改善を目指す方途を何らかのかたちで示し、社会の改革に向けて具体的なメッセージを発信していくことをもまた求められている。実際、それだけ「抜本的」な変革を目指さざるをえない現実がある。

　たとえば、学校においていまほどインクルーシブ教育が高らかに謳われた時代はなかったが、そのなかで現実には特別支援学校、特別支援学級に所属

する子どもの率がかつてないほどに伸びている。「インクルージョン」の名の下に、事実上「エクスクルージョン」がこの社会に蔓延しているといわざるをえない。そこで「真のインクルージョンを！」と叫び、ただただ「制度の改善を！」と求めても、それによって事態が変わることはない。オンブズワークは単にそうしたスローガンを打ち上げることですむものではない。

2　オンブズワークにおいて拮抗する2つのベクトル

　オンブズワークにおいて具体的に求められることの第一は、まず現実に起こっている個別の事案を通して、問題の根を探り、そこから子どもの人権を損なう状況に具体的に働きかけ、関係諸機関との調整を図り、子どもの声に沿った問題解決を目指すことである。しかし、もちろんオンブズパーソンは相談・救済にかかわる単なる実施機関ではない。それゆえ何らかの「制度改善」を志向し、その努力の蓄積をはかることなくしては、その存在意義が満たされることはない。その意味で、オンブズワークは個別事案に対する「ケースワーク」の実施で終わってはならない。そこで問題は、個別事案の「ケースワーク」実施と「制度改善」への模索・推進との連動であり、そのバランスをどう考えるかである。そこには二つの危険性がある。

　一つの危険性は、個別事案をめぐるケースワークに深入りしすぎて、状況の改善、制度の改革への展望を見失ってしまうということである。そうなれば、オンブズワークは他の実施機関の単なる補完に終わってしまう。その結果、他の実施機関で対応しきれない、いわば行政の隙間、あるいは谷間に落ちたケースの「穴埋め」的な業務に入り込んでしまうことにもなる。

　もう一つの危険性は、個別事案の相談・依頼を受けたとき、そこに人権上の問題を早々に捉えて、直接に関係する機関に働きかけ、意見表明や是正勧告を行って、制度改善につなげようとするところで生じる。たしかに、いじめや体罰、あるいは虐待など、いわゆる「人権」の侵害がはっきりしていて、かつ関係機関においてもその問題意識に大きなずれがない事案に関しては、一定の調査を行ったうえでオンブズパーソンがやらなければならない措置はほぼ決まっている。そのために、現場に関与して、これを制度改善につなげていくことに大きな問題が生じることはない。しかし、多くの問題はそれほど単純でない。実際、一見して人権上の問題が明確であるように見える事案であっても、かかわりはじめてみると、その背後に複雑で根の深い社会構造

上の問題が潜んでいることが少なくない。

　問題が、そのように当該事例の特殊性を越えて、そこに広く社会構造上の問題が潜んでいる場合、それを捉えて直に制度改善につなげようとして、いわば正論を意見表明しても、それは正面から受けとめられることなく、結果的に空回りする。とりわけ子どもの人権にからむ問題が複雑で、しかもそれらが根深く絡み合っている現代においては、この危険性が大きく、いくら大きな声を上げて主張しても、その受け入れの素地を耕しておかないかぎり、下手をすれば、オンブズワークがただの自己満足に終わりかねない。

　そうした事態を避けるためには、事前の相談・調整のケースワーク的な活動を丁寧に重ねていくことが求められる。まずはそれが基本なのだが、そこに終始してしまえば、結局、また先の第一の危険性に陥ってしまう。

　以上の話は、いわば理屈のうえで問題を整理しただけのことで、実際の状況はさらに悩ましい。いくつか具体例を上げて、その悩ましい現実をあらためて確認しておきたい（以下にあげる具体例は、当然のことながら、論旨を歪めない範囲で適宜変更を加えている）。

3　特別支援学級のなかでのいじめ

　ある学校の特別支援学級で、課外学習のさいにいじめがあって、被害を受けたAさんの保護者が、加害行為をしたBさんに対して、学校で2人が一緒になることのないように配慮することを求め、学校はその要請に応じてAさんの移動には教師をつけ、2人が接することがないように手配した。ところが、Aさんの保護者は学年進級時に、なお被害の不安をかかえて、Bさんの保護者に対して転校してほしいと訴えた。学校としては一方の当事者の転校要請をそのまま飲むことはできず、両当事者で話し合ってほしいと投げかけたのだが、被害者―加害者の関係がこじれているなかで、うまく話し合って折り合うことができない。そこで悩んだAさんの保護者がオンブズパーソンに申し立ててきた。

　オンブズパーソンが学校に入って、そもそもその問題がどのように発生して、それに対して学校がどのように対応してきたのかを調査したところ、Aさんは軽い知的障害があって学校では緘黙気味のおとなしい子ども、Bさんはこだわりの強い自閉性の子どもで、Aさんへのいじめのエピソードもむしろ彼のこだわりの結果であって、悪質とはいえないものだった。ただ、事が

いじめとなると、保護者はどうしても過敏にならざるをえないし、学校もその保護者の意向を尊重して、2人を接触させないよう最大限の対策を講じることにしたのである。問題発生の状況からして、少なくとも一時的にはこうした対策をとることもわからなくはないのだが、問題は2人を引き離すということで済むものではない。むしろ、Aさん、Bさん、そのそれぞれの保護者のあいだで、この「いじめ」の意味を考え、その理解を共有して、今後の関係に活かしていくべきものである。オンブズへの申立があったのは、事件から2年余りも経った後のことであったが、それまでの間、誰もこの事件についてAさんがどう思っているのかを聴く機会をもっていなかった。いわゆる二次被害を恐れてのことである。つまり、問題の核心には当たらず触らずで、ただ2人を遠ざけることで終わっていて、その挙句に一方の当事者の転校要請に至ってしまったのである。

　オンブズでは、まずAさん自身の思いを聴き取り、その思いを反映するかたちで問題解決をはかることが一番と考えて、Aさんとの面談を重ね、相談員との信頼関係がおおよそ築けたと思える時点で、あらためて聴いてみると、Bさんのいたずらは嫌だったけれども、自分はBさんと一緒になることがあっても大丈夫だとの思いを語ってくれた。Aさんの保護者はAさんが人前で自分のことをしっかり語れるとは思っていなかったようで、Aさんがこのように語れたことを知って驚き、Aさんを見直す機会にもなった。

　この事案で私たちが考えさせられたことは、第一に、問題を回避しようとして問題の本質を見ていくことを怠ったとき、問題はむしろこじれてしまうということ、第二に、当事者である子どもの「障害」のゆえに、保護者も学校もその子どもを蚊帳の外においてしまい、結果として問題が保護者間の対立にすり替えられてしまったこと、そして第三に、「特別支援」という名の下に枠づけられたところで起こったために、問題が特殊化されてしまって、多様な子どもたちの多様な出会いの問題として、どこにでも誰にでも起こりうる日常の問題として、学校全体で共有すべきものとならなかったことである。

　この問題解決に向けてオンブズが実際になしえたのは、上記の第一、第二の問題について当事者間の調整を行うにとどまるもので、第三の問題についてはAさんの保護者に向けて普通学級籍を選んで、そこで学ぶという選択肢を提示し、学校に向けてはBさんを含むインクルーシブ教育に向けて取

り組むことを提言したにとどまる。その提言はAさんの保護者に好意的に迎え入れられはしたが、現実化することはなかった。インクルーシブ教育を理念として説いても、それを受け入れる素地をもっている学校は多くないのである。

4 「専門」的手立ての保障と人権

　上記の学校の事例ではないが、障害のある子どもたちの入学をめぐって、ある教師の口から「私たちは専門じゃないので、責任がもてません」という発言を聞いたことがある。この理屈でいくと、障害のある子どもには「専門」の人が「専門」の手立てを施して教育するのが、その「教育権」の保障だということになってしまうが、ほんとうにそうだろうか。公立小学校への入学・入級は、まず親の選択権に属するにもかかわらず、そのように公言する教師がいることに、私は驚いてしまった。しかし、考えてみれば、親の選択権というのも、あくまで建前でしかなく、ひょっとすると多くの教師たちはこれを公言するのを、ただはばかっているだけで、本音のところは「私たちには責任がもてないよ」と思っているのかもしない。

　そこで、では教師の責任とは何なのかとあらためて考えてみる。教師である以上、学習指導要領で定められ、必要だと思う学習内容を、子どもたちにしっかり身につけさせなければならない、それが自分たちの専門性であって、それを全うするのが自分たちの責任の第一、そう思っているのかもしれない。だからこそ、障害があってそれがうまくいかない可能性のある子どもたちに対して、「責任がもてません」などと公言するのであろう。たしかに学校はこれまで、子どもたちに将来必要となる力・知識を身につけさせる制度として成り立ってきた。しかしいま、そのような学校のあり方が多くの歪みを生み出すようになって、もうこれでは学校そのものがたちゆかなくなっているのではないかと、私は思いはじめている。

　子どもたちはいま学校であるいは塾で、力を身につけ蓄えて、それを試験で発揮し、ただただ学歴・学校歴を積み上げることに汲々とするばかり。そして学歴・学校歴を確保すべく入学試験に通過してしまえば、あとは身につけたはずの力が剝げ落ちていっても別に構いはしない。いや、現に私たちが学校で身につけたはずの力の多くは、試験の場で使うだけで、それ以外の場で使うことがほとんどない。それでも、試験でその力を発揮して小中高大と

いう学校教育制度の梯子をそれなりに順調に上ることができる子どもたちは、結果として、それによって自分の将来を確保することができる。しかし、それが難しい子どもたちは勉強して力を身につけることが大事だといわれながら、その大事なはずの力がなかなか身につかず、むしろその勉強によって傷つけられつづけ、やがては勉強することの意味を見失い、それを放棄する子どもたちも出てくる。

　力を身につけるということは、本来身につけたその力をそのときそのときの生活に使って生きていくことであるはずである。しかし、もっぱら身につけること自体が求められて、しかもその力の多寡が競われるようになると、力はそれを使って生きるためのものだという当たり前のことを見失い、その当たり前の〈生きるかたち〉を奪われてしまう。学校が、もしそういう場でしかないとすれば、そこを勝ち抜く一部の勝ち組は別として、多くの子どもたちにとって、そこはもはや生きられる場所ではない。まして障害をもつ子どもたちの生きられる場所ではなくなる。

　学校は、子どもたちが力を身につけるだけでなく、本来そうして身につけた力を使って生きる、文字どおりの意味で「生活の場所」でもある。そう考えたとき学校の果たすべき責任がまったく違ったかたちで意識されてくる。学校はいろいろな子どもたち、そしていろいろなおとなたちが集まって生活する、一種のコミュニティであって、どのような個性・能力の持主であろうと、子どもたちみなはそこで生きているのだという、そのことを原点におかなければ、これからは学校どころか、この社会そのものがたちゆかない。

　もちろん、この生活の場所においても、「専門」的な考え方や知識・技能が必要になることはある。しかしそれは、「自分たちは専門ではないので、責任がもてません」と言って、一部の子どもたちを排除するような「専門」ではなくて、この同じ場で一緒に生きていくのにどのような手立てがありうるかを考え、すべての子どもたちを包含するための「専門」である。特別支援の本来の理念も、そうして「ともに生きる」ための支援であったはずだ。

　親が、自分の子に障害があるとわかったとき、「私は専門じゃないので、この子の子育てには責任がもてません」などとは言わない。家庭はそれこそ親と子が生活する場所だからである。病気にかかれば医者に診てもらうように、そこでも「専門」が求められることはある。しかしそれはあくまで、ともに生きていくために利用する「専門」であって、外にお任せして排除する

「専門」ではない。特別支援教育における子どもと子ども、組織と組織の連携もまた、生活の場をともにしたうえで、そこにすべての子どもたちを包含する「専門」であることを、あらためて確認しておかなければならない。

先のAさんやBさんのあいだに生じたようなトラブルの背後には、そもそもこの子どもたちを包摂するだけの生活の場を学校のなかに築きえていないという現実があった。しかし、このことをオンブズとしての具体的な提言につなげていくには、まだ埋めなければいけないステップがいくつもあって、その壁を前に気が遠くなってしまう。

5　相談室で閉じてしまう「心理相談」

学校を生活の場として見るということに加えて、もちろん家庭は文字どおりに生活の場である。しかし、この生活の場であるはずの家庭が、いまや子どもを支えるものになっていないケースが少なくない。格差社会の現実がいま確実に子どもたちの生活の場を侵している。

特別支援学級に籍をおくCさんから、家の中で家族との関係がうまくいかないと言って、直接に本人から電話でオンブズに相談があった。すぐに面談につなげて話を聴き、家族間の関係調整を図ることにしたのだが、それがなかなかうまくいかず、この家族とは数年にわたって長期間のつきあいとなった。Cさんには発達の障害があって、こだわりなどの問題もある。ただ、知的にはそれほど遅れは大きくなく、学校では原学級で授業を受ける時間も多くとっている。しかし、長く付き合っているうちにわかったのは、家庭内の生活がそうとうに乱れていて、しかもその乱れが徐々に深刻化していること。このことが私たちの目にも見えるようになって、相談室での相談のレベルを超えて家庭の生活に介入せざるをえない状況に陥ってしまった。オンブズは本来そのようなケースワークを行う実施機関ではないのだが、状況によってはそこまで踏み込まざるをえない現実がある。

自分たちは行政の穴を埋めるような実施機関ではないという自覚をもったうえで、事実上このような実施機能を果たさざるをえないとき、オンブズは今後の対応として、本来的にこの機能を担うべき機関をつくりだしていくことを提言しなければならないし、その創出の模索を試みなければならない。じつは、Cさんのケースについては、母親が市の相談機関にずいぶん以前から通っており、それがいまも継続していることが確認された。そこで、その

機関との連携を求めて情報交換をしたところ、このCさんの家族の問題が徐々にしんどくなっていて、このままいくと家庭そのものが破綻しかねないとの認識を共有することができた。ところが、当該機関の方では自分たちの業務は、これまでどおり相談以上のことはできないので、ただ「見守る」しかない。そして、どうしようもなくなったときには機を逃さず「福祉につなぐ」のが役割と思っているというのである。

　心理相談を行うこの「専門」機関では、臨床心理士資格をもつ相談員を軸に、子どもたちの学習上の問題、発達上の問題を、子ども本人の問題としてその解決を図ることを本務としていて、その背後に家庭や地域での問題があるとき、そこに一定のアドバイスはするとしても、ケースワーカーのように直接介入することはしない。子どもの障害や発達をめぐって問題を医療・教育モデルのもとに解決しようとして構想された相談機関には、これを社会関係の問題として考える社会モデルの発想が乏しく、生活上の困難を抱えたケースに対して実効性のあるかかわりをほとんどなしえない現実がある。そうして心理相談は相談室で閉じてしまう。

　既存の相談機関がこのような体制で組まれてしまっているとき、オンブズがその改変をどのようなかたちで提言しうるのか。その提言をどこまで実効あるものにできるのか。これもまたじつに悩ましい。「スクール・ソーシャルワーカーの導入を！」と提言することは容易だが、それを実質化するためには既存の機関の改変をも展望しなければならないからである。

6　制度改善に向かう困難な道

　子どもの人権を確保するうえで、これは必要だ、これはダメだいうことがはっきりしていて、その人権上の理念がすでに共有され、かつ規範化されているところでは、オンブズワークとしてそれに反した事案を制し、そこから外れた事例を正す役割を果たすのは、誰にもわかりやすいことで、多少の困難はあっても、到達点が明確なぶん、その遂行に迷いが生じることはない。しかし、既存のシステムができあがってしまっていて、そのことが問題解決を阻む壁になっているとき、そこに食い込んで、子どもの人権の確保と向上に向けて改革を展望し、実施していくのは容易なことではない。そこにはさまざま苦難が待ち受けている。実際、真に制度改善を目指すべく、その方向を見定め、その受け皿をつくりだすためには、それ以前のところで、事実上

のケースワーク的かかわりを深め、これを積み上げていかざるをえない。こうしたジレンマを抱えながら、オンブズパーソン制度の確立はまだ道半ばである。その自覚のうえで、なお日々の営みを着実につづけ、重ねる以外にないものと覚悟している。

Part V

**市民社会による
子どもの相談・救済**

1 弁護士会が取り組む子どもの相談・救済

三坂彰彦(東京弁護士会)

1 子どもの問題への弁護士会の取り組み

(1) 東京弁護士会の子どもの問題への取り組みとその経緯

東京弁護士会は、学校における子どもの権利・人権状況の問題性が指摘されるようになった1985年から、子どもの問題についての電話・面接相談を開始した。翌年には子どもの人権救済センターを設置し、第三者的な立場で子どもの人権侵害等の申立を受けて救済を図る活動にも取り組むようになった。さらに2004年からは、同年に始まった子どもシェルターと連携して虐待等により帰る場所のない子どもを保護する活動の一環を担うこととなった。

(2) 弁護士会の子どもの問題に取り組む基本スタンス

こうしたさまざまな子どもの問題への取り組みを通じて共有されてきた、子どもの問題に対する弁護士会の対応の基本スタンスは、被害を受けた子どもをもっぱら保護の客体とみたり、また問題行動を起こした子どもをもっぱら管理・取締の対象とみたりするのではなく、どのような子どもも権利行使の主体として、その意向が聴取され、重視される価値のある人間として対応するというものである。こうした対応こそ、子どもが本来もっている問題解決力や前向きに生きる力を取り戻すことを支援し(エンパワメント)、その最善の利益の実現につながるからであり、この点、子どもの権利条約も、子どもに、意見を聴かれ、その意見を正当に重視される権利(子どもの意見の尊重)を保障する(12条)こととして、子どもを権利行使の主体と認めており、これにより子どもの尊厳と参加の意識が確保され、子どもの最善の利

益が図られるとしているところである（権利基盤アプローチ）。

2　電話・面接相談と代理人活動——子どもの問題への向き合い方

（1）　子どもに関する相談窓口の概要と相談の現状

現在の東京弁護士会の「子どもの人権110番」には、弁護士が約150名登録しており、電話相談を月曜から土曜の午後（8時まで）の時間帯（ただし土曜は4時まで）に、面接相談を水曜と土曜の午後に実施している。

最近の相談傾向を前提とすると、毎月100件前後の電話および面接相談が寄せられている。相談者別にみた場合、子ども本人からの相談が15％程度であり、親や保護者からの相談が約70％である。相談内容別にみると、4割強が学校に関する相談、3割弱が親子・虐待等に関する相談であり、残りは少年事件に関する相談等が寄せられている。

このうち、相談件数の面でも、また、内容の深刻さという質の面でも、特に目につくのはいじめと児童虐待に関する相談である。

いじめの相談は、学校に関する相談のうち半数近くを占めており、平均すると月あたりで約20件、年間で200件にのぼる。いじめ相談はマスコミの事件報道の度に相談件数が増加するという傾向がみられ、潜在的ないじめの件数は一貫して減少していないことがうかがえる。

また、児童虐待に関する相談も、この10年くらいの間に激増している。2003年ころまで年間20〜30件であった児童虐待の相談が、2004年度以降大幅に増えて（この点、子どもシェルターとの連携開始の影響も大きい）、2006年度には年間100件を超え、さらに2010年ころ以降は120〜130件という相談件数となり、全国の児童相談所における児童虐待の認知件数の増加と呼応した増加を示している。

（2）　弁護士会の子ども相談における基本的なスタンス

①子ども本人からの相談——第一次的人権救済

弁護士会の相談窓口への相談の多くは、上述したように、子どもの保護者等のおとなからであり、子ども本人からの相談は全体の15％程度である。子ども本人からの相談で最も多いのは、いじめと虐待に関するものである。そこで以下では、いじめと虐待を例に、子ども本人からの相談の基本スタンスについて述べたい。

(a) いじめ

　いじめの相談は月20件程度寄せられている。その2～3割が子ども本人からの相談であり、年齢層や性別、いじめ行為内容もさまざまであり、軽い悩みと思われるものから、深刻に苦しんでいると思われるものまで程度もさまざまである。あえて特徴的傾向を指摘すると、女子では小・中学生からの仲間外しやシカト（無視）などの人間関係を通じたいじめが多いのに対し、男子は中学生からの第二次性徴期の身体的変化を材料としたいじめに関する相談が特に目立つ。

　子ども本人があえて弁護士会の窓口に相談してくる場合というのは、本人の周囲に安心して相談できる人がいないことが最大の理由になっているものと思われる。保護者や担任をはじめとした学校の教師に相談してもまともに受けとめてもらえないのではないかと思っていたり、相談されたおとな（保護者・教師等）が、子ども本人の気持ちや意向に沿うことなく、過剰に反応（保護者であれば本人の意向と無関係に学校に対応要請をしたり、加害側に苦情申し入れする等）してかえって事態が悪化するのではと心配していたり、誰に相談しても事態は変わらないであろうというあきらめの上で保護者を悲しませたくない、保護者の前でだけは自らのプライドを維持していたいなどの理由から、子どもたちは周囲のおとなに相談をしない、あるいはできないでいる。こうした子どもたちが弁護士会に相談してきていると思われる。

　子ども本人が相談窓口に電話をしてくる最大の動機は、自分がぶつかっている事態とそこでの思いを誰かに聴いてほしいというところにあり、このような場合に対応する弁護士のスタンスとしては、法的なアドバイス云々というよりは、とにかく否定的評価をまじえないで子どもの話を聴くこと（受容的傾聴）が基本的に求められる。起きている出来事とその際の気持ちとを丁寧に聴いて、大変だったねと共感しつつ、いじめはする方が悪いのであってあなたは悪くないんだよというメッセージを伝える。具体的な解決へのアドバイスまでは至らないことがほとんどだが、電話してきた子どもたちは話をしっかり受けとめて聴いてもらったことで、気持ちが（少しでも）楽になったと感じてくれるようであり、この意味で、いじめに関する子ども本人からの相談は、電話での相談を受けること自体が、すでに第一次的な人権救済活動としての面をもっている。

　こうしたいじめでの子ども本人の相談は、深刻と思われるケースでも、電

話相談を超えて面接に至ったり、弁護士が代理人について学校交渉したりするところまで関わることは少なく、電話相談で終了することが多い。

　(b)　虐待についての本人からの相談

　虐待についての本人からの相談は、毎月数件程度寄せられるようになっている（これは救済センターが、子どもシェルター「カリヨン」との連携を開始したことによるところが大きいと思われる）。その多くが、14〜15歳以上のいわゆる高齢児や児童福祉法上の児童からはずれる18歳、19歳の子どもからの相談である。

　内容はさまざまであるものの、多くの相談で共通するのは、親（保護者）の不適切養育を原因とする親との軋轢についての悩みであり、子どもが深い傷を負っていて家族との同居の継続に躊躇を感じる程度に至っており、子どもシェルターへの入居が相当と思われるケースも少なくない。

　こうした虐待に関する本人からの相談についてのスタンスとしても、前記のいじめと同様に、まずは本人からの事実経過、気持ち、その意向などをしっかりと聴き取ることが求められている。その上で、具体的な対応策についてのアドバイスも期待される場合が多いといえる。

②子どもの保護者からの相談

　子どもの問題についての保護者からの相談は、特にいじめや虐待に限定されるわけではなく、広く学校や福祉、少年非行などさまざまな分野に及ぶ。

　保護者からの相談の際の担当弁護士のスタンスとして大切にしているのは、子どもの事件では保護者と子どもの意向に食い違いがある場合は少なくないことをふまえ、保護者の意向というよりもむしろ子ども本人の意向を大切にすることの重要性を保護者に伝えることである。子どもの権利条約が、子どもの意見表明の権利を保障し、子どもに影響を与える事柄について子どもの意見を聴取し、その意見をできるかぎり重視するように定める（12条）ことで、子どもの最善の利益を図ろう（3条）としているゆえんである。

③近年の相談における特徴としてのいじめ加害側からの相談

　なお近年、とりわけ2012年以降に弁護士会相談窓口への相談が急増しているのは、いじめの加害側とされた子ども・保護者からのものである。

　典型的な相談としては、いじめ行為にまったく関与していない、あるいは、

関与の度合いが低いにもかかわらず、学校からいじめに関与したとされて、自宅謹慎を命じられたり、進路変更勧告名目での実質的な自主退学勧告を受けたり、場合によっては、警察に通告や被害届がなされ警察の事情聴取を求められたりしているが、学校の対応が行き過ぎではないかという相談である。

　この点について、弁護士会は少年非行における弁護人・付添人の活動を通じて、子どもの非行や問題行動にどう向き合い、どう対応すべきか、という問題に取り組んできたが、この取り組みを通じて明らかになってきたのは以下のことである。すなわち、いじめを含め問題行動を起こしたり、「荒れ」たりする子どもは、その家庭や学校や友人等との関係においてその権利を十分に守られておらず、大切な存在と扱われないことにより傷つけられ、痛みを抱え、自分を否定的にしかみられなくなっていて（力を奪われ＝ディスパワーされた状態にあり）、こうした状態こそが子どもたちの問題行動の原因になっている（つまり、子どもに権利が十分に守られていないから問題行動が起きているのであって、子どもに権利を認め、「甘やかして」きたから問題行動が起きるのではない）。

　違法な行為をした子どもに、そのような行動は許されないと叱責し、被害者は深く傷ついていると伝えようとしても自らが苦しい思いをしている子どもの心には届かない。同じく、いじめをした子どもに対し「いじめは絶対に許されない」と叱責したり、「いじめられた子どもは深く傷ついている」ことを説いても、自らが受けた傷により苦しんでいる子どもにそれを受けとめる心の余力はない。さらには傷の深さゆえに自らの感情自体にフタをしてしまっている子どもの場合、他者の苦しみを感じることのできない状態にある。

　子どもの問題行動をこのように捉えるとき、子どもが問題行動から真に立ち直っていくためには、その原因となっている家庭生活や学校生活等における問題点（子どもの権利侵害の状況）の修復を図っていくことが必要である（環境調整）。それと同時に、子どもが傷を受けてきたことを受けとめ、子どもが自信と自己肯定感を取り戻す過程への支援が必要である。すなわち、さまざまな問題行動を起こしたとしても、子どもを本来そうした問題行動を自ら克服する力のある存在として向き合い、子どもがそれまでに傷ついてきたことを受けとめることが重要である。それにより、子どもは自分が大切にされるべき存在であるのに傷つけられてきたと実感でき、本来子どもがもっていたはずの、自分に価値があるという実感（自己肯定感）を取り戻し（＝エ

ンパワメント）、自分が他者に与えてしまった傷に主体的に向き合い、克服できるようになる。子どもの権利条約も「罪を問われ」た子どもについて、「尊厳および価値についての意識を促進するのにふさわしい方法で取り扱われる権利」を認めている（40条1項）。

(3) 相談を受けた後の、弁護士による代理人としての活動
①相談から代理人活動へ

　弁護士会の子ども相談に寄せられる相談は、助言で終了するものが多いが、中には紛争がこじれている、あるいは被害が深刻であるなどの理由で、助言のみでは解決の見込みの立たない事案も少なくない。この場合、弁護士が代理人となって活動することになり、この段階から、弁護士会としての活動の枠を超えた各弁護士としての活動となる。

　相談でとどまるにせよ代理人活動に至るにせよ、弁護士が子どもに関する事案にあたる場合には、保護者の意向というよりも子ども本人の意向を尊重しながらの対応が求められており、子ども本人の意向を尊重した対応をすることにより「子どもの最善の利益」が図られることを意識して活動している。

②代理人活動の内容

　弁護士が代理人として活動する場合も、子ども本人の意向の尊重や裁判での解決の困難さ等の諸々の理由から訴訟提起に至るケースは少なく、多くが学校や施設、その他紛争の相手方（いじめの場合には加害側本人および保護者）との交渉である。

　たとえばいじめ事案を例にとると、いじめに関する学校交渉においても、子どもが現に学校に登校できているかどうか、登校できていないとしても、在籍する学校への再登校を望んでいるかどうかなどによって、方針の決め方や方向性が変わってくる。いずれにせよ、子ども本人からの話をもとにその置かれた状況を把握しつつ、本人の意向を基本としながら、再登校を目指すのか、転校を目指すのか等の具体的方針を決めていくことになる。

③いじめ加害者側からの相談事案の代理人活動

　いじめ加害者側からの相談が増えていることは前述したとおりだが、この場合における活動としては、学校からの事情聴取過程での行き過ぎについて

の学校への申し入れ、必要性・相当性の認められない自主退学勧告についての学校交渉、警察への被害届が出され捜査が開始された事案の付添人活動等、相談事案の内容に応じてさまざまな対応が求められる。その際の基本的なスタンスはすでに（2）③において述べたとおりである。

3　人権救済申立制度
（1）　制度の基本的なしくみ

東京弁護士会では、相談活動・代理人活動とは別に、子どもの人権侵害等の状態があるとして救済の申立てがあった場合に、弁護士会の救済センターが第三者的な立場から子どもの人権侵害の有無の調査等にあたるという、子どもの人権救済活動を実施している（人権救済申立制度）。

具体的には、子どもの人権の侵害（またはおそれ）があるとして人権救済の申立てがあった場合に、弁護士会として第三者的な立場から、事案の調査・調整を行うものであり、調査の結果、人権侵害やそのおそれがあると判断される場合、弁護士会として、相手方に対し、警告、勧告等の意見を発して侵害状態の是正を促す。

（2）　意見発出活動と調整活動

もっとも、人権救済申立てにおいて弁護士会の意見を表明する場合、往々にして、救済活動が、学校等の相手方の責任追及に終始せざるをえなくなることがあり、そうなると、相手方は防御活動に終始し、結局は救済手続きが弁護士会の意見という一方的な宣言の形で終了し、人権侵害として問題とされていた現実はそのまま残ってしまうことも少なくない（また裁判所の判決と違って、意見には強制力もない）。そこで、弁護士会の意見発出の他、調整による解決を図る活動を行っており、子どもの人権救済制度における調整活動の果たす役割は大きい。すなわち、調整活動とは、子どもの人権侵害を理由に救済申立てがなされた際に、その調査のための事情聴取の過程で、調査部会が、申立人側と相手方側との間のコーディネーター的な役割を果たして、子どもが苦しんでいるという現実を前にして、関係者による相互の歩み寄りを促すなどの働きかけを行い、子どもの人権の早期救済に向けた柔軟な解決を目指す活動ということができる。

(3) 人権救済申立てにおける基本的スタンス

　この活動の基本的なスタンスも、すでに述べたと同様、どのような子どもも権利行使の主体として、その意向が聴取され、重視される価値のある人間として対応することによりその最善の利益を図るというところにある。

4　子どもシェルターとの連携
(1)　子どもシェルターの背景と設立経緯

　救済センターには、①家庭で虐待を受けている、②18歳になり児童養護施設を退所したが自立できていない、③非行を犯し家裁での審判を控えているが親は引き取りを拒んでいるなどさまざまな理由により、安心して保護を受けられる場所がなく、弁護士の援助を必要とする子どもについての相談が、子ども本人や関係者から寄せられてきていたが、①のようなケースでは児童相談所につなぐ対応をするほか適切な対応ができないでいた（一時保護所も定員越え状態などのため、行き場がないままになることが少なくなかった）。

　こうしたニーズに対応すべく、弁護士、児童福祉関係者、市民ボランティアらにより、2004年、虐待などさまざまな理由により、安心して寝泊りできる場所と弁護士の支援を必要とする子どものためのシェルターを運営する「カリヨン子どもセンター」が設立された。

(2)　子どもシェルターと弁護士会の子どもの救済センターとの連携

　カリヨン子どもセンターは、あくまでも東京弁護士会とは異なる組織であるが、もともと弁護士会活動が契機となっているため、その運営にあたっても子ども委員会や救済センターと協力・連携しているとともに、弁護士会の「子どもの人権110番」は、「カリヨン子どもの家」へ入居したいという子どもやその周りのおとなからの相談の窓口としても機能している。この活動における基本的なスタンスも、これまでに述べてきたところと同様である。

　　※本稿で取りあげている弁護士の取り組みのあり方に関する記述は、基本的に、筆者が登録している東京弁護士会の子どもの人権と少年法に関する特別委員会における共通認識をもとにしている。

2

子どもに対する暴力根絶を目指す民間の取り組み
―― 子どもすこやかサポートネットの活動を通じて

田沢茂之（NPO法人子どもすこやかサポートネット）

はじめに

　子ども一人ひとりが安心して暮らし、すこやかに成長する、人としてあたりまえの権利をもつ社会を1日も早く実現したい。子どもすこやかサポートネットは、思いを1つにする仲間が集まり、具体的に活動する個人・団体のネットワークである。現在わたしたちは、子どもに対する暴力の防止、そのゲートウェイである体罰の根絶に向けて取り組んでいる。

1　わたしたちの問題意識と取り組み

　子どもへの虐待、いじめ、ドメスティク・バイオレンス（DV）など社会から暴力がなくならない。引きこもりや心の病気を抱える子ども・若者も数知れない。さまざまな情報が溢れる社会にあって、主体的かつ創造的に物事を判断し、実行できる人が求められている。世界がますます身近になっている現代にあっては、差別的意識をもつことなく多様性を認め、他者とのよき関係を築く"チカラ"が求められている。こうした背景があるにもかかわらず、子どもの人としての尊厳が傷つけられ、屈辱的な扱い、子ども自らの育ちがないがしろにされる行為が社会の中で温存されている。子どもへの暴力、体罰はその1つである。体罰は、どんなに言葉を尽くしても、子どもに対する暴力であり、社会で最も弱い立場にある市民に対する人権侵害である。程度の如何を問い、体罰が容認されているかぎり、他の子どもへの暴力もけっして無くならない。体罰は、恐怖や不安、そして不当な扱いを受けることから起こるやり場のない怒りを子どもたちに与えている。それは、子どものすこやかな成長を阻害し、さまざまな問題を引き起こす原因となっている。

子どもすこやかサポートネットは次の5つを柱に活動している。
①調査・研究活動、②子ども・若者参加推進活動、③法改正・政策提言活動、④社会への発信・啓発活動、⑤他機関との連携推進活動
　ここでは、法改正・政策提言に関する活動を中心に、具体的な取り組みについて紹介する。

2　法改正・政策提言活動
(1)　体罰の明示的禁止と懲戒権の削除を求めて

　体罰は、大きく2つの点で許されない。1つは、人権、子どもの権利の保障の点である。もう1つは、子どもたちに与える悪影響についての臨床的な調査、研究の結果の点からである。

　前者については、子どもの権利も保障する日本国憲法13条、日本が批准している子どもの権利条約19条、国連・子どもの権利委員会一般的意見8号「体罰その他の残虐なまたは品位を傷つける形態の罰から保護される子どもの権利（とくに第19条、第28条2項および第37条）」等に照らして許容されない。

　後者については、国内外の調査において、体罰は、たとえ一時的に子どもを服従させても、攻撃性、非行・反社会的行動、親子関係の質、メンタルヘルス、被虐待者となる可能性等において、望ましくない行動や傾向に影響するとの結果（エリザベス・トンプソン・ガーショフ『親による体罰、それによる子どもの行動と傾向』等を参照）や、0歳から6歳までの体罰を受けた子どもについて、特に言葉や社会性の発達に遅れが生じるとの結果（服部祥子・原田正文『乳幼児の心身発達と環境』等を参照）などが報告されている。また、体罰といじめとの関連も指摘されており、子どものすこやかな成長に悪影響を及ぼす行為として許されない。

(2)　現行法の課題

　児童福祉法はもともと、子どもが権利の主体であるとの基礎に立っておらず、保護の客体とみる視点に立脚しているといえる。そのため、体罰等の禁止について触れられていない。児童虐待の防止等に関する法律は、心身に有害、あるいはそのおそれのある行為に限定して虐待行為を定義しており、体罰を明示的に禁止していない。そして、民法に規定される懲戒権（子どもを

こらしめ、いましめる親の権利) については、しつけ、教育、子どものケアにおいて「子どもの利益のため」であれば、体罰等の使用が許されるとの誤解を生む余地を残している。こうしたことが、しつけや教育と体罰との混同を生み、暴力を容認させ、重篤化させてしまうリスクと、子どもに対する暴力に関する通報義務を躊躇させる原因ともなっている。

　児童虐待防止を目的とした民法改正が、2014年4月に施行され、民法820条は、「親権を行う者は、子の利益のために子の監護及び教育をする権利を有し、義務を負う」とされ、同822条は、「親権を行う者は、第820条の規定による監護及び教育に必要な範囲内でその子を懲戒することができる」とされ、懲戒権の行使への制限が明示された。しかし、監護教育上「子の利益のため」であれば、なおも暴力の使用を認める余地を残しているといえる。パブリックコメントでは、懲戒権削除に反対する意見はなく、裁判所も賛成していたが、懲戒権の削除は見送られた。

　「懲戒」は、一般に、子どもの非行や過誤の矯正という意味を超え、子育て全般の手段として理解され、なぐる、蹴る、叩くなどの行為が広く、そして「たいしたことではない」と、使われている。子どもの発達上きわめて自然な言動、たとえば、おとなのように素早く行動できないこと、人見知りからの行動、自立の芽生えと十分に理解できる言動などに対してさえ、おとなの支配的な対応、押しつけ、感情のはけ口として、叩くなどの体罰が用いられている。そして、それらの行為は、明らかに人としての尊厳を傷つけるものであり、「子の利益のために」と定めた監護教育権と矛盾している。

(3)　体罰禁止法制化の動き

　子ども虐待防止に係わる体罰の扱いについては、他国同様に日本も、国連人権機関から度重なる勧告を受けている。それらは、子どもの権利の状況を監視する子どもの権利委員会からのものにとどまらず、拷問禁止委員会、そして人権理事会からの勧告も含んでいる。

　当会は、国連事務総長研究「子どもに対する暴力」をリードしたパウロ・セルジオ・ピニェイロ氏が代表を務める「子どものための世界的進歩を促進する委員会」による体罰およびその他の残虐で品位を傷つける形態の罰の法的明示的禁止を求める手紙を預かり、2012年2月に厚生労働大臣宛てに、2013年7月に内閣総理大臣宛てに、国内の子どもに対する暴力防止に取り

組む組織との連名で、民法の懲戒権規定の削除と、家庭を含めた子どもが過ごすあらゆる場において体罰を明示的に禁止する法改正を行うよう要望する意見書を添えて提出した。また、当会は、チャイルドライン支援議員連盟主催の勉強会等を通じて、国会議員や関係省庁（担当部署）に対して、不定期ではあるが、情報の提供を積極的に行っている。

3 子どもの権利を基盤とするアプローチの採用を

　では、体罰を効果的に終わらせ、子ども虐待を予防するにはどうすべきか。最大の障壁が、洋の東西を問わず、おとなの意識である。多くのおとなが、過去に親や教師から叩かれた経験をもち、親や教師、また自分の受けた養育を否定することは非常に難しい。だからこそ、体罰を法律で明示的に禁止し、非暴力で肯定的なしつけについて積極的に社会へ発信することが求められる。その際、親（自身）が受けた養育等を否定することは避け、子どもの権利や科学的論拠に基づいて、新たな規範意識の形成を進めることが肝要である。なぜなら、親が受けた養育等は、当時の社会にあって妥当とされた方法に従ったにすぎず、否定される類のものではないからである。

　法律によって体罰を明示的に禁止する目的は他にもある。法的根拠の下、子どもの保護制度を強化でき、初動での対応や支援的介入を可能とする。この場合、通報はすべて適切に調査され、被害から子どもが守られるよう制度を運用することが重要である。ただし、軽度な体罰の場合、支援的介入あるいは教育的介入はあっても、親が訴追されて罰せられたり、分離処置がとられたりする必要はない。おとなにある暴力から守られる権利保障と同様に、些事原則（法律は些細な事柄には関与しない）が適用されうる。また、親を訴追したり、子どもを分離したりする対応は、体罰を禁止し、子どもの保護制度を強化しようとする子どもの権利基盤アプローチの意図するところではない。それらの対応は、「子どもの最善の利益」（子どもの権利条約の一般原則の1つ）に適うものとはならないからである。子どもを分離するなどの対応は、子どもの生存・発達の権利が明らかに侵害され、危機的な状況にある場合で、子どもを親から分離することが「子どもの最善の利益」に適う場合に限ってのみ行われるべき最後の手段である。

　啓発の内容については、法律の周知とともに、非暴力で、肯定的なしつけに関する情報提供が必要となる。その中身は、調査等で明らかにされている

ように、子育てにおける不安感を解消する子育てスキル、ストレスへの対処、子どもの発達に関する知識、子どもの権利に関する理解、相談先情報などが一般的に含まれる。また、人を育てるという偉業に対して敬意を示すとともに、人を育てることの難しさ、衝突のない子育てや完璧な子育てなどは存在しえない点についても触れ、否定的な考えにとらわれないよう、自信と自覚をもってもらえるよう図ることも重要である。

体罰の禁止法制化とそれに伴う啓発は、子どもの権利を擁護する世界的な取り組みとなっている。この契機となった出来事が、2006年秋の国連総会で報告された「子どもに対する暴力の調査研究」である。この報告において、多くの子どもが、「はやく体罰をなくしてほしい」と嘆願していることが改めて確認された。この報告がなされて以降、子どもに対する体罰の使用を禁止し、啓発を進める国が世界で急増している。2016年3月現在、家庭を含め、子どもが過ごすあらゆる場で体罰を法的に禁止した国は49に達している。さらに他の50か国ほどが、体罰の法的禁止を進める旨を公表している（「子どもに対するあらゆる体罰を終わらせるグローバル・イニシアティブ」調べによる）。日本は、これら子どもの権利を擁護する国のリストに含まれていない。

おわりにかえて

体罰に関する親（保護者）の意識についての各種調査によれば、5～6割ほどの人が体罰に対して肯定的か、あるいは容認している。しかし、4割の親が、「体罰は必要ない」と回答している事実もある。また、「男女間における暴力に関する調査」（内閣府、2005年、2008年、2011年実施）では、男女間暴力の防止に必要なこととして、「家庭で保護者が子どもに対し、暴力を防止するための教育を行う（べき）」が、約7割で最も多いか、2番目に多い回答であった。こうした調査結果は、体罰によらない「しつけ教育」が可能であり、社会的要請のあることを示しているといえる。

社会が進むべきは、親の懲戒権をやりくりするのではなく、人権上、そして子どもの発達や子育て研究からも多く問題が指摘されている体罰を明示的に禁止することにより、子どももおとな同様に、暴力から守られる権利が保障されることである。このことを基盤に、政府・自治体は、民間団体とも連携し、暴力的な言動によらない、子どもの発達に即した建設的で、肯定的な

しつけや教育に関する啓発と支援を主導すべきである。また、子どもへの暴力に対して初期段階で支援的介入ができるよう、子どもの保護制度を強化し、適切な運用を図る必要もある。

　子どもに対する暴力、特に幼児期の子どもが身近な者から受ける暴力は、その子どもの人生すべてを左右しかねない、深刻な影響をもたらす残虐な行為である。それは、暴力から守られる権利を侵害するにとどまらず、教育への権利や意見表明の権利をも侵害し、子どもの生きるチカラを奪いかねない行為である。女性の権利の推進において暴力問題が中心であるように、子どもの権利を擁護・推進するためには、暴力の根絶を中心にすえることが有効なアプローチである。

[引用・参考文献]
国連・子どもの権利委員会一般的意見8号（2006）「体罰その他の残虐なまたは品位を傷つける形態の罰から保護される子どもの権利（とくに第19条、第28条2項および第37条）」（平野裕二訳）
エリザベス・トンプソン・ガーショフ（2002）『親による体罰、それによる子どもの行動と傾向：メタ分析と理論的考察』（子どもすこやかサポートネット）
服部祥子・原田正文（1991）『乳幼児の心身発達と環境——大阪レポートと精神医学的視点』名古屋大学出版会
公益社団法人セーブ・ザ・チルドレン・ジャパン（2014）『子どもに対する体罰を終わらせるための手引き』（翻訳本）
NPO法人子どもすこやかサポートネット（2009）『子どもに対する暴力のない社会をめざして——体罰を廃止したスウェーデン30年のあゆみ』（翻訳本）
NPO法人子どもすこやかサポートネット（2011）「すべての子どものすこやかな成長のために」
森田ゆり（2003）『しつけと体罰——子どもの内なる力を育てる道すじ』童話館出版
公益社団法人セーブ・ザ・チルドレン・ジャパン（2009）『ポジティブ・ディシプリンのすすめ』（翻訳本）明石書店
「子どもに対する体罰を終わらせるグローバル・イニシアティブ」http://www.endcorporalpunishment.org/
NPO法人子どもすこやかサポートネット　http://www.kodomosukoyaka.net/

3
子どもの声とチャイルドライン

宮澤節子（長野県チャイルドライン推進協議会）

1 チャイルドラインの理念としくみ
(1) チャイルドラインとは
　チャイルドラインとは、18歳までの子どもがかける子どもの専用電話である。1970年代に北欧で子どものためのホットラインが開設され、日本では1998年にイギリスのチャイルドラインを手本に活動が始まった。現在145か国において、多くはチャイルドヘルプラインといわれ、活動が行われている。
　チャイルドラインは、子どもの権利条約（児童の権利に関する条約）の精神を基にして、特に条約第3条「子どもの最善の利益」を念頭に置き、電話というツールを使用し子どもの心に寄り添う活動を行っている。
　1999年には、チャイルドラインの活動を全国に広げていくために「チャイルドライン支援センター」が設立された。
　2009年5月からは、全国統一フリーダイヤル「0120-99-7777」の運用が実現し、月曜日から土曜日までの午後4時から9時まで、子どもたちはこの番号で電話料金を心配しないで無料で話せるようになっている。
　2015年3月末現在、41都道府県72団体の協力により、全国の子どもからの声を受けている。

(2) チャイルドラインが大切にしていること
　子どもを一人の人間として尊重し、子どもの目線に立って理解し、子どもの主体性を大切にしている。
　わたしたちは、おとなの考えを優先したり押しつけたりしないで、子ども

たちが安全で安心して幸せに育つ権利を保障し推進していくという立場に立ち、子どもとの信頼関係のもとに、子どもの気持ちに寄り添い耳を傾けることが重要であると考えている。

　誰にも話せなかった不安や迷い、悲しみや怒り、解決できない悩みを話すことで心が軽くなり、思いをしっかり受け止めてもらえているという体験が、やがて、勇気をもって電話したその子ども自身の力となり、自ら解決できる力に変わっていくと信じている。

　チャイルドラインの電話では、かけてきた子どもが主役である。電話がつながっている間は子どもが安心して、今のありのままの気持ちを話せる場であることが最も重要である。

（3）チャイルドラインのしくみ

　チャイルドラインは、かかってきた子どもからの電話を直接受けるのは、「養成講座」を受けた「受け手」である。そのために、受け手が安心して子どもの話を聴けるように、サポートする「支え手」がそばに寄り添っている。子どもからの電話が終了すると、子どもからの、話題について受け手の気持ちを聴き不安や疑問について一緒に考える。また、受け手がストレスを持って帰らないようにサポートをする。これらの役割を明確にすることが、チャイルドラインの大切なしくみになっている。

　子どもの声を聴くために、子どもの現状や社会、事例や課題、スキルについてなど多くの研修の機会を設けて、子どもの声に寄り添う受け手として常に資質向上につとめている。

（4）チャイルドラインのカード

　何より大切なのは、子どもたちにチャイルドラインの存在を知ってもらうことである。その手段として、子どもたち一人ひとりの手にチャイルドラインのカードを配布できるよう、各団体では財源や手配に努力している。

　カードには電話番号の他に、次の「子どもとの4つの約束」が書いてある。

- ヒミツはまもるよ
- どんなことも、一緒にかんがえる
- 名まえは言わなくていい

・切りたいときには、切ってもいい

　これらの言葉は、子どもとつながる最も大切な約束である。

　長野県では、フリーダイヤルになる前までの開設当初は、27万枚のチャイルドラインカードを全県の小・中・高の学校、養護施設ほかで年3回、県の教育委員会に協力してもらい、子どもたちに配布していた。また、2009年の統一フリーダイヤルになってからは年1回配布をしている。こうして、発足当時から県、市町村、学校等、多くの協力によって、長年に渡ってカードを配布し続けたことが、子どもの認知率72.5％につながっている。

2　長野県でのチャイルドラインの活動
（1）　長野県のチャイルドライン誕生

　いじめ、不登校、引きこもり等、子どものさまざまな問題が深刻化を増す中で、長野県では県側からの積極的な働きかけがあり、2002年にチャイルドライン設置に向けた検討が開始され、民間相談機関との意見交換、子どもの悩み相談研究会が開催された。2003年7月に、県議会が立ち上げに要する経費を補正予算で計上し、8月にはチャイルドラインの運営委員会が設置された。そして、2004年に長野市にNPO法人「チャイルドラインながの」が設立された。その後、2005年に「チャイルドラインすわ」、2006年に「チャイルドラインうえだ」が開設された。

（2）　長野県チャイルドライン推進協議会の設立

　2006年、チャイルドラインの名称が商標登録に認証され交付されたことに伴い、実施団体の登録が行われた。全国組織としての社会的責任、質の向上と子どもへの支援強化、よりいっそうの連携が求められるようになった。

　こうした動きの中で、2007年に県内3団体が連携して、行政との協働を推し進め、子どもの声を社会に発信し、よりよい社会環境づくりを目的として、長野県チャイルドライン推進協議会を設立した。

　県の意向もあり、協議会の設立に伴い、これまで各団体に出されていた補助金は、財政基盤の安定化、事務の効率化を図ることを目的に、青少年育成事業「チャイルドライン支援事業」として協議会に一本化され交付されることになった。

　こうした県の補助金を受け、県全域の子どもを視野に入れた取り組みは、

「新しい公共」として全国でも話題になり、今後の行政と民間の協働の取り組みの先駆けとして注目された。今後は協議会として、県民、市町村、県内企業、子ども関連団体などへの支援を積極的に働きかける取り組みも始めた。

　協議会が立ち上がったことで、子どもたちに配布をしていたチャイルドラインカードの作成、配布作業、情報交換、全体研修等を3団体協同で行うことになった。また、財政補助、カードの発送、情報交換等、行政の支援を受け、官民協働という新たなしくみが実現した。当初県は、事業の立ち上げ金として期限つきの補助金と考えていたようだが、チャイルドラインへの子どもからの声が膨大な件数になっている実態を知り、子どもの支援に対するシステムとして理解するようになっていった。

　2014年には、協議会の援助・協力によって、4団体目の「チャイルドライン佐久」が誕生した。

(3)　「こどもの権利支援センター」との連携

　長野県教育委員会こども支援課に、2005年5月「こどもの権利支援センター」が設立された。いじめや体罰など、主に学校で起きる問題に苦しんでいる子どもの権利が守られる環境づくりを支援することを目的にした、子ども側に立って問題解決を図っていくという、新しいしくみであった。

　このセンターの設置により、チャイルドラインにかかってきた子どもに対して、いじめや虐待、暴力など子どもでは解決困難な事柄について、子ども自身が救済を求めた場合はこのセンターにつなぐことができるようになった。

(4)　「信州型事業仕分け」における評価

　2011年、長野県では、県の事業に対して評価をする「信州型事業仕分け」が行われた。チャイルドライン支援事業も仕分けの対象に上げられ、チャイルドラインの活動や趣旨についての事前調査や聞き取り等の調査が行われた。公開審議において、仕分け人の「相談業務を行っている民間団体はたくさんあるが、チャイルドラインにだけ補助金を支出しているのはなぜか」という意見に対して、担当課は「子どもの声を聴くということを主目的に事業を行っているのは、県内ではチャイルドラインだけである」というような回答をした。

　審議の報告結果では、チャイルドラインの電話件数はきわめて高水準であ

り、子どもたちの需要は大きいと判断され、今後も継続して実施すべき事業という評価になった。選考委員の中には拡張という意見も出されていた。この評価は、長野県におけるチャイルドラインの活動にとって大きな成果であり、一つの節目になった。

(5)「子どもの育ちを支えるしくみを考える委員会」設置

県は、社会全体で子どもの育ちを支え、次世代を担う子どもたちが安心して暮らせる長野県を実現するために、2011年5月「子どもの育ちを支えるしくみを考える委員会」を設置した。わたしは、その委員として「長野県チャイルドライン推進協議会」の立場で参加した。その委員会に、県内の子どもたちの現状と課題を把握するためのアンケート調査や当事者の子どもたちから直接意見を聴く部会が設置された。

2011年に、7,060人（小学校5年〜高校2年生、7学年4地域）にアンケート調査を行った。3,362人（回収率47.6％）の回答では、チャイルドラインの認知度が72.5％で（児童相談所が30％、子ども人権110番が16.5％）、他の相談機関の認知度が低いのに比べ、驚くほど高い認知度であった。また、「どこなら相談したいか」の質問でも、チャイルドラインが40％と高く（次の児童相談所が13.8％）、どこにも相談したくないが33.1％であった。こうした数字は、子どもたちに毎年チャイルドラインのカードを配り続けるなど、地道な広報・普及活動により認知度が高まっている結果だと捉えている。

この委員会の議論などを経て、2014年6月に、「長野県の未来を担う子どもの支援に関する条例」が可決された。条例の目的として、「子どもの支援（いじめ、虐待、体罰等に悩み苦しむ子どもへの支援・子どもの育ちを支える者への支援）を総合的に推進し、子どもの最善の利益を実現する」と記され、関係者の連携協力と継続的な支援の実施が基本的理念に盛り込まれている。

この条例に基づき、2015年4月、子どもの救済に向けて「子ども支援センター」が開設され、電話やメールで子どもの声を受けている。

3 チャイルドラインから見える子どもたち

子どもからの電話は現在、全団体共通の項目の記録用紙に1件ごと記入

し、支援センターに送り、話の内容等がデータとして記録され、集約した子どもの声を社会に発信するための大事な資料となっている。

チャイルドラインへの子どもからの件数は、2014 年全国で発信数 614,770 件、着信数は 205,832 件、長野県の子どもからは 8,339 件であった。

全国の統計では、事柄として一番多いのが人間関係で 16.5％、雑談が 13.9％、性への興味・関心が 11％、いじめが 6.4％ となっている。長野県の子どもたちからの事柄を見ても、ほとんど全国の状況と変わらない。

その人間関係の中でも、特に学校での友だちとの関係に対しての悩みが多くなっている。「学校に行きたくない」「友だちがいじめに合っている。どうしたら良いか」「グループから外された」「陰口を言われている」等々、友だちからどう思われているのか不安に揺れながら過ごしている子どもたち。日常の学校生活の中で常に必要以上に友だちや周りに気を使い、精神的に疲れているのを感じる。また中・高生においては、進路の選択の時期、成績や評価への不安が大きくのしかかり、将来への希望や夢がもてない現実に向かい合っている。

電話をかけてくる多くの子どもに共通しているのは、つらく苦しい気持ちを気軽に話したり相談したりする友人が身近にいないことである。また、家庭にいても家族と会話する時間が少なく、学校生活においても担任の先生に相談することはほとんどないと答える子どもが圧倒的に多いのにも驚く。

「夜になると不安になります。将来のことを考えると眠れない日があります。今やっていることもこれでいいのかと思うと、無意味に思えて、やる気がおきない。そんな時はどうしたらよいですか？」（高校生男子）、電話の向こうで、不安とあきらめ、戸惑いを話し訴える子どもも少なくない。また、「どうせ頑張ってもだめだ」「自分には無理」と、あきらめてしまい、自分に自信がもてない、社会に対して希望をもてないで悩んでいる切実な気持ちが聴こえてくる。

長野県の高校生からの電話から感じる気持ちという統計では、「不安」が一番多く、続いて「つらい、苦しい」「自分に自信がない」「寂しい」「孤独・孤立感」「疲れ、無気力、あきらめ」「怒り、いらだち」「人の目が気になる」であった。また、「聴いてほしい、つながっていたい」が 6 割を占めている。

かけてくる子どもは男女ともに中・高生が多く、その話も学力、進路、経

済的、親との関係など深刻な事柄、状況に至っている場合もけっして少なくはない。子どもたちの会話の中で、「話せない」「行きたくない」「心配」「どうしたらいいか」「おこられる」「聴いてくれない」「差別される」「言われる」「わからない」「わかってもらえない」「しかたない」「嫌い」「したくない」「ひとり」、こうした悲観的な言葉がたくさん出てくる。この子どもの発した言葉に潜む心の不安、迷い、あきらめ、孤独な気持ちの裏に、「聴いてほしい、今の自分を受け止めてほしい、認めてほしい」という気持ちが込められている。こうした言葉の裏に、いじめ、差別、虐待、貧困におかれた状況も見え隠れしている。

　日本の子どもたちは幼少期から、親や周りのおとなから「してはダメ」「どうしてできないの」と制限や否定的な言葉をたくさん浴びているために、何かするごとに「何か言われるのでは、こんなことを言ったら」と行動や発言に自信をもてなくなり、「どうせ自分なんか」「何やってもダメだ」と思う気持ちになっていく。こうした子どもたちは、やがて人と関わることが苦手になり、自分で行動し解決する力が育たないという悪循環になっている。そんな積み重ねが、子どもたちの自己肯定感が低いという現状を生み出してきたのだといえる。

　また、子どもたちの伝達手段も電話から携帯、携帯からスマートフォン、インターネットと変化してきた。今や子どもの伝達手段はSNSへと急激な変化をもたらし、メディアとの接触時間はますます増え、知らないうちに体や心を蝕み、大きな影響を及ぼしている。その結果、日本の子どもたちの自己肯定感とコミュニケーション力の低下にさらに拍車をかけている。

4　チャイルドラインの今後

（1）　チャイルドラインと子どもの居場所

　「よく話してくれたね」「そうなんだ」「一緒に考えよう」「だいじょうぶ」子どもの話すその時の気持ちを何より大切にして聴く。声のトーン、テンポ、息づかいを感じ、子どもの話をひたすら聴く。子どもたちの怒り、苦しみ、迷い、苦悩、痛み、貧困、虐待、いじめ、差別、妊娠、楽しい、うれしい、好き、恋愛、家族、友人、先生……。

　さまざまな環境におかれている子どもたちの、その時の気持ちに耳を傾け、子どもの不安、傷ついた心、どうしようもないつらさに寄り添い聴くことで、

子どもたちの心が少し軽くなったり、怒りが少しだけおさまったり、電話を通して変わっていくのを実感する場面も少なくない。

　チャイルドラインは設立当初から今日まで「相談電話」ではなく、「何でも話していいよ」「秘密は守るよ」の安心の場として、子どもに寄り添い、その時の悩みやつらさ、どうしようもない状況を子どもがたくさん話せるように心がけて聴く電話として大きな役割を担ってきた。その結果、チャイルドラインの理念「子どもの主体性を尊重する」ことが、子ども自身が真の気持ちを語れる唯一の特性をもつ電話となって、子どもの今とともに「子どもの居場所」として存在し続けてきた。

（2）　子どもの生きやすい社会へ

　日本にチャイルドラインが誕生して17年余が経過した。今や子どもに向けての条例や支援のしくみがつくられ、行政や民間の団体等の連携も重要になり、子どもに関する共通の研修、情報や意見交換の機会も以前より設けられるようになってきた。しかし、こうしたことだけで本当の子どもの生きやすい環境になるのだろうか。

　最も大切なのは、幼少期から外で思いきり遊び、さまざまな経験を通し自ら生きる力をつけて成長していく過程にある。その時にしっかり関わり寄り添う人と、「場」が今こそ必要ではないだろうか。

　チャイルドラインの活動として、これまでの受け止め蓄積された膨大な子どもの声、子どもの気持ちを「子どもたちが生きやすい社会づくり」に向けて活かしていくことも大きな役割だと考えている。子どもの声とともに、チャイルドラインの活動も大きく変わる時を迎えている。

4 子どもシェルターの全国的展開

髙橋 温（NPO法人子どもセンターてんぽ・神奈川県弁護士会）

1 子どもシェルターとは

　子どもシェルターは、児童虐待などのため安心して生活できる居場所がない10代後半の子どもたちに対して、緊急避難先としてスタッフが常駐する家で衣食住を提供するとともに、子どもの権利擁護や自立に向けた今後の方向性を一緒に考える「子ども担当弁護士」（以下、子担）をあっせんし、関係機関とも連携しながら、入所した子どもの今後の生活を共に考えていく施設である。

　2015年12月の時点で、全国で12法人13施設が開所し、さらに2016年4月には大阪と沖縄でも開所した。また、宮城県では子どもシェルターと類似した機能をもつ「ロージーベル」が活動している。その他にも、開設を検討あるいは準備する動きが全国各地に広がっている。

2 子どもシェルターの必要性

　家庭などに安全で安心して生活できる居場所がない子どもは、要保護児童（児童福祉法第6条の2第8項）として、児童相談所は「必要があると認めるとき」は一時保護をすることができる（第33条）。

　しかしながら、児童福祉法が一時保護の対象としている「児童」は、18歳未満に限られており（第4条）、18歳の誕生日を迎えた者は、一時保護の対象とはならない。

　また、全国の児童相談所の一時保護所には個室が設置されているところはほとんどなく集団生活となっていることや、人的・物的限界から外出も制限されがちであること、非行の進んだ子どもは他の子どもへの悪影響を避けよ

全国の子どもシェルター

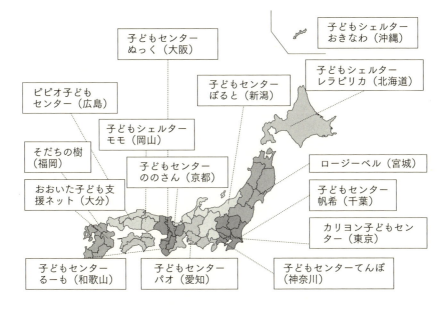

うとすると一時保護所に入所させにくいこと、虐待をする親からの誤った情報や誤解に基づき「施設」に入所することに拒否的な子どもも少なくないことなどの理由から、18歳未満の要保護児童であっても、児童相談所の一時保護になじまない子どもは少なくない。

こうした理由から、虐待の被害を受けた子ども、少年審判で保護者が引き取りを拒否したり保護者のもとに帰すのが適切ではないと思われたりする子ども、少年院等からの退院先が見つからない子どもなどが、「今日帰る場所がない」という理由で、危機的状況に陥っている現実がある。

彼女／彼らも、少人数の家庭的な環境の下で、一人ひとりの状況に応じて個別的に対応できる一時的な居場所があれば、とりあえずそこで一息ついて、今後のことをゆっくりと考えることが可能であるのに、どうしてそのような一時的な居場所がないのだろうかという思いは、以前から弁護士や児童福祉の関係者が感じているところであった。

3 子どもシェルターの歴史

東京では、2002年、東京弁護士会「子どもの人権と少年法に関する委員

所在地	法人名称	開所年月	名称、男女別・定員
東　京	社会福祉法人カリヨン子どもセンター	2004年6月 2009年3月	ガールズ（女子6名） ボーイズ（男子6名）
愛　知	NPO法人子どもセンター「パオ」	2007年4月	丘の家（休止中）
神奈川	NPO法人子どもセンターてんぽ	2007年4月	てんぽ（男女6名）
岡　山	認定NPO法人子どもシェルターモモ	2009年9月	モモの家（女子5名）
広　島	NPO法人ピピオ子どもセンター	2011年4月	ピピオの家（女子5名）
福　岡	NPO法人そだちの樹	2012年2月	ここ（休止中）
京　都	NPO法人子どもセンターののさん	2012年4月	はるの家（女子6名）
和歌山	NPO法人子どもセンターるーも	2013年10月	るーも（女子6名）
北海道	NPO法人子どもシェルターレラピリカ	2013年12月	のんの（女子6名）
千　葉	NPO法人子どもセンター帆希	2014年12月	はるつげ荘
新　潟	NPO法人子どもセンターぽると	2014年12月	ぽると（女子5名）
大　分	NPO法人おおいた子ども支援ネット	2015年4月	みらい（男子6名）
大　阪	NPO法人子どもセンターぬっく	2016年4月	ぬっくハウス（女子6名）
沖　縄	NPO法人子どもセンターおきなわ	2016年4月	月桃（サンニン）（女子6名）

（2016年4月現在）

会」が毎年1回上演している演劇『もがれた翼』において「こちら、カリヨン子どもセンター」というタイトルで、架空の施設として子どもシェルターを登場させたことがきっかけで、子どもシェルターが設立されることになり、2004年6月に「カリヨン子どもの家」が開所した。

　そして、カリヨン子どもの家の開所をきっかけに、各地でも、同様の思いをもっていた弁護士や児童福祉関係者が集まって子どもシェルターを設立しようという動きが少しずつ広がっていった。

　子どもシェルターは、当初、既存の制度にない民間の活動としてスタートした。しかし、子どもシェルターの公益的な活動内容は、本来、国が実施すべき活動であり、その費用は国費により賄われるのが相当であることから、子どもシェルターを運営している各法人が集まって、厚生労働省への働きか

けを行った。日本弁護士連合会が 2011（平成 23）年 2 月 18 日付で、「『子どものためのシェルター』の公的制度化を求める意見書」を出したこともあり、同年 7 月 19 日付で、厚生労働省は、「『児童自立生活援助事業の実施について』の一部改正について（通知）」（雇児発 0719 第 1 号）により、子どもシェルターを自立援助ホームの一類型として、義務教育修了から 20 歳未満を対象とする児童自立生活援助事業（児童福祉法第 33 条の 6）に基づく制度として運営することを認めるに至った。

その結果、各地の子どもシェルターが児童自立生活援助事業の施設として運営できるようになった。

4　子どもシェルター全国ネットワーク会議

2011 年 3 月、全国各地で子どもシェルターを設置運営する団体の設立支援、経験交流、研修、連携協力等を行うことにより、困難をかかえる子どもの権利保障の実現をめざすことを目的として、子どもシェルター全国ネットワーク会議が立ち上った。

2015 年 10 月には、規約を整備し、第 4 条では「子どもシェルター」の定義を明らかにし、第 5 条では子どもシェルター全国ネットワーク会議の事業内容を規程した。

（子どもシェルター）
第 4 条　前条の「子どもシェルター」とは、困難を抱える子どもへの緊急支援、短期の滞在期間での集中的な支援、弁護士が運営にかかわり法的支援を行える体制等を主な特色として行われるものであり、児童自立生活援助事業実施要綱の第 12 に定めるものであるが、具体的には以下の特色を有する施設を指す。
（1）虐待、非行、家庭崩壊などの困難により、帰る場所を失った子どもの緊急避難場所である。
（2）子どもの権利保障、最善の利益保障を運営の基本理念とする。
（3）小規模な家庭的雰囲気を保つ。
（4）緊急に救済、支援を要する子どもが直接に利用できる。
（5）子どもへの福祉、法、医療、心理、教育などの総合的な支援を目指す。
（6）利用する子どもに子ども担当弁護士をあっせんするなど、子どもの意見表明を具体化させる方策がはかられている。
（7）支援にあたっては、児童相談所、福祉事務所、家庭裁判所、保護観察所など、子どもに関わる多機関との連携協力を目指している。
（事業）
第 5 条　この団体は、第 3 条の目的を達成するため、次の事業を行う。

(1) 子どもシェルターの設置運営を目指す準会員の支援。
(2) 会員相互の情報交換のためのメーリングリストの設置運営。
(3) 経験交流会の実施。
(4) 子どもシェルター職員、設置運営者のための研修。
(5) 子どもシェルター広報のためのシンポジウム、市民集会等の企画運営。
(6) 子どもシェルター制度改善に向けた、国、地方公共団体等への陳情および折衝
(7) その他本会の目的達成のために必要な事業。

5　シェルターの支援内容

　子どもシェルターにおける具体的な支援内容は、各法人によって異なることから、ここでは、各シェルターに共通する特徴を述べた上で、「子どもセンターてんぽ」（以下、てんぽ）における具体的な支援内容を説明する。

（1）　各シェルターに共通する特徴
①子どもの意向に基づく援助

　子どもシェルターは、子どもの意向に基づく援助を基本としている。

　その運営にあたっては、1）利用は、あくまでも子ども本人の自発的意思によるものであることを大切にし、入所にあたっては子ども本人に利用申込書に署名してもらう、2）利用する子どもは、原則として義務教育終了後から20歳未満であり、適切なサポートがあれば自己決定が可能な年齢であることから、必要な情報を提供した上での子ども本人の判断を尊重しつつ、その最善の利益に配慮する、3）個別の支援方針は、原則として子ども本人およびスタッフ、子担、関係機関等が参加したカンファレンスで決定する、といった方針で活動している。

　子どもたちの中には、自分で決められない子どもや、おとなから見ると一見失敗しそうな選択をする子どももいるが、そうした場合でも、スタッフや子担は、おとなの意見を押しつけるのではなく、最後は子ども自身に決めてもらっている。

　子どもの権利・子どもの福祉を大切にした支援をする上で、子どもの自己決定権の尊重というのは、最も基本的な視点と考えている。

②場所の秘匿

　シェルターに入所する子どもの中には、虐待する親などから逃げてくる子どもが少なくない。そこで、各シェルターは場所を公開しておらず、入所を

希望する子どもに対して、必ずシェルターの場所の秘匿を約束してもらっている。

場所の秘匿は、子どもシェルターが自立援助ホームと最も異なる特徴の一つである。

③衣食住の提供

各シェルターとも、原則として子どもに個室を提供しており、食事はスタッフやボランティアが用意する。また、衣類や生活用品についても、着の身着のままで入所した子どもに対しては、寄付物品の活用や購入などにより、最低限の物は提供している。

各シェルターとも、外観は普通の家で、食事はリビングでみんなで一緒に食べ、お風呂やトイレは共用である。

④子ども担当弁護士による法的支援

子どもシェルターでは、入所した子どもに対して、1名ないし2名の子担がついて、弁護士がスタッフと協力して入所中の子どもの支援方針を決めたり退所先を一緒に考えるなどのケースワークを担う。また、外出先への同行や親や学校との交渉などの事実行為、さらに、刑事告訴、離縁、損害賠償請求などの法的措置が必要な場合にはこれらの法的支援も提供している。

子担の費用は、日本弁護士連合会が日本司法支援センター「法テラス」に委託している委託援助事業の一つである「子どもの法律援助」により賄われていることがほとんどである。

⑤関係機関との連携

子どもの支援方針や退所先を決めるにあたっては、関係機関との連携がきわめて重要である。20歳未満であれば、児童福祉法上の一時保護委託または児童自立生活援助事業として支援を行うことから児童相談所との連携が不可欠である。

児童相談所以外にも、学校、以前入所していた施設、女性相談員、福祉事務所、家庭裁判所、保護観察所など、その子どもの支援に必要な機関との連携を行っている。

また、各シェルターとも、シェルターの活動を理解してくれて必要に応じて受診できる医療機関との連携を行っている。

（2） てんぽにおける具体的支援内容

①入所する子どもたち

子どもたちの中には、自宅から逃げてきた子どももいれば、自宅から知人宅等に逃げてそこからてんぽに来た子どももいる。18歳未満の場合は、児童相談所に何日か泊まってから来る子どももいる。中には、何か月も落ち着いて住む場所がなかった子どもや、事件を起こしてしまい鑑別所に入ったものの帰れる家がなくて、てんぽに来た子どももいる。

準備万端、荷物を持ってくることができる子どももいるが、多くの子どもは大切な物や思い出の品々を家や前の居場所に置いたままシェルターに来る。着替えや身の回りの物をほとんど持たないまま入所する子どももいて、そういう子どものために、てんぽには着替えが用意されている。入所後に、スタッフや子担が一緒についていき、必要な服などを買うこともある。

②入所までの流れ

てんぽの場合は、緊急のケースを除き、2010年10月からはじめた「居場所のない子どもの電話相談」が窓口となっている。

この電話相談は、シェルターの利用希望者に対する常設の相談窓口としての機能のほかに、居場所の情報提供やその他のアドバイス、法的支援が必要な場合には弁護士の紹介などを行っているのが特徴である。

電話をかけてくるのは、子ども本人の場合もあるが、児童相談所や市町村の職員、学校の先生、一時的に寝泊まりさせてあげている恋人や友人の親などのおとなであることも多い。

電話相談の結果、シェルター利用が相当と思われる場合には、子担を探し、子担とスタッフが子どもに直接会って話を聞き、てんぽでの生活やルールについて説明をして、意思確認をする。子ども自身がてんぽへの入所を希望し、子担としても入所が適切と考えると、入所の申込みを行う。

入所が相当と認めるときは、利用申込書に、子ども自身と、その場に同席した子担や入所面接を担当したスタッフ等が、署名・捺印した上で、シェルターに連れていく。

③入所後の支援内容

子どもたちの部屋は個室になっていて、中からも外からも鍵がかかる。スタッフは緊急やむをえない場合を除き、子どもの了解なしに部屋に入らないこととしている。各部屋にはエアコン、ベッド、学習用の机と椅子、整理タ

ンス、CDラジカセが置かれている。子どもたちは入所の際に自分の部屋の鍵を渡され、退所するまで自分の部屋を管理することになり、各人の部屋の掃除や洗濯は子ども自身が行う。

　それぞれの居室にはテレビやステレオ、ゲーム機などは置かれていない。自分の部屋でゲームにふけったりせず、自分自身と向き合う時間をもってほしいという考えからである。同様の理由と、それに加えてGPS機能や通信電波の中継局からシェルターの場所が知られてしまうことを防ぐために、携帯電話は入所時に預かり、シェルター内での利用は認めていない。

　入所期間の制限はないが、入所する子どもには、シェルターが緊急一時的避難施設であることを理解してもらうために、滞在期間は原則2か月程度と説明している。入所した子どもには、まず一休みしてもらった上で、今後の自立に向けた生活のことを考えてもらう。スタッフや子担が、随時、相談にのりアドバイスを行う。

　また、シェルターにいる間に、できるだけ必要な医療機関への受診を行えるように、子どもから身体の不具合を聴き取って、歯科、眼科、精神科、内科、産婦人科等の受診を勧めたり、預金口座の新規開設等の自立に向けて必要な準備の支援を行う。

　さらに、関係機関に集まってもらい支援方針を検討・修正していくためのケース会議を原則として2週間に1回の頻度で開催している。会議には、子ども本人に出てもらい、子どもの意思を中心に、退所先や支援方針を決めていく。

　退所先が決まると、そのために必要な支援を行う。関係機関と分担して、自立援助ホーム等の施設であれば面会や外泊の段取りを支援し、一人暮らしの場合には住む場所を探したり契約に必要な支援を行う。行き先が決まってからは生活を始めるにあたって必要な物品の購入なども同行して支援を行う。

④退所後の関わり

　てんぽの場合は、退所後の支援事業を行っていないため、退所までの間に、できるだけ退所後に継続してその子どもに関わってくれる関係機関を見つけて、その機関につなぐようにしている。

　しかし、退所後に支援の中心となってくれる関係機関の有無にかかわらず、子担が、事実上、退所後の子どもの相談にのったり必要な支援を提供することは多い。また、子どもがシェルターに電話をしてきて、日常生活でわから

ないことや悩みをスタッフに相談したり、入院等の緊急事態が発生して、具体的な支援を行うことも少なくない。

6 子どもシェルターがかかえる課題
(1) 退所先の確保

心身ともに健康な子どもの場合であっても、シェルターに来る子どもの多くは、いきなり一人暮らしをすることは、経済的にも能力的にも精神的にも困難であり、かつ適切ではない。そこで、シェルター退所後の行き先としては、自立援助ホーム、児童福祉施設、里親などが適切な場合が多いが、こうした社会資源は、種類も量も非常に限られており、退所先を見つけることは容易ではない。

てんぽでは、退所先確保の必要性から、2010年6月に自立援助ホームみずきの家を立ち上げたが、所管の問題や女子のみの施設であることから、シェルター退所者の受け入れ先として必ずしも十分ではない。

加えて、高校在学中で通学を続けたい子どもや、心身の状況からしばらくの間は就労せずに療養に専念したい子どもは、就労を前提としている自立援助ホームでは受け入れが難しいことも多く、退所先の確保はいっそう困難である。

親族等が受け入れてくれるケースもあるが、シェルターに来ざるをえなかった子どもの多くは、頼ることのできる身内がいなかったからこそシェルターにたどり着いているのであり、親族等が受け入れてくれるケースはきわめてまれである。

(2) 人的・物的基盤が弱い

子どもシェルターは、ほとんどが第三者からの賃借建物で運営している。てんぽもそうである。通常の家を使用していることから、子どもの記録や貴重品を保管するスタッフルームや、子どもとの面談やケース会議を行う場所などのシェルターに必要な機能の確保に苦労している。また、ほとんどのシェルターが、1施設あたりスタッフ2～3名とボランティアで運営しているが、法人としての財政基盤が弱いこともあって十分な労働条件を提示できない上に、24時間365日稼働する施設をこの人数でまわすことは、スタッフに多大な負担を強いている。心理的に不安定な子どもが入ってくることも多

自立援助ホームとシェルターの違い

	シェルター	自立支援ホーム
制度	児童自立生活援助事業	児童自立生活援助事業
対象年齢	中学卒業〜20歳未満	中学卒業〜20歳未満
滞在期間	2か月程度	半年〜1年程度
滞在中の主な活動	退所先を決める （原則在所＆外出時同行必要）	働いて自立資金を貯める （日中不在）
親権者の態度	緊張状態が続いている	同意または放置されている
場所の秘匿	近所にも秘密	地域と連携

いが、心理士や医師等の専門家の配置は困難である。

　児童養護施設等と比べても人的基盤はきわめて脆弱であり、そのこともあって、どのシェルターもスタッフの確保は困難となっている。

（3）　制度上の位置づけが不十分

　子どもシェルターは2011年度の途中から自立援助ホームの一類型として制度上の位置づけがされたが、入所した子どもが昼間働きにいき、半年から1年程度住んでお金を貯めて自立していく自立援助ホームと、着の身着のままでとりあえず逃げてきて、数か月間の滞在中に今後の行き先を考える子どもシェルターとでは、同じ「児童自立生活援助事業」であっても、施設の性格はまったく異なっている。

　したがって、今後は、子どもシェルターを自立援助ホームの一類型ではなく、自立援助ホームとは別の児童自立生活援助事業として、実施要綱や措置費の基準を整備するよう厚生労働省に求めていく必要がある。

おわりに

　これまでどんなに大変な人生を送ってきた子どもでも、落ち着いて考えられる居場所と適切なサポートがあれば、自分の人生を決めていく力をもっている。実際にシェルターを利用した子どもの多くは、自分で人生を切り開いて、次の居場所へと移っていった。

　彼女／彼らにとって、シェルターに来ることはけっして挫折ではなく、社会に羽ばたくための準備である。一人でも多くの子どもがシェルターで「ちょっと一休み」した上で、社会に羽ばたいていってくれることを願っている。

5
民間による相談活動の展開
――子ども情報研究センターの挑戦

山下裕子（公益社団法人子ども情報研究センター）

1 子ども情報研究センターの目的と事業
――人権保育の創造から子どもとおとなのパートナーシップ社会をめざして

　公益社団法人子ども情報研究センターは、1977年、子どもの権利を守ることを目的に設立された団体である。なかでも一番小さな子ども、就学前の子どもの保育の問題を明らかにすることを目的に、乳幼児発達研究所としてスタートした。当時は、現在と同じく、急激な社会情勢の変化により、子どもにとって重要な育児環境が変化し、それに合わせて保育政策と保育行政が改められる必要があり、その研究や運動を担うために設立されたのである。

　1994年、子どもの権利条約（児童の権利に関する条約）の批准を機に、条約を基盤にした組織として、法人名称を子ども情報研究センターに改めた。子どもとおとなのパートナーシップ社会をめざし、機関誌『はらっぱ』の編集をはじめ、研修事業、地域子育て支援事業、チャイルドライン等の子どもエンパワメント事業を、他の市民団体とネットワークをくみ、行政機関と協働してすすめる方向をとった。

　2014年4月には、社団法人から社会的に高い公益性が求められる公益社団法人に移行した。子どもの権利の擁護および子どもの最善の利益の保障に寄与することを目的として、現在次の事業を実施している。子どもの権利に関する調査研究、子どもおよび家庭のアドボカシー、子どもの参加の促進、子どもの権利に関する図書の編集刊行、子どもの権利に関する研修、子どもの権利に関する国際交流、子どもの保育、である。

2　相談活動の実践

（1）　子育て家庭の相談電話「ファミリー子育て何でもダイヤル」

　1997年6月、子育てに関する電話相談として、子育て電話相談事業を開設した。現在は、「ファミリー子育て何でもダイヤル」という名称で、子どものこと、家庭のこと、自分自身のこと、どんなことでも話せる電話として開設している。いわゆる専門家ではなく、研修を積み重ねた市民スタッフが聴く電話である。

　また、2000年1月と5月の2回限定で、思春期真っ只中の中高生の声に耳を傾ける電話、「10代のためのアクセスライン」を開設した。子どもたちの「今度はいつするの？」「もうおしまいなの？」という声を聴き、2001年1月より、「チャイルドラインOSAKA」と名称を改め、毎週金曜日の常設電話として開設している。子どもたちの気持ちを聴き、受けとめる人は、"相談員"ではなく、"受け手"という名称で呼ばれ、専門家ではない。「子どもアドボキット養成講座」「チャイルドラインボランティア養成講座」「子どもの声を聴けるおとな養成講座」等の講座を修了した市民が子どもの権利を擁護し、代弁する人として電話を受けている。

　チャイルドラインの活動は、全国の市民団体が連携して実施しており、「チャイルドラインOSAKA」もその一員である。2015年7月1日現在、全国41都道府県72の団体が全国統一フリーダイヤルで子どもからの電話を受けている。

（2）　子どもの権利相談「子ども家庭相談室」

①開設の経緯

　上記の「ファミリー子育て何でもダイヤル」「チャイルドラインOSAKA」という電話を媒体とした相談事業では、「今まで誰にも言えなかった」「これまで話してもわかってもらえなかった」「じっくり聴いてもらえて楽になった」「元気になった」などの声を返してもらうことが多かったが、電話であること、匿名であることの限界を感じるようにもなっていた。友だちや先生、親との関係で、いやだと感じたり、怖いと感じたり、もやもやするものを感じたときに、自分が悪い、おかしいと自分を責め、あきらめていくしかないところで生きている子どもたちに、声をあげていいこと、それがどんなに小さな声でも、うまく言えなくてもOKであると伝え、その子どもの声

を聴き、一緒に考え、その声を届けることにより、その子の状況が変わり、その子をとりまく環境、社会そのものがよりよいものに変わるしくみが必要だと痛感してきた。

　そこで、2003年10月、子どもの権利相談「子ども家庭相談室」をスタートさせた。子どもの権利相談を受ける民間相談機関である。10月から3月までに、7人から相談を受けた。相談内容は、子どもとのかかわり方、ご自身の胸のざわつき、私立高校留学トラブル、不登校、仕事をしない夫のこと、離婚後の孫の面接権、人間関係についてであった。いずれもおとなからの相談で、相談者の考えや心情を聴き、問題を整理し、活用いただける社会資源を提供した。今までの活動の中で蓄積してきた社会資源が役に立った。多様な情報を収集し、提供できることが民間相談機関の強みである。

②大阪府教育委員会「被害者救済システム」受託
　2004年6月には、大阪府教育委員会事業「学校における子どもの権利侵害防止推進事業」における「被害者救済システムの運用に係る連携相談機関」業務（以下、被害者救済システム）を受託し、現在にいたっている。
　大阪府教育委員会では、教員による児童・生徒への体罰やセクシュアル・ハラスメントが相次ぐ中、子どもへの権利侵害事象への対応に民間相談機関や弁護士などの第三者の協力を得て、子どもを救済する道を模索していた。学校内や教育委員会でうやむやにされてしまう実態を変えるには、第三者性のあるシステムでなければならないと考えたのである。このシステムの第三者性とは、図1にある、連携相談機関、個別事象対応チーム、評価委員会という3つの機能であった。
　受託にあたり、問題となったのは次の点である。教育委員会内部にある子どもの権利救済システムで、本当に子どもの権利救済が図れるのか。当時、子ども情報研究センターは、他の市民団体とともに「大阪子ども政策フォーラム」を組織し、大阪府に「子どもの権利条例」をつくること、そして権利擁護機関「オンブズパーソン制度」をつくることを要求していた。1999年に兵庫県川西市で創設された、条例に基づく「子どもの人権オンブズパーソン制度」と同様の制度の必要性を訴え、勉強会を重ねていた。
　議論の末、今まさに困っている子どもがいること、現段階ではこの被害者救済システムが子どもの権利救済に有効なシステムであること、全国に例を

図1 被害者救済システム

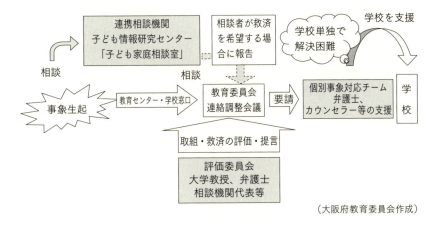

（大阪府教育委員会作成）

みない先駆的な施策であり、子ども情報研究センターの子どもの権利擁護の取り組みを前進させるものと位置づけ、子どもの権利の観点にたつ第三者機関として、行政との協働に踏み出した。子ども情報研究センターの強みは、子どもの権利の観点に立つことである。子どもにかかわる問題について、当事者である子どもの気持ちや意見を聴き、尊重することをなにより大切にするとした。親や教員・学校や教育委員会という枠組みなど、おとな同士の思惑や利害が優先され、子ども自身が置き去りにされてしまっていることがあまりに多い現実に直面し、子ども家庭相談室では、子ども自身に出会うこと、子どもの最善の利益は何かという観点に立って、子どもとともに考えることを大事にしたいと考えた。

日本は、子どもの権利条約が批准されて20年が過ぎてもなお、子どもの権利が尊重されない社会である。そんな社会だからこそ、民間相談機関としての子ども家庭相談室、大阪府教育委員会と協働による被害者救済システムは意味あるものだと考える。しかしながら、子どもの権利が根づいていない社会ゆえに、子どもの力を信じず、声を聴こうとしない親や教職員あるいは教育委員会という制度に、相談員はしばしば無力感におそわれてきた。その格闘を以下、子ども家庭相談室の挑戦として述べたい。

3 「子ども家庭相談室」の挑戦

(1) 調査・事実確認の機能がほしい

　中1女子の母から、小学生の時の子どものクラスでなされた、男性教師による女子へのセクシュアル・ハラスメントについて相談を受けた。当時子どもたちは、養護教諭と校長に相談したが、きちんと取り合ってもらえなかったそうである。母は中1になった今もやはり見過ごすことができないと、相談にこられた。女子の更衣中に教室に在室、スカートをあげて怪我の治療をする、子どもの胸や臀部をさわるという行為であった。相談者の子どもは直接被害を受けておらず、現場を見聞きして、不快感と不安感を抱いたとのことである。

　子ども家庭相談室（以下、相談室）では、相談者自身の悩みやしんどさを受けとめ、直接被害を受けた子どもに出会いたいと相談者を通して伝えてもらったが、本人に出会うことはできなかった。しかしながら、セクシュアル・ハラスメントという子どもの権利侵害が解決されていないことが懸念されたため、救済の申立てをおこなった。

　図1にあるとおり、大阪府教育委員会内の「連絡調整会議」が開催され、当該市教委、学校へのききとりがなされた。大阪府教育委員会は、権利侵害の事実が不明とし、個別事象対応チームの支援を要請しなかった。それを受けて、相談室は、大阪府教育委員会を通じて当該市教委に、"セクシュアル・ハラスメントとは"の確認と、"子どもの訴えを教職員が聴く場合の留意点"として次の3点を伝えてもらって終えた。①教職員には権威があり、子どもにとっては話しにくい存在であることを考慮して聴くこと。②複数で聴くこと。③子どもの心情や発信を信じる姿勢で聴くこと。

　学校、当該市教委から、「セクシュアル・ハラスメントはなかった」「体罰はなかった」「すでに解決している」という回答があると、救済システムではこれ以上に踏み込むことができない。救済を求めてきた親の後ろには子どもがいる。その子どもに出会い、ともに解決していくためにも、当該学校、教育委員会に対して、第三者による調査・事実確認をする機能が必要である。この機能は、子どもの権利救済システムには不可欠である。

(2) 子どもと出会いたい

　子どもが主体的に自分の困ったことや納得のいかないことを話にきてくれ

ることはほとんどない。なかには親にすすめられて自分で話すことを選んだ子どももいるが、ほとんど親に連れられての来所となる。親から子どもへの働きかけがない場合、子どもと出会うこと自体が困難なのである。どんな形であれ、出会った子どもとは時間をかけて信頼関係をつくりながら、子どもが直面している困りごとの解決、周囲との関係性の修復、子ども自身の心身の回復に全力で取り組んできた。大事にしたいことは次のとおりである。①まず、しっかりと子どもの言葉に耳を傾け、何が起きたのかを聴かせてもらう。②子どもとともに考えるために直接会って話したいことを伝える。③保護者からの相談である場合、あくまでも子どもが主体であり、子どもといっしょに考えていくところであることを伝える。

(3) 子どもとあそぶ相談室は子どもの居場所に

「どうせ、何も変わらない」「相談しても無駄」「親が勝手に騒いでいるだけ、相談したいと思っていない」「何をしてくれるのですか？ 何か変わるのならうれしいけど、そうじゃなければ話す意味がない」「今までだって、一生懸命話していたのに誰も何もきいてくれなかった」、いずれも子どもたちの言葉である。自分の意見をもち、伝える力を奪われてしまった子どもたちに出会う時、子どもと心を通わせることから始まる。相談員は、とにかく子どもとよくあそぶ。そのあそびは、プレイセラピーとはまったく異なるものである。相談員がしかけたり、設定したり、提供するあそびではなく、子ども発のごくごく当たり前のあそびである。一緒にあそび、本気であそぶ相談員がいる場所が相談室である。相談室なんだけれども子どもの居場所でもある。子どもの権利救済には、常設の居場所が必要な意味がここにある。

(4) 子どもの意見表明の実現

いじめによる子どもの自死があいつぎ、2013年9月いじめ防止対策推進法が施行され、2014年より各学校では「いじめ防止基本方針」が策定され、いじめ防止のために、早期発見、相談体制の強化、第三者機関による関係調整がはかられているが、子どもの本当の心の叫び、SOSがより学校現場に届かなくなっているように感じる。

相談室には、学校でおし黙って我慢しているのではなく、すでに教師に相談している子どもが相談に訪れた。謝罪のしあいっこという対応がなされ、

当事者間の関係はもちろん、クラス全体の子どもたちの環境が修復されることなく、教師の見えないところでいじめは続き、子どもは苦しさを増していた。「死にたい」という言葉も聴いた。教師の謝らせて終わりの対応は、教師自身もこのままでは終わるわけはないと知っていながら、とりあえずそうせざるをえない環境にあり、相当心労を抱えていることが懸念される。共通した親の声は、「うちの子はただ安心して学校に行きたいだけなんです。何か特別なことをしてほしいわけじゃないんです。どうしてこんな理不尽なことが繰り返されるのですか」と、子どもが安心して学校に行けることをひたすら願うものだった。そして、民間の第三者機関と聴いて、相談室に大きな期待を寄せて相談にこられた。

　子どもとともに時間をかけて解決のイメージを形づくり、「何のために」「誰に」「何を」「いつ」「どんなかたちで」言いたいのかをつくることができたとき、次の課題は、その意見表明の場を教育委員会、学校、親との関係の中で実現させ、子どもが聴いてもらった、友だちや先生との関係を変えていけるんだと実感でき、相談を終えられるかどうかである。子どもの意見表明を受けとめることよりも、解決を急ぐおとなの心情や、教育委員会や学校というしくみが優先されてしまう現状がある。ここを突破し、子どもの意見表明を支えるには、制度として確立する必要がある。

(5) これから

　2003年の開設以来、相談室は、子どもに出会い、声や思いを聴き、子ども自身がその思いを伝える応援をしたいと願って活動してきた。子どもの権利の視点にたち、日々悩み、格闘する相談員だからこそ続いてきた。相談員は子どもの権利が守られる社会をつくるという信念をもった活動スタッフである。だからこそ、子どもの権利救済という大きなテーマに果敢にチャレンジできているのだといえる。

　開設から10年が過ぎて、子どもと出会い、子どもと対話し、子どもの意見表明を支えることを考えたとき、やはり10年前に要望していた「子どもの権利条例」「オンブズ制度」が必要だと実感している。市町村レベルで、子どもの権利条約をもとに、子どもの権利条例が制定され、その中に、子どもの権利救済制度があり、個別の救済と制度改善の機能が盛り込まれることを切に願う。

図2 「被害者救済システム」

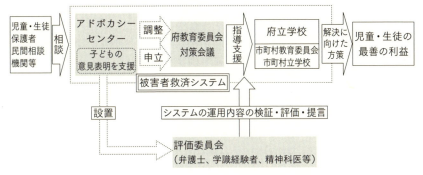

(大阪府教育委員会作成、2015年4月改訂)

　子ども情報研究センターには、現在2つの調査研究がある。①イギリス全土で発展してきた子どもの権利擁護システムの1つである"独立子どもアドボケイト"から学び、子どもの声の代弁をおこなうシステムを構築する「独立子どもアドボカシー研究プロジェクト」、②「子ども家庭相談室相談員研修プログラム」開発プロジェクトである。子どもの権利救済にかかわる相談員や職員、専門家だけでなく子どもにかかわるすべてのおとなを対象にした研修を提供したいと考えている。

　2015年より、「被害者救済システム」連携相談機関は、アドボカシーセンターと名称を変え、子どもの意見表明を支援すると加筆された（図2参照）。大阪府下各市町村に「子ども条例」が制定されるまでの間、さまざまな課題はあり続けるが、子どもの声を代弁するアドボカシーセンターとして、子どもが堂々と意見表明できる社会をめざして、今後も活動を続けていきたい。

［参考文献］
田中文子・堀正嗣編（2007）『子どもの権利擁護と市民の役割』明石書店
山下裕子・井上寿美・住友剛編（2003）『子どもの声を聴く』明石書店
はらっぱNo.361（2015年5月号）特集「子どもの意見表明をいかにささえるか」
社団法人子ども情報研究センター「思春期の悩み相談分析事業報告書」緊急地域雇用創出特別基金事業

●執筆者（執筆順）…………

福田みのり（ふくだ みのり）　鹿児島純心女子大学国際人間学部准教授
竹内麻子（たけうち あさこ）　東京成徳大学非常勤講師
宮川正文（みやかわ まさふみ）　NPO法人子どもの権利支援センターぱれっと掲示板　管理人
森田明美（もりた あけみ）　東洋大学社会学部社会福祉学科教授
明橋大二（あけはし だいじ）　真生会富山病院心療内科部長
山下英三郎（やました えいざぶろう）　日本社会事業大学名誉教授、日本スクールソーシャルワーク協会名誉会長
太田眞由美（おおた まゆみ）　福岡市立城香中学校養護教諭
喜多明人（きた あきと）　早稲田大学文学学術院教授、子どもの権利条約総合研究所顧問
平尾　潔（ひらお きよし）　くれたけ法律事務所、第二東京弁護士会所属　弁護士
井上　仁（いのうえ じん）　日本大学文理学部社会福祉学科教授、八王子市社会福祉審議会副会長（児童福祉分科会会長）
奥地圭子（おくち けいこ）　NPO法人東京シューレ理事長
西野博之（にしの ひろゆき）　川崎市子ども夢パーク所長、NPO法人フリースペースたまりば理事長
古藤典子（ことう のりこ）　泉南市教育委員会教育部・前主幹、泉南市立くすのき幼稚園園長
上田紀子（うえだ のりこ）　名張市福祉子ども部健康・子育て支援室、保健師
日下部美智子（くさかべ みちこ）　西東京市子育て支援部子ども家庭支援センター・センター長
幸重忠孝（ゆきしげ ただたか）　幸重社会福祉士事務所代表、NPO法人山科醍醐こどものひろば
宮西義憲（みやにし よしのり）　北海道芽室町長
一場順子（いちば よりこ）　東京弁護士会所属　弁護士、世田谷区子どもの人権擁護委員（せたがやホッと子どもサポート委員）
吉川正也（よしかわ まさや）　札幌弁護士会所属、吉川正也法律事務所　所長弁護士、札幌市子どもアシストセンター　代表救済委員
甲斐田　修（かいだ おさむ）　宗像市子ども家庭課、むなかた子どもの権利相談室事務局係長
浜田寿美男（はまだ すみお）　川西市子どもの人権オンブズパーソン、奈良女子大学名誉教授、立命館大学特別招聘教授
三坂彰彦（みさか あきひこ）　高木法律事務所、東京弁護士会所属　弁護士
田沢茂之（たざわ しげゆき）　NPO法人子どもすこやかサポートネット代表理事
宮澤節子（みやざわ せつこ）　長野県チャイルドライン推進協議会事務局長
髙橋　温（たかはし あつし）　新横浜法律事務所、神奈川県弁護士会所属　弁護士
山下裕子（やました ひろこ）　公益社団法人子ども情報研究センター事務局長

●編者…………

荒牧重人（あらまき しげと）
山梨学院大学法科大学院教授。子どもの権利条約総合研究所代表、「地方自治と子ども施策」全国自治体シンポジウム実行委員長、松本市子どもにやさしいまちづくり委員会会長など。
著書に、『子どもにやさしいまちづくり 第2集』（共編著、日本評論社、2013年）、『子どもの権利 アジアと日本』（共編著、三省堂、2013年）、『新訂版 ガイドブック教育法』（共編著、三省堂、2015年）ほか多数。

半田勝久（はんだ かつひさ）
日本体育大学准教授。子どもの権利条約総合研究所事務局次長、子どもの相談・救済に関する関係者会議コーディネーター、世田谷区子どもの人権擁護委員、大学基準協会大学評価委員会幹事など。
著書に、『子どもにやさしいまちづくり 第2集』（共編著、日本評論社、2013年）、『解説子ども条例』（共編著、三省堂、2012年）、『子ども支援の相談・救済』（共編著、日本評論社、2008年）ほか。

吉永省三（よしなが しょうぞう）
千里金蘭大学生活科学部児童教育学科教授。大阪大学博士（人間科学）。子どもの権利条約総合研究所研究員、泉南市子どもの権利条例委員会会長など。兵庫県川西市で中学校教員、市教委職員を経て2006年から現職。同市では日本初の子どもオンブズパーソン制度の設計と創設に携わる。
主著に『子どものエンパワメントと子どもオンブズパーソン』（明石書店、2003年）など。

子どもの相談・救済と子ども支援

●……2016年7月20日 第1版第1刷発行

編者………荒牧重人・半田勝久・吉永省三
発行者……串崎 浩
発行所……株式会社 日本評論社
　　　　　〒170-8474　東京都豊島区南大塚3-12-4
　　　　　電話 03-3987-8621（販売） 振替 00100-3-16
　　　　　https://www.nippyo.co.jp/
装幀………神田程史
印刷所……精興社
製本所……牧製本印刷

© S. ARAMAKI, K. HANDA, S. YOSHINAGA 2016
ISBN978-4-535-56354-4

JCOPY 〈(社)出版者著作権管理機構委託出版物〉

本書の無断複写は著作権法上での例外を除き禁じられています。複写される場合は、そのつど事前に、(社)出版者著作権管理機構（電話03-3513-6969、FAX03-3513-6979、e-mail: info@jcopy.or.jp）の許諾を得てください。また、本書を代行業者等の第三者に依頼してスキャニング等の行為によりデジタル化することは、個人の家庭内の利用であっても、一切認められておりません。

子どもにやさしいまちづくり ［第2集］

喜多明人・荒牧重人・森田明美・内田塔子・半田勝久／編著

子どもの権利条約やユネスコと呼応した子ども施策は、アジア諸国でも展開している。日本の先進的35自治体の実践報告は貴重。

◇ISBN978-4-535-58653-6　A5判／本体2,400円＋税

［逐条解説］子どもの権利条約

喜多明人・森田明美・広沢明・荒牧重人／編

子どもの権利条約が採択されてから20年、子どもの権利はむしろ逆風にあっている。条約を理解し普及するための最新の必携書。

◇ISBN978-4-535-56284-4　A5判／本体2,400円＋税

子どもオンブズパーソン　子どものSOSを受けとめて

喜多明人・吉田恒雄・荒牧重人・黒岩哲彦／編

いじめや体罰・虐待で、不登校・ひきこもり、キレる子……。ギリギリのところで彼らが発するSOSを受けとめる相談活動が注目を集めている。川西市の実践や川崎市の取組み、市民の活動を紹介し、全国展開への課題を提起する。

◇ISBN978-4-535-51271-9　四六判／本体1,900円＋税

子どもの相談・救済ガイドブック
子どもの権利研究　第26号

子どもの権利条約総合研究所／編集

身近な地域・自治体や学校などで展開されてきた子ども支援の相談・救済活動の事例を集めて、子どもが安心して相談できる環境づくり、第三者機関や学校における調査や救済、オンブズワークの活動などを紹介したガイドブック。

◇ISBN978-4-535-06659-5　B5判／本体1,852円＋税

日本評論社
https://www.nippyo.co.jp/